HYPOTHÈSE MATÉRIALISTE ET PENSÉE RADICALE

La philosophie de la nature de Blaise de Parme

DU MÊME AUTEUR
À LA MÊME LIBRAIRIE

Logique et théorie du signe au XIV*e* siècle, « Études de philosophie médiévale » LXIV, 1989, 2 e éd. 2006.
Science et nature. La théorie buridanienne du savoir, « Études de philosophie médiévale » XCIX, 2012.

Éditions critiques

BLAISE DE PARME, *Questiones super tractatus logice magistri Petri Hispani*, éd. critique en collaboration avec Gr. Federici Vescovini, O. Rignani et V. Sorge, « Textes philosophiques du Moyen Âge » XX, 2001.
BLAISE DE PARME, *Questiones circa tractatum proportionum magistri Thome Braduardini*, éd. critique en collaboration avec S. Rommevaux, « Textes philosophiques du Moyen Âge » XXII, 2005
BLAISE DE PARME, *Questiones super perspectiva communi*, éd. critique en collaboration avec Gr. Federici Vescovini, O. Rignani, V Sorge et R. Bellé, « Textes philosophiques du Moyen Âge » XXIII, 2009.

Traductions

JEAN BURIDAN, *Sophismes*, « Sic et non » 1993.
JEAN BURIDAN, *Questions sur le traité De l'âme d'Aristote*, « Bibliothèque des textes philosophiques », 2019.

Direction ou codirection d'ouvrages collectifs

Itinéraires d'Albret de Saxe. Paris-Vienne au XIV*e siècle*, « Études de philosophie médiévale » XLIX, 1991.
Descartes et le Moyen Âge, avec R. Rashed, « Études de philosophe médiévale » LXXV, 1997.
Langage, sciences, philosophie au XII*e siècle*, « Sic et non », 1999.
Ut philosophia poesis. Questions philosophiques dans l'œuvre de Dante, Pétrarque et Boccace, avec F. Mariani Zini, « De Pétrarque à Descartes », LXXVII, 2008.

Sic et Non

Collection dirigée par Alain de Libera

HYPOTHÈSE MATÉRIALISTE ET PENSÉE RADICALE

La philosophie de la nature de Blaise de Parme

par

Joël BIARD

Ouvrage publié avec le concours
le Centre national du livre

PARIS
LIBRAIRIE PHILOSOPHIQUE J. VRIN
6 place de la Sorbonne, V e
2022

Imprimé en France

ISSN 1248-7279

ISBN 978-2-7116-3066-0

www.vrin.fr

INTRODUCTION

La renommée de Blaise de Parme, qui enseigna la philosophie naturelle, la philosophie morale et les mathématiques dans différentes universités du nord de l'Italie à la fin du XIVe siècle et au début du XVe, tient en grande partie à sa réputation sulfureuse[1]. Au XVe siècle, les éloges et descriptions flatteuses ne manquent pas. Certes, on peut prendre avec distance la qualification qu'en donne le copiste dans un manuscrit daté de 1397 : « ainsi se terminent les questions sur le premier livre de la *Physique* selon le très excellent docteur Blaise de Parme qui est parmi les philosophes comme le Soleil parmi les planètes »[2]. Plus crédible sans doute est la célèbre description qu'on en trouve dans *Le Paradis des Alberts* de Giovanni Gherardi da Prato, qui eut Blaise pour maître. Dans cette œuvre composée vers 1425, soit une dizaine d'années seulement après la mort de Blaise (†1416), est rapportée une rencontre entre philosophes et humanistes. Parmi les participants se trouve le maître parmesan, et celui-ci est décrit comme un homme de savoir admirable dans les domaines de la physique, de la philosophie morale, des mathématiques et de la dialectique[3]. Là encore, le texte n'est pas sans emphase, lorsqu'on

1. Sur la vie et l'œuvre de Blaise de Parme, voir Gr. Federici Vescovini, « Pelacani, Biagio (Blasius de Pelacanis de Parma) », in *Dizionario biografico degli italiani*, vol. 82 (2015), p. 95-100.

2. Ms. Biblioteca apostolica vaticana, Vat. lat. 2159, f° 84va : « expliciunt questiones primi libri *Physicorum* secundum excellentissimum doctorem Blaxium de Parma, qui inter philosophos est tamquam Sol inter planetas ». La date de 1397 se lit au folio 225rb.

3. Giovanni Gherardi da Prato, *Il paradiso degli Alberti*, III, § 75, éd. A. Lanza, Roma, 1975, p. 174 : « È il maestro Biagio uomo di mirabil scienza e dottrina, come in parte di sopra udito avete, e non solamente in filosofia naturale e morale, ma in ogni parte di metamatica arguto demostrativo e più ch'altro reale, e sofista secondo che la astuzia nell'argumentazioni richiede ». L'image donnée de Blaise dans ce texte est étudiée en détail par A. Robiglio, « Le philosophe comme personnage littéraire : Blaise Pelacani de Parme dans le *Paradiso degli Alberti* », *in* J. Biard, A. Robert (éd.), *La Philosophie de Blaise de Parme. Physique, psychologie, éthique*, Firenze, SISMEL-Edizioni del Galluzzo, 2019, p. 13-31.

attribue aussi au maître une grande compétence en théologie, et même en éloquence ou en économie. Mais la présence d'élèves et d'admirateurs dans ce cercle de lettrés témoigne de l'estime dans laquelle Blaise était tenu à cette époque. Dans le domaine des mathématiques, au sens large que ce terme avait alors, incluant notamment la perspective, l'astronomie ou le calcul des mouvements, les théories de Blaise de Parme furent discutées au moins jusqu'au début du XVIe siècle[1]. De même, ses *Questions sur la perspective* connurent un grand succès tout au long du XVe siècle comme le montre le nombre de copies manuscrites. Sa théorie de l'image visuelle fut centrale dans la diffusion de l'optique géométrique jusqu'à Descartes, et elle joua un rôle décisif dans l'élaboration de la perspective artificielle[2].

Mais très vite, c'est une autre image qui se superpose. Elle trouve sans doute son origine, elle aussi, dans l'initiative d'un copiste. À la fin d'un manuscrit des *Questions sur l'âme* daté de 1386, au-dessus d'un dessin censé représenter le maître on peut lire, ajouté d'une autre main sans doute plus tardivement : « table des questions sur l'âme selon maître Blaise de Parme, le docteur diabolique (*doctorem dyabolicum*) »[3]. Qu'est-ce qui a pu valoir à Blaise de Parme ce qualificatif qui allait passer à la postérité[4] ?

Ce n'est pas sa conduite ou son comportement, nous n'avons aucun témoignage allant dans le sens d'un « libertinage », fût-il érudit. Ce n'est sans doute pas non plus sa philosophie morale, qui s'inscrit certes dans un horizon naturel et humain, mais n'en écarte pas moins la vie voluptueuse et intempérante au bénéfice d'une vie selon les vertus civiles et politiques[5]. Cette théorie, qui se retrouvera en partie chez Pietro Pomponazzi, met certes à l'écart la fin surnaturelle de l'homme, mais elle

1. Voir J. Biard, « La *Question du rapport entre les mouvements* d'Alexandre Achillini », *in* J. Biard, S. Rommevaux (éd.), *Mathématiques et théorie du mouvement (XIVe-XVIe siècles)*, Lille, Presses universitaires du Septentrion, 2008, p. 59-80. *Cf.* Blaise de Parme, *Questiones super tractatus proportionum magistri Thome Braduardini*, éd. J. Biard et S. Rommevaux, Paris, Vrin, 2005.

2. Voir l'Introduction à Blaise de Parme, *Questiones super perspectiva communi*, éd. G. Federici Vescovini et J. Biard, avec la collaboration de O. Rignani et V. Sorge, et l'aide de R. Bellé pour les figures, Paris, Vrin, 2009, en particulier p. 7-8.

3. Ms. Napoli, B. N. VII g 74, f° 191v : « tabula questionum de anima secundum magistrum Blasium de Parma, doctorem dyabolicum ».

4. Voir Gr. Federici Vescovini, « Portrait de Blaise de Parme "doctor diabolicus" », *in* Cl. Angotti, M. Brinzei, M. Teeuwen (éd.), *Portraits de maîtres, Études en hommage à Olga Weijers*, Porto, FIDEM, 2014, p. 510-524.

5. Voir Gr. Federici Vescovini, « La controversia tra Biagio Pelacani da Parma e Luigi Marsili sul bene e la felicità nel "Paradiso degli Alberti" di Giovanni di Gherardo da Prato », in *Studi in omaggio di M. Regoliosi*, Firenze, 2013, p. 503-524; A. Robert, « L'éthique de Blaise de Parme dans ses *Questions sur la Physique* », *in* J. Biard, A. Robert (éd.), *La Philosophie de Blaise de Parme*, p. 33-58.

n'est pas totalement originale, et en tout cas elle n'est pas scandaleuse au point d'être qualifiée, par elle seule, de diabolique. C'est sans doute plutôt à certaines tendances matérialistes de sa philosophe, plus précisément de sa philosophie naturelle, qu'il doit cette réputation.

Graziella Federici Vescovini, qui la première eut l'immense mérite d'attirer l'attention sur l'originalité et l'importance de Blaise de Parme dans la philosophie médiévale tardive, a régulièrement défendu une interprétation matérialiste du maître parmesan. Et cette lecture est fondée sur bien des aspects de sa pensée. Nous voudrions dans le présent ouvrage rouvrir le dossier afin de préciser ce qu'on peut exactement, dans ce contexte historique et doctrinal, désigner par matérialisme. Car la notion, apparue au XVIIIe siècle, ne s'applique pas de façon simple et univoque à la pensée médiévale. Si en un sens le matérialisme naît dès l'Antiquité avec l'atomisme ou avec certains physiologues, il ne se reproduit pas à l'identique jusqu'à l'époque moderne. Et Blaise de Parme ne se contente pas de revivifier telle ou telle figure traditionnelle, il élabore une conception globale et originale de la nature et, en son sein, de l'homme.

Le matérialisme qui se met en place au XVIIIe siècle revendique volontiers sa filiation avec l'atomisme, que ce soit celui de l'Antiquité ou celui de Gassendi au siècle précédent. C'est rarement le cas au Moyen Âge en dépit de quelques figures comme Nicolas d'Autrécourt ; et les atomistes tels que Gautier Chatton développent leur pensée à partir d'une réflexion sur la structure continue ou discontinue de la matière, plus qu'en référence à Démocrite ou à Épicure[1]. Dans la pensée médiévale, à partir d'Albert le Grand, on peut discerner trois figures du matérialisme, qui ne sont pas exclusives l'une de l'autre. Ce sont dans une certaine mesure trois représentations imaginaires. En premier lieu, non pas chronologiquement mais par ordre d'importance dans la pensée médiévale tardive, on trouve Alexandre d'Aphrodise, « matérialiste malgré lui » par la grâce d'Averroès[2]. Sans le citer souvent, Blaise de Parme reprend à son compte nombre de principes décisifs attribués depuis le XIIIe siècle, à tort ou à

1. Sur Nicolas d'Autrécourt voir Chr. Grellard, *Croire et savoir. Les principes de la connaissance selon Nicolas d'Autrécourt*, Paris, Vrin, 2005. Sur les discussions critiques autour du matérialisme dans les textes physiques du XIVe siècle, voir St. Caroti, « Existe-t-il une tradition philosophique au Moyen Âge ? », *in* Dr. Calma, Z. Kaluza, *Regards sur les traditions philosophiques (XIIe-XVIe siècles)*, Leuven, Leuven University Press, 2017, p. 211-228.

2. Voir J.-B. Brenet, « Alexandre d'Aphrodise ou le matérialiste malgré lui : la question de l'engendrement de l'intellect revue et corrigée par Averroès », *in* Paul J. J. M. Bakker (ed.), *Averroes'Natural Philosophy and its Reception in the Latin West*, Leuven, Leuven University Press, 2015, p. 37-67.

raison, à l'alexandrisme. Nous devrons préciser comment Blaise de Parme, à la manière de nombreux maîtres du XIVe au XVIe siècle, utilise l'alexandrisme comme modèle de rationalité naturelle[1]. La question de savoir comment la forme est produite dans la matière, une fois celle-ci convenablement disposée par le jeu des qualités, est la question centrale de sa philosophie naturelle, sans cesse remise sur le métier, sans cesse confrontée aux autres explications possibles de la génération naturelle. Dans l'historiographie médiévale du matérialisme, Alexandre est suivi comme son ombre par Galien, représentant supposé du matérialisme médical. Ainsi Thomas d'Aquin fait de Galien le promoteur d'un vision réductionniste, dans laquelle les qualités spirituelles se résolvent dans les dispositions corporelles, et pour laquelle l'âme elle-même se résoudrait dans la complexion des humeurs corporelles[2]. Blaise de Parme ne se réfère pas beaucoup à Galien directement. Mais sa théorie de la latitude des formes, c'est-à-dire de l'amplitude de variation des formes, qu'elles soient accidentelles ou substantielles, ainsi que la fonction attribuée aux complexions de qualités, reprennent des schémas de pensée qui doivent beaucoup aux médecins et qui étaient présents chez de nombreux maîtres italiens de son époque. Enfin et surtout, chez tous les commentateurs d'Aristote depuis Albert on trouve la référence majeure aux philosophes de la nature pré-platoniciens. Parmi ces « physiciens » antiques, on ne trouve pas seulement Démocrite, mais aussi tous ceux qui proposent une théorie de l'être comme φύσις, dont l'étude est centrée sur la genèse et la croissance des étants naturels à partir des éléments ou constituants fondamentaux de la matière.

Dans cet ouvrage, nous n'avons pas l'intention de brosser un tableau général de la philosophie de Blaise de Parme, comme l'avait fait Graziella Federici Vescovini dans son ouvrage qui a fondé les études sur Blaise de Parme[3]. Nous nous en tiendrons à quelques questions fondamentales de sa philosophie naturelle (physique et psychologie), centrées sur le problème de la matière et de son rapport à la forme. Ainsi de nombreux

1. Voir J. Biard, « L'alexandrisme comme rationalité philosophique », *in* P. B. Rossi, M. di Giovanni, A. A. Robiglio, *Alexander of Aphrodisias in the Middle Ages and the Renaissance*, Turnhout, Brepols, 2021, p. 77-93.

2. Thomas d'Aquin, *Summa contra gentiles*, II, c. 63, Sancti Thomae Aquinitatis *Opera omnia*, iussu edita Leonis XIII P. M., t. XIII, Romae, typis Riccardi Garroni, MCMXVIII, p. 433; trad. C. Michon, Paris, GF-Flammarion, 1999, p. 260 : « Proche de cette opinion d'Alexandre sur l'intellect possible est celle du médecin Galien sur l'âme. Il dit en effet que l'âme est une complexion ».

3. Gr. Federici Vescovini, *Astrologia e scienza. La crisi dell'aristotelismo sul cadere del Trecento e Biagio Pelacani da Parma*, Firenze, Nuovedizioni Enrico Valecchi, 1979.

domaines seront laissés de côté ou ne feront l'objet que d'indications allusives. En revanche, nous chercherons à approfondir la manière dont Blaise de Parme discute de ces questions, évitant de nous en tenir à quelques éléments isolés. Les questions de Blaise de Parme sont souvent complexes. Elles présentent plusieurs solutions possibles, et il n'est pas toujours facile de voir laquelle est, le cas échéant, privilégiée. Or nous nous refusons à prélever quelques énoncés pour confirmer une interprétation préétablie. Il faut réinsérer les thèses dans le contexte argumentatif et agonistique. Si l'on étudie les argumentations en détail, on constate que bien des questions posées s'inscrivent dans la continuité de débats qui sont apparus dans la tradition commentariste, soit depuis Albert le Grand, soit à partir des auteurs du milieu du siècle précédent, notamment le cercle parisien du milieu du XIVe siècle. Non seulement la formulation générale des questions qui se croisent, mais parfois l'ensemble des positions examinées, voire une grande partie des arguments, sont repris des commentaires précédents. Procéder ainsi réinscrit Blaise de Parme dans l'histoire de problèmes de philosophie naturelle. Cela n'entache en rien la force de sa pensée, qui se mesure à des déplacements, à des changements de perspective, à des renversements.

Nous procéderons en trois grandes étapes. Dans un premier temps, nous aborderons de front la question de la réduction de toutes les choses naturelles à un seul élément ou constituant fondamental, ce que j'appelle la « tentation moniste ». Nous verrons que Blaise de Parme la côtoie sans y céder totalement. Cela assigne d'emblée une certaine limite au « matérialisme » entendu en un sens moderne quand on parle d'un auteur médiéval. Nous restons dans le cadre d'une pensée hylémorphiste où les concepts de *matière* et de *forme* ont chacun une fonction indispensable. Se pose alors la question de l'émergence de la forme dans la matière, et c'est là que se profile le fantôme d'Alexandre. Dans un second temps, nous reviendrons sur la fonction des qualités au sein des éléments puis des corps mixtes, qui, depuis le *De generatione et corruptione* d'Aristote sont au centre de la réflexion sur la genèse des corps naturels, puisque c'est de leur jeu que dépend la différence entre altération et génération, et nous verrons comment l'émergence d'une forme à partir d'une complexion de qualités suppose le concours d'une causalité universelle qui prend la voie privilégiée de la causalité astrale. Enfin, nous nous pencherons sur le cas de l'homme et du rapport entre l'âme et le corps afin de voir quel statut Blaise de Parme accorde à l'âme intellective, et discerner si elle est ou non séparable de la matière, car il y a là tout un ensemble de problèmes qui va rester en débat jusqu'à l'époque de Pomponazzi voire de Descartes.

Abréviations des titres d'œuvres de Blaise de Parme

Qan. : *Questiones de anima*
QGC : *Questiones de generatione et corruptione*
QMeth. : *Questiones metheororum*
QPersp. : *Questiones super Perspectiva communi*
QPhys. : *Questiones physicorum*
QProp. : *Questiones circa tractatum proportionum magistri Thome Barduardini*
QTL : *Questiones super tractatus loyce magistri Petri Hispani*

Manuscrits auxquels il est fait référence

Pour les *Questiones de anima*, les *Questiones physicorum, prima redactio*, les *Questiones de generatione et corruptione*, nous renvoyons sauf indication contraire aux folios du manuscrit de la Biliothèque apostolique vaticane, Chigi O IV 41. Ce manuscrit comporte une double numérotation : la numérotion ancienne, en haut à droite du manuscrit, et une nouvelle en bas. Nous utilisons partout l'ancienne numérotation sauf pour les *Questiones de anima*, car c'est au cours de ce texte qu'il y a surcharge, ratures et saut de numéros dans l'ancienne foliotation. Pour nous référer à ce traité, nous ajouterons donc (n.n.) après le numéro du folio.

Pour les *Questiones physicorum, secunda redactio*, nous renvoyons aux folios du manuscrit Vat. Lat. 2159.

Pour les *Questiones metheororum*, nous renvoyons aux folios du manuscrit Vat. lat. 2160.

Un certain nombre de textes en édition critique provisoire sont trouvables sur le site consacré à Blaise de Parme :

https://bdeparme.hypotheses.org/

PREMIÈRE PARTIE

SI L'UN EST

Depuis la découverte des livres naturels d'Aristote dans le monde latin, un statut particulier a été attribué aux philosophes préplatoniciens : ils sont tenus pour représentatifs d'une attitude philosophique expliquant la genèse et l'évolution du monde par les seuls éléments matériels et, selon les cas, à tel ou tel d'entre eux. Albert le Grand, au début de son commentaire sur le traité *De la génération et de la corruption*, évoque les opinions des anciens philosophes à propos de la nature[1]. Ces opinions sont diverses, mais un certain nombre d'entre eux réduisent l'origine de toutes choses à un élément unique[2]. D'autres, tels qu'Anaxagore ou Empédocle, admettent plusieurs éléments, d'autres encore tels que Leucippe et Démocrite admettent des corps indivisibles dispersés dans le vide. Mais il s'agit toujours de principes matériels, censés être à l'origine de la génération des corps naturels. Albert analysera ensuite plus en détail les positions de chacun, mais ce schéma général devient un lieu commun historiographique. Ainsi, lorsque dans les passages de la *Somme de théologie* consacrés à la théorie de l'âme, Thomas d'Aquin se livre à une évocation succincte de l'histoire de la philosophie, il affirme que « les

1. Albert le Grand, *Liber primus de generatione et corruptione*, tr. I, c. II, éd. P. Hossfeld, *Opera omnia*, t. V, pars II, Monasterii Westfalorum in aedibus Aschendorff, 1980, p. 112-114; voir A. de Libera, « Épicurisme, stoïcisme, péripatétisme. L'histoire de la philosophie vue par les Latins (XIIe-XIIIe siècles) », *in* A. Hasnawi, A. Elamrani-Jamal, M. Aouad (éd.), *Perspectives arabes et médiévales sur la tradition scientifique et philosophique grecque*, Paris-Leuven, Institut du monde arabe-Peeters, 1997, p. 343-364.

2. Albert le Grand, *Liber primus de generatione et corruptione*, p. 112b : « Isti enim dicunt unum subiectum salvatum in substantia et ratione, sicut terram unam vel ignem unum vel aerem unum vel aquam unam […] ».

premiers philosophes qui recherchèrent la nature des choses pensèrent qu'il n'existe rien dans le monde que le corps »[1].

Blaise de Parme accorde une place privilégiée à ces anciens philosophes. Dans plusieurs de ses commentaires sur les livres naturels, il évoque une opposition entre Aristote et les physiciens préplatoniciens, présentés dans des termes repris d'Aristote lui-même, et empruntés notamment au début du traité *De la génération et de la corruption*. Aristote les désignait par la périphrase « ceux qui disent que le tout est un et qui engendrent toutes choses à partir d'une seule »[2]. Blaise de Parme va développer toute une réflexion sur cet aspect fondamental : la possibilité de toute réduire à *un* principe, autrement dit l'hypothèse d'une explication *moniste* de la nature. L'enjeu est pour lui de savoir s'il convient de poser deux ou trois principes concernant les choses naturelles, à savoir la matière et la forme, et éventuellement la privation comme le faisait Aristote, ou si l'on peut tout réduire à un seul principe. Ce problème n'est pas traité seulement dans les *Questions sur la génération et la corruption*, mais aussi dans les *Questions sur la Physique*, où il occupe longuement plusieurs questions, tant dans la première rédaction que dans la seconde[3]. La présence récurrente et insistante de cette problématique montre que ce problème revêt pour notre auteur une importance théorique primordiale[4].

1. Thomas d'Aquin, *Summa theologiae*, pars I[a], qu. LXXXIV, art. 1, *Opera omnia*, édition léonine t. V, Roma, MDCCCLXXXIX, p. 313 : « Primi philosophi qui de naturis rerum inquisiverunt, putaverunt nihil esse in mundo praeter corpus ».

2. Aristote, *De la génération et de la corruption*, I, chap. 1, trad. M. Rashed, Paris, Les Belles Lettres, 2005, p. 1.

3. Il a existé deux versions des *Questions sur la Physique* : l'une est antérieure à la condamnation de Blaise de Parme par l'Évêque de Pavie en 1396, et probablement rédigée à Padoue entre 1382 et 1396; l'autre est postérieure et peut être datée de 1397. De la première nous n'avons conservé que le livre I et quelques questions sur le livre II.

4. Voir notamment *Questions sur la physique*, première rédaction, libre I, qu. 7 : « Utrum asserentes omnia esse unum possint evidenter de propositio improbari »; *Questions sur la Physique*, première rédaction, livre I, qu. 12 : « Utrum cuiuslibet generationis tantum tria sunt principia »; *Questions sur la physique*, seconde rédaction, livre I, qu. 4 : « Utrum asserentes omnia esse unum possint probabiliter in hac opinione substentari »; *Questions sur la Physique*, seconde rédaction, livre I, qu. 8 : « Utrum asserentes prima principia rerum naturalium esse tantum tria possint potenter impugnari »; *Questions sur la génération et la corruption*, livre I, qu. 1 : « Utrum sit nobis evidens aliquid posse simpliciter generari »; *Questions sur la génération et la corruption*, livre I, qu. 4 : « Utrum in generatione simpliciter dicta fiat resolutio usque ad materiam primam ».

Chapitre premier

LE MONISME EST-IL SOUTENABLE ?

Quel est le statut textuel de ces développements ? Ils se donnent au premier abord comme purement historiographiques. Cela permet une apparente prise de distance, comme on peut le voir dans la première rédaction de la *Physique* :

> Cette question est mise en avant principalement pour que, avant d'expliquer la doctrine d'Aristote à propos de la pluralité des principes, nous voyions d'abord les opinions des Anciens à ce sujet, et si leurs motifs peuvent être défendus ou non[1].
>
> En ce qui concerne le premier article [...] *la question a été mise en avant non pas en raison de sa grande utilité* mais afin de voir si les opinions des anciens peuvent être disculpés de contradiction[2].

Le texte d'Aristote, tant dans la *Physique* que dans *De la génération et de la corruption*, invite assurément à des considérations historiographiques. Pourtant, la question historiographique prend immédiatement un tour plus complexe, pour deux raisons. La première est que, selon une démarche qui est devenue usuelle au XIVe siècle et sur laquelle nous aurons à revenir, Blaise de Parme redouble la question de fait (historique) par une interrogation sur le statut épistémique des doctrines rapportées : quel est leur degré de soutenabilité ? Peut-on assumer leurs arguments sans contradiction ? Avec probabilité (ce qui à cette époque n'implique pas un

1. *QPhys.*, 1^a^ red., I, qu. 7, ms. Vat. Chigi O IV 41, f° 236va : « Ista questio mota est principaliter ut, antequam reveletur sententia Aristotelis circa pluralitatem principiorum, videantur primo opiniones Antiquorum de proposito, an motiva ipsorum possint probabiliter substentari an ne »

2. *Ibid.* : « Quantum ad primum articulum [...], *questio mota est non propter magnam eius utilitatem* sed propter videre an opiniones Antiquorum possint a contradictione defendi » – je souligne (J. B.).

calcul des chances, mais une réflexion sur la « prouvabilité », laquelle peut cependant s'écarter de la démonstration nécessaire)? Sont-elles réfutables? La seconde raison, c'est que dans chacune de ces questions, la position ou les positions analysées sont confrontées avec la pensée d'Aristote, toujours avec une volonté d'évaluation du sens, de la portée et de la valeur épistémique de telle ou telle doctrine. C'est ce qui donne aux développements de Blaise une allure parfois difficile à suivre car on risque de se perdre dans le kaléidoscope des positions exposées, chacune étant qualifiée selon sa démontrabilité, sa réfutabilité, sa probabilité... Soulignons tout de suite que, sans aucunement minimiser l'originalité de certaines thèses ainsi exposées et en partie validées, il serait risqué de se précipiter pour déclarer que telle ou telle position est « la vraie » doctrine de Blaise de Parme, en allant trop vite au delà de ce qui, *dans les textes*, est assumé *explicitement*.

Dans la question de la réduction possible de tout ce qui est à un seul principe, et notamment à la matière, Blaise de Parme confronte la plupart du temps deux approches possibles : l'une qui se fonde plus ou moins sur Aristote, l'autre qui se fonde en partie sur les physiologues antiques, exposée avec plus ou moins de distance mais aussi de sympathie. Cependant les formulations varient quelque peu, ce qui nous contraint à une exposition détaillée (au risque de quelques répétitions).

La tentation moniste

Pour un exposé détaillé des positions des anciens philosophes, on peut d'abord se tourner vers les *Questions sur la Physique*, et notamment la question 7 de la *prima redactio*, rédaction qui est le fruit de l'enseignement donné à Padoue entre 1382 et 1388. Blaise rappelle que certains parmi ces Anciens admettent une pluralité de principes, tandis que d'autres cherchent à tout reconduire à une unité primordiale. Laissons de côté ceux qui débattent du nombre fini ou infini des principes, pour nous en tenir à ceux qui posent une unité. Cette unité peut être conçue soit comme unité générique, soit comme unité spécifique, soit comme unité numérique. Clairement, il s'agit plus d'un tableau systématique que d'un exposé historique qui serait référé à tel ou tel philosophe antique, même si les physiologues évoqués par Aristote peuvent être rattachés à telle ou telle de ces positions.

La première théorie (celle de l'unité générique) admet un seul *genre* d'être, ce qui revient à tout réduire à la substance. Non seulement la configuration n'est pas réellement différente de la chose configurée, mais de manière analogue une qualité telle que la blancheur ne serait pas différente de la chose blanche. Tout étant est par conséquent substance, et tous les étants présents, passés et futurs peuvent être conçus sous un seul concept univoque[1]. Ainsi on peut dire que « toutes choses font un selon le genre » (*omnia sunt unum genere*). Quel est le statut de cette théorie? Simplement, elle ne peut pas être rejetée avec évidence[2].

Passons rapidement sur la troisième théorie, selon laquelle tout est un *en nombre*. Dans un premier temps, elle affirme surtout l'unité de l'univers, comme grandeur parfaite. Elle n'est pas incompatible avec l'admission de différences spécifiques entre certaines substances. Cette doctrine, telle qu'elle est ici exposée, est assez facilement acceptable, elle non plus ne peut pas être réfutée avec évidence; mais elle présente un intérêt théorique assez faible.

Plus intéressante pour notre propos est la deuxième théorie, celle qui défend l'unité spécifique de toutes choses. Dans ce texte de la première rédaction de la *Physique*, la première conclusion de la théorie s'appuie sur une mise au point concernant le statut de la distinction entre la matière et la forme. À ce stade, disons simplement qu'aucune évidence, ni rationnelle ni expérimentale, n'oblige à poser une telle distinction[3]. Il en résulte alors une thèse plus radicale, à savoir l'unité substantielle de toutes choses si l'on admet de surcroît, comme le posera la troisième conclusion, que par elle-même la matière est de même nature en toutes choses. D'où l'affirmation centrale :

> Il faut donc imaginer que toute la matière incluse à l'intérieur de l'orbe de la lune est divisée en quatre parties substantiellement égales mais quantitativement inégales, et ces parties sont nommées les quatre éléments, de telle sorte que nous appelons feu la partie la plus rare, terre la partie la plus lourde, etc. Et parmi ces parties, on trouve certaines petites portions figurées diversement, et en raison de ces figures et opérations certains sont appelés des hommes, d'autres des ânes et d'autres des pierres, etc.[4]

1. Voir *QPhys.*, I, qu. 7, art. 2, concl. 1 à 4, f°s 236vb-237ra.

2. *Ibid.*, f° 237ra : « asserentes [...] non possunt evidenter reprobari ».

3. Précisons toutefois dès maintenant que Blaise redonnera une certaine validité à cette distinction dans sa discussion de la position aristotélicienne, et la maintiendra dans de nombreuses autres questions.

4. *Questions sur la Physique*, 1ª red., I, qu. 7, f° 237ra-rb : « Est igitur ymaginandum quod tota materia inclusa inter concavum orbis lune divisa est in quatuor partes substantialiter equales sed quantitative inequales, que partes dicuntur quatuor elementa sic quod partem rariorem appellamus ignem et partem ponderosiorem terram etc. Et inter has partes reperiuntur quedam parve portiones figurate diversis figuris, quibus figuris et operationibus aliqui appellantur homines et aliqui asini et aliqui lapides etc. »

Ainsi des portions de la même matière totale combinant différents éléments (c'est-à-dire combinant des parties de matière qui se différencient par leurs qualités, notamment le lourd, le léger, le rare et le dense), donc des corps mixtes, présentent une diversité de configuration et (dans le cas de vivants) d'opérations, qui permettent de leur attribuer le nom d'homme, d'âne ou de pierre.

On peut alors sur cette base formuler quelques thèses radicales. Nous avons dit que n'importe quelle partie de matière est de même nature qu'une autre. On pourrait en conclure qu'une particule de feu ne diffère pas plus d'une particule de terre qu'elle ne diffère par nature d'une autre particule de feu ; la différence entre éléments se réduirait alors à une différence de qualités. Et plus radical encore : « N'importe quel homme est de même espèce et nature (*ratio*) qu'un âne. C'est patent puisque ce ne sont que deux portions de matière »[1] ; ou « un âne ne diffère pas plus d'un homme que d'un autre âne ». Les autres conclusions ne font que tirer des conséquences paradoxales sur le rapport au temps, par exemple « aucun homme n'est corrompu » (s'il n'est, comme on en fait présentement l'hypothèse, qu'une portion de matière).

Cette théorie reprend pour partie ce qui est exposé dans les questions sur *La génération et la corruption*[2]. Ce dernier texte comprend deux moments, même si ceux-ci ne sont pas toujours bien distingués dans l'exposé.

À un premier niveau, on commence par supposer qu'il existe quatre éléments de nature différente. Il s'agit bien entendu des quatre éléments d'Empédocle qui avaient été repris par Aristote, à savoir le feu, l'air, l'eau et la terre. On pose aussi, ce qui n'est pas plus original, qu'existent différentes espèces d'étants naturels, ou plutôt des individus de différentes espèces : un homme, une chèvre, une pierre. Comment sont caractérisés ces différents éléments ? Ce sont des parties diverses d'une masse totale de matière, *tota massa materie*, comme si la matière première avait une existence logiquement antérieure aux étants naturels eux-mêmes. Ces parties sont alors différenciées en fonction de leurs qualités. Quelles sont-elles ? Blaise est assez vague, parlant des « qualités premières et des autres ». On peut penser que cela inclut ce qui est appelé ailleurs « qualités altératives », à savoir le chaud, le froid, l'humide et le sec, mais aussi le lourd et le léger, ainsi que le rare et le dense. Cela conduit à caractériser

1. *QPhys.*, I, qu. 7, f° 237rb.
2. Ces questions sont probablement élaborées à Bologne en 1382.

par exemple le feu comme la partie la plus légère et la plus rare, la terre comme la partie la plus dense et la plus lourde.

À un second niveau, il convient de faire intervenir la notion de « configuration ». Celle-ci est d'abord mentionnée rapidement, à travers l'évocation de petites portions de matière diversement configurées[1]. Nous trouvons ensuite une remarque logico-sémantique sur la signification du terme « homme ». Ce terme désigne ou signifie de façon directe tel ou tel de ces étants, quelle que soit sa constitution ontologique (nous devrons y revenir), mais en même temps il connote, c'est-à-dire qu'il signifie de façon seconde, une portion de matière configurée de telle ou telle manière : « Le terme "homme" est un terme connotatif, connotant la matière première configurée de telle ou telle manière, selon laquelle cette portion de matière est dite un homme »[2].

Ces deux exposés donnent ainsi la version radicale d'une théorie ramenant tout à un seul principe diversement configuré.

De l'historiographie à l'hypothèse matérialiste

L'objet premier de ces analyses est de présenter et d'évaluer la tendance à tout réduire à une seul principe[3]. Cette tendance n'est pas rapportée principalement à l'atomisme antique, qui n'est évoqué qu'épisodiquement, mais aux physiologues (ce que Diogène Laerce désignait comme l'école ionique), ceux qui privilégient un discours sur la nature parce que pour eux, l'être est fondamentalement nature, *phusis*. Ils sont désignés comme « anciens philosophes » ou « anciens physiciens ». Mais les formulations de Blaise vont au-delà. Il expose les doctrines des anciens physiciens comme promouvant une réduction de toutes choses à des configurations variables d'une même masse de matière :

1. Blaise de Parme, *QGC*, I, qu. 1, f° 1rb : « alie parve portiones vel partes diversis figuris figurate ».

2. *Ibid.* : « Iste terminus "homo" est terminus connotativus connotando materiam primam taliter vel taliter figuratam secundum quam ista portio materie dicitur homo ».

3. J. Biard, « Matière, forme, qualité. Blaise de Parme et le statut de la matière », *in* T. Suarez-Nani, A. Paravicini Bagliani (ed.), *Materia. Nouvelles perspectives de recherche dans la pensée et la culture médiévales (XIIe-XVIe siècles)*, SISMEL-Edizioni del Galluzzo, Firenze, 2017, p. 191-215.

> En ce qui concerne [l'opinion des anciens philosophes], la conclusion suivante est posée par de nombreux anciens : sous l'orbe de la lune il n'y a rien d'autre que la matière première[1].
> Toutes choses peuvent être sauvées en posant seulement la matière première[2].

La vérité du monisme est dès lors une forme de matérialisme. Même si le terme n'existe pas à l'époque, son usage paraît légitime puisque, selon la perspective qui est ici exposée, dans le monde naturel – quoi qu'il en soit des intelligences célestes et de Dieu – il n'existe rien d'autre que la matière, ou du moins tout devrait en dernier ressort s'expliquer par des transformations de la matière première.

À ce stade, Blaise de Parme prétend simplement exposer une théorie attribuée aux anciens philosophes de la nature; de surcroît, il paraît rapporter ce qu'en dit Aristote. Mais qu'en dit précisément celui-ci? Il n'évoque pas seulement ces anciens physiciens dans le premier chapitre du traité *De la génération et de la corruption* mais encore dans la *Physique* et dans la *Métaphysique*. Ainsi, on trouve dans le livre A de la *Métaphysique* cette phrase lapidaire : « La plupart des premiers philosophes pensèrent que seuls les principes d'espèce matérielle sont les principes de tout »[3] ». Blaise de Parme établit un lien entre la réduction de tout étant à une portion de matière configurée de telle ou telle manière, et le principe *omnia sunt unum* : « et c'est ce que dit Empédocle, selon le livre premier de la *Physique*, à savoir que toutes choses font un (*omnia sunt unum*), c'est-à-dire sont de la même espèce dernière »[4]. De fait, d'après ce qui est dit par Aristote dans la *Physique*, Empédocle, comme Anaxagore et Anaximandre, chacun à leur manière, feraient sortir toutes choses d'une unité primordiale : « Selon les autres, les contrariétés qui étaient contenues dans l'un en sont extraites par différenciation, comme le dit Anaximandre et tous ceux qui disent que les étants sont un et multiples comme Empédocle et Anaxagore; eux aussi, en effet, font s'extraire par

1. *QGC*, I, q. 1, f° 1rb : « Quantum ad primum ponitur ista conclusio a multis antiquis : infra concavum lune nihil aliud est preter materiam primam »

2. *Ibid.* : « Omnia possunt salvari ponendo solum materiam primam ».

3. Aristote, *Métaphysique*, A, 3, 983 b 6, trad. A. Jaulin, Paris, GF-Flammarion, 2008, p. 80.

4. *QGC*, I, qu. 1, f° 1rb : « et hoc est quod Empedocles dixit, primo *Physicorum*, quod omnia sunt unum, id est eiusdem speciei specialissime ». La lecture *Empedocles* dans le manuscrit est une conjecture que je propose, mais cela semble cohérent avec les matériaux textuels d'origine aristotélicienne qui sont mobilisés.

différenciation les autres choses du mélange »[1]. C'est ce référent textuel qui peut expliquer ici la reprise, dans le passage de Blaise cité ci-dessus, de la formule « omnia sunt unum » et son attribution à Empédocle alors que traditionnellement elle était plutôt réservée à Parménide. Selon la *Métaphysique*, en effet, Empédocle admet quatre éléments qui augmentent ou diminuent en s'agrégeant ou en se séparant[2], si bien qu'il n'y a pas de nature propre de chaque chose[3]. Or ce sont précisément de tels passages qui ont pu fonder au début du XIIIe siècle l'interprétation de David de Dinant, qui professait déjà, à en croire Albert le Grand, que la matière est le principe unique de toutes choses : « Et cet Un, David de Dinant l'interprète comme étant la matière, du fait que rien selon lui n'est vrai sinon la matière »[4].

Ce glissement possible vers le matérialisme, déjà suggéré dans la question 1 sur le *De generatione et corruptione*, est à l'horizon de la question 4, qui pose directement la question de savoir si dans la génération prise au sens absolu, donc dans l'acquisition d'une nouvelle forme substantielle[5], on peut procéder à une « réduction ontologique »[6] jusqu'à la matière première[7].

1. Aristote, *Physique*, I, 4, 187 a 21-23, trad. P. Pellegrin, Paris, GF-Flammarion, 2000, p. 86.

2. Voir Aristote, *Métaphysique*, A, 3, 984 a 8-11, trad., p. 82.

3. Voir *Métaphysique*, Δ, 4, 1014 b 38 – 1015 b 2, trad., p. 186 : « il y a ceux qui disent que la nature est la composition première ou Empédocle qui dit "il n'y a de nature d'aucun être, il n'y a que mélange et réconciliation de ce qui est mêlé" ».

4. Albert le Grand, *Summa theologiae*, IIa pars, trad. I, qu. 4, membrum 3, *Opera omnia*, éd. Borgnet, vol. XXXII, Parisiis, MDCCCXCV, p. 108 : « Et illud unum David de Dinanto interpretatur esse materiam, eo quod nihil secundum eum verum est nisi materia ». Voir Gabriel Théry, *Autour du décret de 1210 : I. – David de Dinant. Étude de son panthéisme*, Kain, Le Saulchoir, 1925 ; David de Dinant, *Quaternulorum fragmenta*, éd. M. Kurdzialek, « Polska Akademia Nauk, Studia Mediewistyczne » 3, Varsovie, Panstwowe wydawnictwo naukowe, 1963. Les œuvres de David ayant été brûlées, on imagine mal une influence directe, mais les remarques d'Albert étaient bien connues.

5. L'opposition de la génération absolue et de la génération relative recouvre plusieurs polarités chez Aristote : voir à ce propos la note complémentaire 6, p. 112, dans la traduction de Marwan Rashed. Blaise a défini la *generatio simpliciter dicta* dans la question 2, f° 2rb.

6. Nonobstant l'anachronisme du terme, il s'agit de chercher quels sont les principes d'être de toutes choses. Le terme *reductio* signifie « reconduction » plus que « réduction », mais en l'occurrence il s'agit bien d'examiner une démarche réductionniste.

7. *QGC*, I, qu. 4, f°s 4va *sq.* : « Utrum in generatione simpliciter dicta fiat resolutio usque ad materiam primam ».

L'interrogation n'est pas nouvelle dans les commentaires sur le *De generatione et corruptione*. Pour nous en tenir aux commentaires parisiens du XIVe siècle qui forment l'arrière-plan des discussions de Blaise, la même question se trouvait, à quelques variantes de formulation près, chez Nicole Oresme, Albert de Saxe et Marsile d'Inghen[1]. Un certain nombre d'instruments conceptuels permettant de traiter le problème sont mis en place dès cette période. Mais Blaise de Parme tirera des conséquences radicales de cette résolution ou reconduction, sur lesquelles nous aurons l'occasion de revenir. En ce qui concerne la question de savoir si on peut précéder à une réduction ontologique de tout corps jusqu'à la matière première, Blaise expose deux opinions possibles. Comme la plupart du temps ces opinions ne sont pas attribuées, de sorte que si elles ont effectivement été soutenues, il s'agit plutôt pour lui de types de réponses possibles.

La première introduit une distinction selon qu'il s'agit de la génération de corps simples (un élément à partir d'un autre) ou de corps mixtes. Ce qui caractérise cette opinion c'est qu'elle admet la présence de plusieurs formes substantielles dans les corps mixtes[2]. Selon cette doctrine, dans l'engendrement d'un corps simple, on est reconduit à la matière première comme seul substrat, ce qui veut dire qu'en dehors du corps élémentaire qui disparaît et de celui qui apparaît, rien d'autre que la matière première n'entre en jeu. En revanche, ce n'est pas le cas dans l'engendrement d'un corps mixte puisque les formes des éléments subsisteraient. Ce point de vue est évoqué assez rapidement. Il est impossible que Blaise le reprenne

1. Nicole Oresme, *Questiones super de generatione et corrptione*, I, qu. 7, éd. St. Caroti, München, Verlag der bayerischen Akademie der Wissenschaten, 1996, p. 53 : « Utrum in generatione simplici fiat resolutio usque ad materiam primam » ; Albert de Saxe, *Questiones de generatione et corruptione*, I, qu. 5, in *Quaestiones et decisiones physicales insignum virorum*, [Paris], 1516, f° 137vb : « Utrum in generatione simpliciter fiat resolutio usque ad materiam primam » ; Marsile d'Inghen, *Questiones super libros De generatione et corruptione*, I, qu. 6, dans Egidius cum Marsilio et Alberto *De generatione*, Venetiis, 1518, f° 70ra : « Utrum in generatione simpliciter dicta fiat ex parte formarum substantialium resolutio usque ad materiam primam ». En revanche on ne la trouve pas telle quelle chez Buridan, qui souvent est littéralement moins proche de Blaise que ne le sont les trois maîtres cités précédemment ; le problème est abordé dans la question 10 sur le livre I, « Utrum illa descriptio generationis est bona in qua dicitur "generatio est tranmsutatio totius in totum non manente aliquo sensibili ut subiecto eodem" » : voir Jean Buridan, *Questiones super libros De generatione et corruptione Aristotelis* éd. M. Streijger, P. J. J. M. Bakker, H. M. M. H. Thijssen, Leiden-Boston, Brill, 2010, p. 95-99.

2. *QGC*, I, 4, f° 6ra : « in quolibet mixto sunt quatuor forme substantiales quatuor elementorum, et quinto forma mixti ».

tel quel à son compte puisque, de façon constante, il récuse la pluralité des formes substantielles dans un même corps.

Le second point de vue est présenté comme la doctrine d'Aristote. Il commence par refuser la théorie de la pluralité des formes[1]. Dans cette seconde perspective, on ne reconduit pas tous les étants directement à la matière première, puisque dans le processus de génération, ou de passage d'un élément à un autre, il y a telle ou telle qualité qui subsiste. C'est là une autre question traditionnelle des commentaires sur le *De generatione*, généralement traitée à côté de celle sur la reconduction à la matière première. Parmi les conclusions relatives à ce second point de vue, on trouve celle-ci : « dans l'engendrement de l'air à partir de l'eau, subsiste dans l'engendré la même qualité qui fut dans le corrompu »[2]. Donc, comme il sera repris dans la conclusion générale : « dans la génération dite absolument, pour ce qui est de la forme accidentelle, il ne se produit pas de reconduction (*reductio*) jusqu'à la matière première »[3]. En revanche, dans l'engendrement d'une forme substantielle, on peut tout reconduire à la matière première puisque la forme qui existait antérieurement est détruite, sinon l'on aurait plusieurs formes substantielles dans le même suppôt, ce qui a été refusé.

Cette question de la reconduction de tout étant à la matière première ne renforce donc pas, en première apparence, l'hypothèse matérialiste telle qu'elle était référée aux anciens physiciens, puisqu'elle semble conduire à l'adoption d'une théorie présentée comme conforme à Aristote. Surtout elle suggère qu'il convient de maintenir quelque chose qui doit être distingué de la matière comme telle, à savoir les qualités. En vérité, elle s'écartera de l'aristotélisme sur un point fondamental, sur lequel nous devrons revenir en raison de son importance : le rapport des formes accidentelles à la matière. Pour l'heure, cela nous suggère simplement qu'il y aura des limites à l'adoption d'un monisme absolu, ou à l'unicité du principe de toutes choses.

1. Nous reviendrons dans le chapitre III sur cette doctrine, qui a été développée au XIIIe siècle à propos de la théorie de l'âme.

2. *QGC*, I, 4, f° 6rb : « In generatione aeris ex igne manet eadem qualitas in generato que fuit in corrupto ».

3. *Ibid.* : « in generatione simpliciter dicta, quantum est ex parte forme accidentalis, non fit resolutio usque ad materiam primam ».

La matière et le reste

Que le statut des qualités soit le problème crucial, c'est ce qui ressort également de la question « Est-ce que ceux qui affirment que toutes choses font un peuvent être défendus avec probabilité ? » dans la seconde rédaction de la *Physique*, plus tardive que les textes examinés jusqu'à présent. Dans la solution, Blaise précise qu'on peut comprendre la question de deux manières[1]. En un sens, toutes choses sont un en ce sens qu'elle forme un univers. Si l'on admet que du point de vue naturel (abstraction faite de la toute-puissance divine) il n'y a qu'un monde, alors toutes choses forment un univers, qui est un numériquement. Ce n'est que l'unité d'un tout (lequel n'est autre que ses parties prises ensembles) à la manière d'une armée, mais il tient son unité de son créateur comme l'armée de son chef. De ce point de vue, le tout est un numériquement, quoique cela n'empêche pas ses parties de différer, comme les deux moitiés d'un corps. Dans l'examen d'une difficulté ultérieure, Blaise prendra ses distances avec cette présentation, récusant la proposition « universum est unum numero » et se contentant d'affirmer « universum est unum universum », car il n'y a pas une forme unique qui informerait cet univers[2]. Quoi qu'il en soit, cette interprétation de la question initiale ne concerne pas directement notre propos.

L'autre interprétation reprend un thème évoqué dès la *prima redactio*, à savoir une certaine théorie de l'univocité de l'étant[3]. Cette univocité n'est pas celle qui va être développée dans la métaphysique occidentale à partir de Scot, c'est une théorie de l'être comme substance (une ousiologie) :

> la deuxième manière de comprendre est celle-ci : toutes choses sont un, cela veut dire que de n'importe quel étant naturel on a ou l'on peut avoir un concept univoque, simple et absolu, dont est tiré dans le langage vocal le nom « substance », de sorte que cela revient à se demander si tout ce qui est est substance[4].

La « secte », c'est-à-dire l'école de pensée, qui soutient cette théorie de l'univocité s'appuie sur l'identité réelle (admise plus largement, y

1. *QPhys.*, 2ª red., I, qu. 4, fº 68va.

2. Voir *QPhys.*, 2ª red., I, 4, 3a difficultas, fº 70rb. Blaise récuse donc implicitement l'idée d'âme du monde.

3. *QPhys.*, I, 1ª red., qu. 7, voir *supra*.

4. *QPhys.*, 2ª red., I, 4, fº 68va : « secundus intellectus est iste : utrum omnia sunt unum, id est de quodlibet ente naturali habeatur vel haberi possit unus conceptus univocus simplex et absolutus, a quo in voce sumitur hoc nomen "substantia", ut sit idem querere utrum omne quod est sit substantia »

compris par Blaise lui-même) de l'étendue et de la chose étendue, du mouvement et de la chose mue, de la figure et de la chose figurée. Mais elle étend cette approche aux qualités de la première espèce, si bien que la blancheur ne serait rien d'autre que le blanc et la chaleur rien l'autre que le chaud. À proprement parler, « étant » ne signifie que la substance, et c'est seulement de manière dérivée qu'on peut utiliser le terme pour renvoyer à des accidents, qui sont des modifications de la substance. Au sens strict donc, tout est substance et aucune qualité n'est à proprement parler ou n'existe, puisque cela impliquerait que la qualité soit un étant alors que tout étant est substance. Blaise de Parme juge d'ailleurs que cette théorie n'est pas très éloignée de certains passages d'Aristote dans le livre VII de la *Métaphysique*, selon lesquels les accidents ne sont pas des étants et ne peuvent être proprement définis sans référence à leur sujet. Mais il exprime des réserves à l'égard de cette doctrine – qui rejoint de fait les formes radicales de monisme que nous avons rapportées plus haut.

La doctrine exposée ici aurait en effet deux conséquences. La première est que, comme Aristote en avait évoqué le risque dans sa présentation des physiologues, toute génération se réduirait à une altération : « Et en outre ils concèdent que la génération ne diffère pas de l'altération. C'est patent puisque selon eux la génération ne se produit que par l'acquisition d'une certaine configuration »[1]. La seconde est que toutes choses seraient finalement de même nature ou, comme on l'a lu, de même « espèce dernière ». Blaise déclare ne pouvoir adhérer à ces deux conséquences. Quoiqu'Aristote n'ait pas bien réfuté cette doctrine, elle est fausse et on doit la récuser. Pourquoi ? Une raison décisive est avancée : une qualité telle que le chaud répugne à l'eau puisque, laissée dans sa disposition naturelle et sans que cela soit dû à un agent extérieur, l'eau chaude refroidit ; pourtant la chaleur n'est pas incompatible avec la matière puisque cette dernière peut recevoir n'importe quelle qualité. Il faut donc maintenir *une forme* qui diffère de la matière – à ce stade, cela reste allusif, mais l'argument reviendra et il faudra le préciser par d'autres analyses. Ce que cela nous apprend en tout cas, c'est qu'on ne peut pas tout résorber dans une matière homogène et univoque, et qu'il faut maintenir un *principe de différenciation*.

1. *QGC*, I, 1, f° 1rb : « Et ultra concedunt : generatio non differt ab alteratione ; patet postquam generatio secundum eos non est nisi per acquisitionem figure » ; *cf.* Aristote, *De la génération et de la corruption*, I, c. 1, trad., p. 1 : « Tous ceux en effet qui disent que le tout est un et qui engendrent toutes choses à partir d'une seule sont contraints d'affirmer que la génération est une altération ».

CHAPITRE II

ARISTOTE REVISITÉ

Aristote s'est opposé à la théorie des anciens physiciens selon lesquels tout est un. Blaise de Parme va donc exposer en contrepoint la « vraie doctrine du Philosophe »[1] – une formule pour l'heure ambiguë : on peut se demander si elle implique qu'il s'agisse de la théorie vraiment professée par Aristote, et qui demande interprétation, ou si elle affirme implicitement que, moyennant cette réinterprétation, la théorie d'Aristote est vraie.

Dans le commentaire sur *De la génération et de la corruption*, l'exposé de la position aristotélicienne est très succinct. Blaise se contente de rappeler la distinction entre substance et accident[2], ou entre génération substantielle et génération accidentelle. La première requiert un agent naturel et présuppose la matière. La seconde est l'acquisition d'une forme accidentelle et présuppose un sujet. Parmi les conclusions, l'essentiel est d'affirmer la possibilité de la génération au sens absolu par un agent naturel – même s'il ne s'agit pas d'une évidence qui ne pourrait aucunement être falsifiée, mais simplement d'une évidence naturelle[3]. Pour approfondir cette doctrine et évaluer son statut, il faut, en se tournant vers la *Physique*, prendre en considération d'autres problèmes qui sont connexes.

1. *QGC*, I, 1, f° 1rb : « veram sententiam Philosophi ».

2. Nous aurons l'occasion d'y revenir : Blaise de Parme souligne dans de nombreux textes que cette distinction est indispensable.

3. Voir *QGC*, I, 1, f° 1vb.

Un se divise en deux : principes d'engendrement et principes de constitution

Laissant de côté, du moins en apparence, la question de la réduction possible à la matière, Blaise approfondit le problème, dans ses deux versions de la *Physique*, à partir d'une double interrogation : sur les principes d'engendrement d'un étant naturel et sur les principes de sa constitution. Bien que l'interrogation principale porte sur la *génération*, elle se redouble en effet d'une interrogation sur la *constitution* même des étants naturels :

> la question est parfois formulée ainsi : « est-ce qu'il y a seulement trois principes des choses naturelles ? » ; et parfois ainsi, « Est-ce qu'exactement trois principes concourent dans la génération ? ». Or la question porte sur le second sens et non le premier. Posons cependant quelques conclusions au sujet du premier, afin que rien ne reste en dehors de la discussion[1].

Si les principes de la constitution, c'est-à-dire les constituants essentiels des étants naturels, soumis à la génération et à la corruption, ne sont pas forcément ceux de leur engendrement, ils s'expliquent néanmoins par eux. C'est d'autant plus vrai que dans l'ontologie de Blaise, la génération est réellement identique à la chose engendrée[2] – ce qui veut dire, en toute rigueur, que le terme *generatio* n'a pas d'autres signifié direct que *generatum*. Sur ce point toutefois, le texte de la *secunda redactio* apportera des précisions dans une « difficulté » consacrée à l'examen de cette équivalence. Si l'identité réelle de la chose signifiée est réaffirmée[3], il apparaît que les deux termes ont des connotations différentes : le terme « génération » signifie quelque chose en connotant sa production actuelle par quelque chose qui l'engendre, le terme « chose engendrée » (*res genita*) connote l'existence actuelle, présente ou passée[4].

1. *QPhys.*, 1ª red., qu. 12, art. 2, fº 255vb : « cum questio aliquando sic formetur "utrum tantum tria sint principia rerum naturalium", et aliquando sic "utrum in generatione precise tria principia concurrant", questio querit modum secundum et non primum. Circa primum tamen ponentur conclusiones alique ut nichil maneat indiscussum ».

2. *QPhys.*, 1ª red., qu. 12, art. 2, 2a prop., fº 256ra : « generatio idem est quod res genita ». Le lien était fait dès le premier argument de la discussion *quod non* : « Nullius rei genite sunt tria principia, igitur nec generationis erunt tria principia. Tenet consequentia quia generatio idem est quod res generata » (fº 253vb). Les manuscrits portent indifféremment (sans abréviation) *genitus* et *generatus*.

3. *QPhys.*, 2ª red., I, qu. 8, art. 2, fº 77vb.

4. *QPhys.*, 2ª red., I, qu. 8, art. 2, fº 78ra : « Pro quo noto quod isti termini "generatio" et "res genita" non sunt termini omnino convertibiles, quia iste terminus "generatio" significat hoc vel illud connotando actualem productionem ipsius a generante. Sed hic terminus "res genita" significat hoc vel illud connotando actualem existentiam esse vel fuisse ».

En vérité, cette distinction entre principes de génération et principes de constitution ne semble pas toujours fermement maintenue. Ainsi, dans la question 12 de la première rédaction de la *Physique*, Blaise de Parme distingue principes extrinsèques de la génération (la fin et l'agent) et principes intrinsèques de la génération (la matière et la forme)[1]. L'objet immédiat de la question est de déterminer si les principes intrinsèques de la génération sont au nombre de trois. Il s'agit clairement d'un examen critique de la doctrine d'Aristote, lequel estimait que pour tout mouvement doivent être pris en compte trois principes : la matière, la forme et la privation. Mais cet examen s'articule à une réflexion théorique générale visant à préciser le statut de la matière et de la forme.

En ce qui concerne la constitution essentielle des étants naturels qui existent par soi – qu'on peut donc pour cette raison désigner comme des substances puisque la perséité est, avec la subjectité, l'une des deux caractéristiques fondamentales de la notion de substance depuis l'Antiquité grecque – Blaise semble privilégier la thèse selon laquelle il convient de poser deux principes – même si cette thèse n'est pas d'une évidence absolue et que d'autres peuvent être soutenues sans contradiction[2]. Un argument avancé d'emblée et qui reviendra régulièrement concerne la nécessité d'une dualité comme condition de changement d'un élément – en l'occurrence sa transformation qualitative. Ainsi que nous l'avons déjà indiqué plus haut, si l'on prend de l'eau que l'on a portée à ébullition, elle va ensuite se refroidir même sans influence de quelque chose d'extérieur. La chaleur paraît donc être incompatible, du moins durablement, avec la nature de l'eau. Or la chaleur n'est pas incompatible avec la matière puisque la matière est susceptible de n'importe quelle disposition qualitative. C'est donc avec la forme substantielle de l'eau que la chaleur paraît incompatible (*repugnat*)[3]. Ce schéma explicatif, énoncé dès la première rédaction de la *Physique*, implique qu'il y ait dans la constitution même de toute chose naturelle deux principes, la matière et la forme. Car s'il y en a deux pour un élément, ce sera à plus forte raison le cas pour un corps mixte. En revanche il serait superflu d'en poser davantage dès lors que deux suffisent.

1. *QPhys.*, 1ª red., qu. 12, art. 2, fº 255va-vb : « quedam sunt principia extrinseca, ut agens et finis ; quedam sunt principia intrinseca, ut materia et forma. Ad propositum, questio querit de principiis intrinsecis et non de extrinsecis ».

2. Cette position est exposée dans la première difficulté de l'article 1 (« an cuiuslibet rei naturalis per se naturaliter existentis sunt precise duo principia intrinseca ut materia et forma »), et à nouveau dans la détermination (article 2).

3. *QPhys.*, 1ª red., I, qu. 12, art. 1, prima difficultas, *prima conclusio*, fº 254vb.

Il convient pourtant, dans le même temps, d'affirmer l'unité substantielle de ces corps naturels. Cela signifie que la matière et la forme ne sont aucunement des réalités auto-subsistantes et qu'elle n'ont d'être que dans ce composé, même s'il est requis de les distinguer pour rendre compte de sa constitution[1].

Une longue argumentation contre les objections envisage la possibilité de poser une équivalence entre une chose et sa matière. Dans ce cas toutefois cette matière n'est pas la matière première, abstraite, mais la matière informée de telle ou telle manière. En effet, la matière peut être considérée tantôt de manière indéfinie, tantôt comme matière déterminée :

> Je concède qu'avec une matière la chaleur n'est pas incompatible (*materie non repugnat caliditas*) puisque cette proposition est indéfinie. La chaleur n'est en effet pas incompatible avec le feu ni avec l'air, mais elle est bien incompatible avec l'eau, eau qui est sa matière. Et par conséquent je dis que ce n'est pas le cas que toute matière soit de même nature (*eiusdem rationis*) en toutes choses, puisque le feu et l'eau ne sont pas de même nature, et que chacun d'eux est sa matière[2].

C'est donc en prenant la matière comme matière déterminée que l'on peut poser une équivalence avec la chose, du moins au niveau des éléments. Dans ce cas, comme Blaise le rappelle régulièrement, la matière n'est pas la même en toutes choses. C'est en ce point précis que l'on s'écarte de la version la plus radicale du monisme énoncée plus haut.

Au terme de ces discussions et précisions, on peut déjà tenir pour acquis que les principes intrinsèques qui concourent à la génération d'un étant naturel existant par soi ne sont pas plus que deux. La formulation littérale d'Aristote est par conséquent remise en cause puisque la privation n'est pas à compter comme l'un des principes de la génération. Ou bien elle n'est rien, et comme telle elle ne peut être ni intelligée ni signifiée, ou bien elle est réellement identique à la matière. Sur ce point, Blaise avait déjà largement balisé le terrain en se demandant si la matière et la privation diffèrent réellement ou selon la raison[3]. Il avait alors expliqué

1. *QPhys.*, 1ª red., I, qu. 12, fº 255ra-rb : « Quinta conclusio : quod quelibet res naturalis per se naturaliter existens sit substantia simplex et nullo modo ex diversis principiis substantialibus composita potest ab omni contradictione defendi ».

2. *QPhys.*, 1ª red., I, qu. 12, fº 255rb : « Et concedo quod materie non repugnat caliditas, quia ista est una indefinita. Non enim repugnat igni nec aeri, sed bene repugnat aque, que aqua est sua materia. Et consequenter dico quod non omnis materia est eiusdem rationis in omnibus, cum ignis et aqua non sint eiusdem rationis, quorum quelibet est sua materia ».

3. Voir dans la même question la deuxième difficulté de l'article 1.

que quelque chose ne peut pas différer pas de soi-même par la raison (disons par un point de vue conceptuel), et surtout qu'il n'y a pas de distinction de raison entre la matière et la privation[1].

Jusqu'où mener la réduction ?

Peut-on aller au-delà ? Après avoir affirmé qu'il ne peut pas y avoir plus de deux principes de la génération, Blaise de Parme envisage la possibilité qu'il n'y ait pas même un seul principe intrinsèque[2]. Qu'est-ce que cela signifie ? Si tout étant naturel est *constitué* de matière et de forme, il ne faut pas faire de ces dernières des réalités autosubistantes[3]. Cette unité forte de la substance corporelle veut donc dire qu'il ne peut y avoir plusieurs principes *intrinsèques* de la génération d'une chose – pas même deux. Mais on peut poursuivre le raisonnement, et la cinquième et dernière conclusion va récuser l'idée même de *principe intrinsèque* de la génération : « d'une génération il n'y a à proprement parler aucun principe intrinsèque »[4].

La même thèse se retrouvera dans la seconde rédaction de la *Physique* (question 8 sur le livre I)[5], avec des compléments qui précisent l'enjeu. Du point de vue strictement aristotélicien, même tel qu'il est ici exposé (c'est-à-dire en réinterprétant l'idée de privation), il y aurait bien deux principes de nature différente pour un homme ou un âne[6]. Mais alors ce devraient être les mêmes pour tout âne ou pour tout homme, à savoir la matière toujours identique à soi et la forme spécifique de l'homme ou de l'âne… Blaise prend évidemment ses distances avec ce schéma, puisque cela impliquerait l'idée d'une forme spécifique unique : « Même

1. *QPhys.*, 1ª red., fº 255va : « materia et privatio non differunt per rationem. […] Si sunt diversa, sequitur quod differunt se ipsis et realiter, et non per rationem ». On trouve la même position dans la seconde rédaction : *QPhys.,* 2ª red., fº 78rb : « Ex qua difficultate sequitur quod privatio non est principium alicuius rei naturalis de per se, nec per accidens, postquam privatio non est in mundo, nec extra mundum ».

2. *QPhys.*, 1ª red., fº 256va : « nullius generationis ultra unum est principium intrinsecum ».

3. *Ibid.*, « Unde nullo modo probabile est quod hic lapis sit substantia composita ex diversis substantiis, ut ex materia et forma ».

4. *QPhys.*, 1ª red., fº 256vb : « nullius generationis proprie loquendo est aliquod principium intrinsecum ».

5. *QPhys.*, 2ª red., I, qu 8 : « Utrum asserentes principia rerum naturalium esse tantum tria possint potenter impugnari ». La seconde rédaction apporte quelques précisions, mais sur ce point aucune modification doctrinale notable.

6. *QPhys.*, 2ª red., I, qu 8, fº 78va : « istius asini duo sunt principia intrinseca diversarum rationum. Patet, quia materia et forma ».

si ces conclusions peuvent être soutenues, on peut cependant facilement les réfuter »[1]. Que peut-on leur opposer pour les rejeter si facilement? Non pas la négation pure et simple des concepts de forme et de matière, mais la thèse selon laquelle le composé n'est rien d'autre que ses parties essentielles, lesquelles ne sont pas *à proprement parler* deux principes[2]. Sinon ils seraient des principes d'eux-mêmes, et ainsi de suite à l'infini. De ce fait se trouve invalidée l'idée de deux principes uniques pour tous les hommes (ou pour tous les ânes), donc à la fois l'idée d'une nature spécifique et celle d'une matière indifférenciée.

Au terme de cette procédure d'élimination, peut-on encore retenir quelque chose d'Aristote ?

Ce qui est inacceptable, c'est de poser trois principes dont deux auraient entre eux une distinction de raison[3]. Ce qui peut être soutenu en revanche, c'est que toute chose naturelle est en un certain sens constituée de matière et de forme, lesquelles ne subsistent pas telles quelles indépendamment du composé. Mais on peut aussi et surtout en conclure que concourent à la production d'une chose trois principes de nature diverse : la matière, l'ancienne forme et la nouvelle forme. Telle est donc la réinterprétation qui, dans les deux versions de la *Physique*, permet de sauver l'intention d'Aristote :

> à toute génération substantielle, au moment de la génération, concourent trois principes de nature diverse. C'est patent puisque dans toute génération une matière devient sujet d'une nouvelle forme, et une ancienne forme est abandonnée pour que deux formes substantielles ne soient pas ensemble dans la même partie de matière[4].

1. *Ibid.* : « Licet iste conclusiones possint substentari, facile tamen esset eas improbare ».

2. *QPhys.*, 2ª red., I, qu 8, fº 78va : « nullius asini sunt duo principia diversarum rationum intrinseca. Patet hoc, quia secundum rei veritatem, iste asinus non est nisi sue partes simul sumpte, et sic iste asinus non est nisi materia et forma, et per consequens, ipsius non erunt duo principi ».

3. *QPhys.*, 2ª red., I, qu. 8, fº 78va : « asserentes tria principia distincta secundum rationem concurrere sunt in naturalibus increpandi. Patet quoniam sic dicentes ponunt materiam et privationem esse unum numero, et magis distingui a privatione secundum rationem ».

4. *QPhys.*, 2ª red., I, qu. 8 : « ad omnem generationem substantialem hora generationis concurrunt tria principia diversarum rationum. Patet quoniam in omni generatione subicitur materia nove forme, et antiqua forma abicitur, ne due forme substantiales sint insimul in eadem parte materie »; *QPhys.*, 1ª red., fº 257rb-va : « Ad Aristotelem autem dicentem tria esse principia intrinseca, etc., dico quod Aristoteles vult hoc : apud generationem tria concurrunt principia, scilicet materia, et nova forma et antiqua forma, quam formam antiquam appellat privationem, quia in actu generationis ipsa privatur et abicitur a materia ».

Car ce n'est pas la matière qui est engendrée (elle est transformée); en toute rigueur c'est une forme nouvelle qui est produite[1], quel que soit l'agent de cette production, et c'est de cette forme qu'on peut dire qu'il n'y a pas même un principe intrinsèque[2].

Contrepoint : une fantaisie utile

Mais cette réinterprétation d'Aristote ne résout pas le problème initial. Car comment expliquer la production d'une nouvelle forme qui va remplacer l'ancienne? Il faut pour cela se tourner vers l'autre détermination qui est avancée dans chaque version de la *Physique*. Notons toutefois que la construction n'est pas identique dans les deux rédactions. Dans la première, Blaise commençait par éliminer les principes intrinsèques de la génération tout en affirmant la fonction active des qualités, avant d'exposer, sans prendre explicitement de distance avec elle, la doctrine d'Aristote. Dans la seconde rédaction, il procède à l'inverse : il commence par réinterpréter Aristote, et à le suivre « là où il ne s'écarte pas de la vérité »[3], mais le fait suivre par autre explication, présentée certes comme une « fantaisie » mais qui semble permettre de dépasser les apories. Ainsi, loin d'édulcorer ses positions dans la seconde rédaction de sa *Physique*, Blaise de Parme semble au contraire mettre davantage en valeur cette théorie alternative.

Dans la première rédaction, que nous restait-il au terme de l'entreprise éliminativiste présentée plus haut? L'identité réelle de la génération et de la chose engendrée, d'une part, celle de la chose naturelle et de sa matière (déterminée) d'autre part. Toutefois, comme il est constamment rappelé, la matière n'est d'aucune activité[4]. Ainsi, la matière indéfinie ne peut être principe de génération, puisqu'elle n'est pas active; la matière déterminée,

1. *QPhys.*, 1ª red., qu. 12, fº 257rb : « Quinta conclusio : forma est generatio simpliciter ».

2. *QPhys.*, 1ª red., qu. 12, fº 257rb-va : « nullius generationis est aliquod principium intrinsecum. Patet quia nullius forme substantialis est aliquod principium intrinsecum, et omnis generatio est forma substantialis, quare etc. ».

3. *QPhys.*, 2ª red., I, qu. 8, fº 78rb : « Nunc transeo ad tertium processum, et pono conclusiones de proposito principali, vestigia Aristotelis pro posse insequendo, *ubi a via veritatis non declinaret* » – je souligne.

4. *QPhys.*, 1ª red., I, qu. 12, fº 254vb : « Confirmatur quia talis caliditas non corrumpitur a materia ipsius aque propter duo : primum quia *ipsa materia non est alicuius activitatis* » (je souligne). Cette thèse centrale, énoncée dès la première rédaction de la *Physique* est maintenue dans la seconde; voir I, qu. 8, par exemple fº 78ra : « sequitur quod materia prima esset agere, quod est falsum cum ipsa nullius sit activitatis ».

qui équivaut à la chose même, ne peut être principe de soi-même. Reste donc, en ce qui concerne la génération, un seul facteur *extérieur* qui puisse préexister et subsister, à savoir la qualité ou le rapport de qualités. Déjà dans la même question, au cours d'une difficulté examinée en préalable, Blaise avait indiqué en quel sens on pouvait infléchir la théorie des deux principes : en les présentant comme la substance d'une part et une qualité ou un rapport de qualités d'autre part : « Que de n'importe quelle chose naturelle existant par soi naturellement il y ait deux principes, <dont l'un soit une substance et> l'autre une qualité ou un rapport de qualités, cela peut être soutenu avec évidence »[1]. Un tel dispositif conférait clairement aux qualités une fonction active. Blaise est extrêmement clair sur ce point dans deux corolaires, opposant l'activité des qualités à la non-activité de la matière :

> Premier [corolaire] : puisque la matière n'est d'aucune activité, il faut dire qu'une ou plusieurs qualités sont le principe principal de toutes les choses muables. C'est évident.
> Deuxième corolaire : puisque la matière n'est d'aucune activité, il faut dire qu'une ou plusieurs qualités, par leur vigueur propre, sont productives de la forme substantielle[2].

Ce sont les qualités qui « produisent », par leur « vigueur » la forme substantielle. Celle-ci émerge d'un certain rapport entre qualités et constitue dès lors, avec la matière informée, les principes d'être (et non plus de production) de la chose naturelle.

C'est dans la seconde rédaction de la *Physique* qu'après avoir présenté et cadré dans des limites acceptables la doctrine aristotélicienne, Blaise de Parme propose une autre détermination, présentée comme *une fantaisie*, mais une fantaisie qui est utile, ou du moins qui le serait si

1. *QPhys.*, 1ª red., I, qu. 12, quarta conclusio, fº 255ra : « Quod cuiuslibet rei naturalis per se naturaliter existentis sint duo principia quorum <unum sit substantia et> alterum sit qualitas vel proportio qualitatum potest evidenter substentari ». Le texte du manuscrit est à l'évidence lacunaire ; on pourrait se demander s'il faut suppléer « l'un est la matière » ou « l'un est une substance » ; mais la reprise qui est faite de la conclusion à la fin du paragraphe contient sans équivoque « substance ».

2. *QPhys.*, 1ª red., I, qu. 12, fº 256vb : « Primum : cum materia non sit alicuius activitatis, fatendum est qualitatem unam vel plures qualitates esse principium principale omnium muta<bi>lium. Patet. Secundum corolarium : cum materia non sit alicuius activitatis, fatendum est unam vel plures qualitates in vigore primo esse forme substantialis productivam ».

elle n'était contraire à la foi sur certains points[1]. Ainsi, Blaise formule plus clairement ce qui semble être devenu l'un des ressorts de sa théorie de la science, à l'œuvre dans tous ses textes, à savoir la possibilité de distinguer une pluralité de points de vue[2]. Blaise de Parme nous invite d'ailleurs explicitement à déterminer finement le statut épistémique de chaque théorie exposée en commençant, comme il le fait souvent au seuil d'une question délicate, par quelques développements sur la croyance, l'adhésion de l'intellect, les conditions d'assentiment à une vérité, soit sur des critères purement rationnels soit avec une intervention de la volonté. La première théorie était constituée par certains éléments de la théorie d'Aristote réinterprétables pour ne pas s'écarter de la vérité ; celle-ci est présentée avec quelque distance, mais néanmoins avec un fort degré de « prouvabilité » dans les limites de la raison naturelle.

La première conclusion va évaluer la thèse selon laquelle la forme substantielle de n'importe quelle chose naturelle est une qualité, ou plusieurs qualités dans tel ou tel rapport. Là où le texte de la première rédaction posait le rapport de qualités comme « productif » de la forme, celui de la seconde rédaction semble glisser à une *identité*, ce qui est une thèse beaucoup plus forte. Une telle théorie n'est pourtant pas à affirmer avec fermeté (*non est firmiter asserendum*)[3], même si l'opposé non plus ne peut pas être réfuté de façon forte (*non potest potenter improbari*). Il ne s'agit certes pas d'une disqualification, plutôt d'une simple relativisation de son statut épistémique. Si on peut mettre en doute cette théorie, c'est parce que la forme semble alors revêtir un statut purement accidentel, avec pour conséquence qu'elle pourrait survenir et disparaître alors que la chose subsisterait, ce qui au premier abord semble inacceptable[4]. L'argument s'appuie sur l'humide radical (notion fondamentale en médecine), auquel on ajoute le « chaud radical », donc des qualités dont la destruction entraînerait la destruction de l'âme (forme d'un étant vivant)[5].

1. *QPhys.*, 2ª red., I, qu. 8, f° 78vb : « Nunc transeo ad quartum procesum in quo, ut promoveam auditores, narrabo unam fantasiam, que nisi esset contra fidem utilis videretur ».

2. Voir J. Biard, « Rationalismes régionaux dans la philosophie médiévale tardive. Le cas de Blaise de Parme », *in* J. Biard, A. Robert (éd.), *La Philosophie de Blaise de Parme. Physique, Psychologie, Éthique*, Firenze, SISMEL-Edizioni del Galluzzo, p. 83-106.

3. *QPhys.*, I, qu. 8, f° 78vb : « prima conclusio : quod cuiuslibet rei naturalis forma substantialis sit qualitas una vel plures sic vel sic proportionate non est firmiter asserendum ».

4. *Ibid.* : « Et per consequens posset iste asinus salvari, forma eius substantiali corrupta ».

5. En réalité cet argument ne semble pas totalement rigoureux car il faudrait montrer que, une fois l'humide radical détruit, l'animal subsiste sans cette âme, ce qui n'est pas attesté.

La seconde conclusion se tourne vers l'autre hypothèse, celle d'une dualité de substances au sein d'un composé, pour la qualifier épistémiquement : « que de n'importe quelle chose naturelle il y ait deux principes intrinsèques de nature diverse, dont chacun serait une substance, cela n'est pas connu par soi »[1]. Elle n'est pas connue par soi car nombreux sont ceux qui soutiennent l'opposé[2]. Elle n'est pas non plus (troisième conclusion) connue par un philosophe, puisqu'elle n'est pas déduite de principes connus par soi, ni connue expérimentalement. Or on se place bien ici dans le cadre de la raison naturelle. Quand on lit « non est a philosopho firmiter cognitum », il ne s'agit pas simplement de rappeler qu'Aristote ne la soutient pas (comme cela a été suggéré dans la détermination précédente), mais d'estimer que la raison naturelle ne conduit pas à assentir à cette proposition. Pour consolider ce diagnostic, il est souligné que tout habitus infusé surnaturellement est ici mis de côté[3]. On peut donc généraliser : il n'est pas possible d'assentir fermement à la thèse selon laquelle dans n'importe quelle chose naturelle il y aurait deux substances diverses (qui seraient la matière et la forme), ni réfuter, par conséquent, que n'importe quelle chose naturelle soit une chose simple (conclusions 4 et 5). Enfin la dernière conclusion de cette première série revient à Aristote. Les principes de la doctrine aristotélicienne ne permettent pas de conclure avec force (*potenter*[4] *non concludunt*) que quelque principe intrinsèque concourt à la génération. Ces conclusions semblent donc reprendre des idées déjà rencontrées et pour partie acceptées, mais un exemple les radicalise. Même en l'homme, dès lors qu'il est considéré de manière purement naturelle, il n'y aurait pas de dualité substantielle forte :

> En l'homme se trouve une nature unique. Et l'âme intellective n'y fait pas obstacle, puisque l'âme intellective n'est pas dite une nature ; au contraire, comme cela apparaîtra dans le livre II de cet ouvrage, nature se dit de la

1. *QPhys.*, I, qu. 8, f° 79ra : « quod cuiuslibet rei naturalis sint duo principia intrinseca diversarum rationum quorum utrumque est substantia non est per se notum ».

2. *Ibid.* : « multi magne reputationis oppositum tenuerunt ».

3. *QPhys.*, I, qu. 8, f° 79ra : « in proposito excludo habitum de super infuxum, et similiter ipsius voluntatis ». Comme nous le verrons dans notre troisième chapitre, le point de vue de la foi conduit quant à lui à poser deux substances en l'homme.

4. Souvent les manuscrits ne permettent pas de décider si l'on doit lire *potenter* (avec force) ou *patenter* (avec évidence) ; certaines occurrences plaident toutefois en faveur de *potenter*, de surcroît plus logique puisque une démonstration est plus ou moins fortement contraignante, tandis que c'est la conclusion qui peut ou non être rendue évidente.

matière et d'une forme éduite ou éductible de la puissance de la matière, si elle en est éductible[1].

Même si le présent raisonnement ne s'astreint pas à suivre Aristote, la plupart de ses thèses sont censées pouvoir être reformulées de ce point de vue, comme par exemple l'incorruptibilité de la matière, en apparence contradictoire avec ce qui vient d'être dit. En fait, le Stagirite, veut simplement dire que, parlant des étants naturels, il y a toujours une matière[2]. Mais si une chose équivaut à sa matière (qualifiée et disposée de telle ou telle manière), la destruction de la chose équivaut à la destruction de cette matière.

Le rejet, formulé ici de manière radicale, de toute forme conçue comme nature auto-subsistante et à plus forte raison comme nature commune conduit à une dernière précision, qui sera développée dans d'autres contextes : elle concerne le rapport de deux individus d'espèces différente, tels qu'un homme et un âne, qui diffèrent davantage qu'un âne d'un autre âne. Il y a dans la nature une échelle des perfections, mesurable à partir du degré zéro (littéralement le « non-degré ») et les choses naturelles peuvent être placées sur cette échelle en fonction de leur degré de complexité et de perfection, avec des variations possibles dans certaines limites seulement. L'idée n'est pas développée dans cette question mais elle l'est dans la question 3 sur le livre II de la *Physique*[3]. Il en résulte ici qu'un homme diffère d'un âne par lui-même formellement, *se ipso formaliter*, simplement en raison de degrés différents de complexité et de perfection sur l'échelle des êtres matériels[4].

1. *QPhys.*, 2ª red., I, qu. 8, ms. f° 79rb : « in homine est unica natura. Nec obstat de anima intellectiva, quia anima intellectiva non dicitur natura, ymmo, ut apparebit II° huius, natura dicitur de materia et de forma educta vel educibili de potentia materie, si aliqua educibilis sit ». Par contre, dans l'article 3, l'examen de la première difficulté évoquera un autre point de vue possible, prenant en compte les données de foi : « in corruptione hominis, dico quod anima separatur, que eterna est a parte post, et residuum corrumpitur secundum se et quodlibet sui, nisi specialis gratia superveniat ipsius Dei a quo omnia dependent. Hoc dico quia multa corpora martirum, profectarum et innocentum reperiuntur, quod est speciali gratia Dei confluente ». Blaise esquisse ici la dualité des points de vue qu'il développera dans les *Questions sur l'âme*.

2. *Ibid.* : « Et si aliqua auctoritas Aristotelis fuerit in contrarium, dicatur quod Aristoteles intelligit hanc : semper est materia, cum qua stat quod materia corrumpetur, ut patet inspecta loica ».

3. *QPhys.*, II, qu. 3, f°s 89rb-91rb. Nous y reviendrons dans le chapitre II.

4. *QPhys.*, I, qu. 8, f° 79va : « homo differt ab asino se ipso formaliter, et asinus differt ab homine se ipso formaliter; sed homo se ipso formaliter plus distat a non gradu, asinus vero minus ».

On peut conclure provisoirement que dans tous ces textes, en grande partie convergents, où Blaise de Parme examine une possible réduction du nombre des « principes » de l'être et du mouvement, il met en balance deux positions possibles. Mais il ne les oppose pas terme à terme, comme s'il s'agissait d'opposer un anti-aristotélisme à la position d'Aristote. D'un côté il prend ses distances avec un aspect essentiel de la philosophie aristotélicienne : la triplicité des principes (matière, forme, privation). Ne restent que deux termes : forme et matière ; ou si l'on en veut trois, ce seront la forme qui est corrompue, la matière, la forme qui émerge. Cela peut paraître un détail puisque de fait la privation n'a pas de statut positif, et ne fait que souligner l'absence de forme dans une matière. Mais sous l'apparence d'une correction de détail qui ne remettrait pas en cause « l'esprit » ou « l'intention » d'Aristote, une modification importante s'opère. Car en supprimant le moment de la privation, on supprime à la fois la continuité de la matière en tant que substrat indifférent, et la continuité de la forme qui se transmettrait d'un composé à un autre. Nous devrons revenir sur les questions que cela pose quant aux modalités d'émergence d'un individu de telle ou telle espèce. Mais en dépit de la permanence d'un certain hylémorphisme, on voit que, si l'on combine cela avec le refus de toute forme comme nature commune, les schémas de base de l'aristotélisme se trouvent modifiés plus qu'il n'y paraissait au premier abord. En aucun sens, dans aucune acception de l'*ousia*, la forme n'est substance.

Cette position est rationnelle mais ce n'est pas la seule interprétation possible de la nature. On peut lui opposer une autre interprétation. Celle-ci consiste à tenter une réduction de tous les principes à un seul, et par conséquent à la matière, au plus proche des anciens physiologues. La masse de matière est alors spécifiée ou particularisée par un certain rapport de qualités. Cependant dès la première rédaction de la *Physique*, Blaise rappelle que l'on ne peut aller jusqu'à un réductionnisme absolu posant un seul principe, car il est nécessaire de maintenir une *différence*, seule à même d'expliquer la *dynamique* de la génération. C'est ce qui conduit à soutenir qu'il faut poser, outre la matière elle-même, des qualités. Cette doctrine semble présupposée dans la seconde rédaction de sa *Physique*, présentant une fantaisie « très utile » (sans doute pour comprendre la nature), quoique contraire à la foi sur certains aspects. Dans cette conception, l'équivalence de la forme et d'un certain rapport de qualités est présentée comme ne pouvant être ni fermement soutenue ni réfutée. Cette formulation prudente a deux raisons. La première est qu'il convient à ce stade du raisonnement de réserver le cas de l'âme humaine du point de vue de la foi, quoique du point de vue de la philosophie et de la raison naturelle l'homme puisse être conçu de la même manière que les autres étants, comme matière disposée de telle ou telle manière, simplement plus haut sur l'échelle de perfection. La seconde est une certaine variation dans les formulations : ou bien la forme substantielle est un certain rapport de qualités, ou bien un certain rapport de qualités conditionne l'émergence, l'éduction de la forme. La question décisive est donc bien celle du rapport entre la matière et les qualités. Mais pour bien traiter cette question, il faut auparavant voir comment Blaise traite le concept d'élément, car traditionnellement c'est bien à propos des éléments et de leur transformation que se pose le problème du rapport entre matière et qualités.

CHAPITRE III

LA MATIÈRE ET LES ÉLÉMENTS

L'une des difficultés soulevées par la thèse selon laquelle les principes des choses naturelles pourraient se réduire à la matière, c'est que dans ce cas le concept d'élément semble perdre son sens de constituant premier et, à la limite, devenir superflu. Car pour Aristote lui-même, la matière n'existe jamais comme matière première, mais précisément sous la forme de l'un ou l'autre de ces éléments, puis des corps mixtes qui les combinent. Comment rendre compte dès lors des oppositions de qualités, aussi bien que des différentes sphères du monde sublunaire ? Reprenant ce concept à Empédocle, Aristote définissait chaque élément par un couple de qualités, l'une passive, l'autre active : le feu est chaud et sec, la terre froide et humide, etc., et il s'opposait ainsi aux atomistes, qui posaient des éléments indivisibles et qualitativement indéterminés à l'origine des corps[1].

À la recherche d'une définition : ce que l'élément n'est pas

Les *Questions sur la génération et la corruption* prennent clairement place dans une tradition commentariste marquée par les textes parisiens de la seconde moitié du XIVe siècle. Comme nous le vérifierons, les questions soulevées ainsi que la typologie des réponses possibles, les dispositifs conceptuels mis en œuvre et le réseau de références reprennent ceux qui sont déjà en place chez Nicole Oresme, Albert de Saxe, Marsile d'Inghen et dans une moindre mesure Jean Buridan.

1. Blaise de Parme récuse également l'atomisme, même si c'est à travers un raisonnement nuancé et complexe, car pour lui d'un point de vue physique toute réalité est continue. Voir à ce sujet J. Biard, « Blasius of Parma Facing Atomist Assumptions », *in* Chr. Grellard, A. Robert (eds.), *Atomism in Late Medieval Philosophy and Theology*, Leiden-Boston, Brill, 2009, p. 221-234.

La question 2 sur le livre II *De la génération et de la corruption* demande s'il est requis de poser des éléments simples[1]. Elle donne lieu à toute une réflexion sur l'existence des éléments, sur leur simplicité, et sur leur nombre. Elle commence par évoquer une opinion qui récuse la notion même d'élément[2]. La justification était assez obscure, faisant intervenir l'infinité supposée de telle ou telle qualité, par exemple la chaleur pour le feu. En tout cas, le rejet de cette opinion par Blaise est catégorique : « cette opinion ne doit pas être acceptée »[3]. Autrement dit, il valide bien l'usage du concept d'élément pour expliquer la constitution du monde physique.

Cependant la question est aussi l'occasion d'une mise au point terminologique et conceptuelle, qui réélabore le concept même d'élément. Blaise de Parme procède à une mise au point sur les définitions possibles de l'élément, comme le faisaient chacun à leur manière, dans la question sur le nombre des éléments, les maîtres parisiens qui lui servent à l'évidence de guide. En vérité certains textes parisiens sont souvent plus explicites et plus clairs que le texte de Blaise et peuvent dans une certaine mesure l'éclairer[4]. Si l'on regarde la façon dont ces différents textes présentent le concept d'élément et ses définitions possibles, on peut reconstituer une sorte de topique de définitions possibles, que Blaise reprend mais parfois de façon allusive.

En premier lieu, plusieurs commentaires font précéder la liste des définitions « historiques » de l'élément pas une sorte de définition

1. *QGC*, II, qu. 2, f° 33vb : « Consequenter queritur utrum sit dare aliquod elementum simplex ». De façon générale, les problèmes liés à la structure du monde matériel sont longuement examinés, plus en détail que je ne le ferai ici, dans le chapitre VIII de l'ouvrage de Graziella Federici Vescovini, *Astrologia e scienza*, p. 241-276.

2. Voir *QGC*, II, qu. 2, f° 34ra : « dicit una opinio quod non est dare aliquod elementum ».

3. *QGC*, II, qu. 2, f° 34rb : « ista opinio non est acceptanda »; et d'ajouter un peu plus loin : « Sit ergo alia opinio substinenda et vera »; cela vaut d'être souligné car il n'est pas fréquent que Blaise présente sans ambiguïté une théorie comme vraie.

4. Dans *Astrologia e scienza*, Graziella Federici Vescovini renvoie au *Commentaire des Sentences* de Marsile d'Inghen – il est d'ailleurs remarquable qu'on retrouve dans une œuvre de nature théologique de telles analyses de philosophie naturelle. Ce commentaire est toutefois tardif, terminé seulement en 1395-1396 (même si certaines questions auraient pu être rédigées plus tôt à Paris), il est donc probablement postérieur à la plupart des textes de Blaise, et notamment à ses *Questions sur la génération et la corruption*. Il est néanmoins exact que certaines formulations de Blaise suivent de près Marsile; mais on peut penser qu'il utilise plutôt les *Questions sur les livres de la génération et la corruption* de ce dernier, rédigées à Paris entre 1362 (maîtrise ès arts) et son départ en 1378 ou 1379. Voir *Questiones... Marsilii de Ingen super libris Aristoteles de generatione et corruptione*, II, qu. 3, f° 101va : « Utrum quattuor sint elementa et non plura nec pauciora ».

nominale, qu'on ne trouve pas telle quelle chez Blaise de Parme mais qu'il n'est pas sans intérêt de rappeler pour le problème traité ici. Cette présentation préalable fait dériver, par une étymologie fantaisiste, le terme *elementum* du grec *ylè*, c'est-à-dire matière. Ainsi Marsile d'Inghen : « Notez que *élément* est forgé à partir de *ile*, qui est la même chose que la matière première, comme si l'on disait *ilément*, mais on a changé en *e* pour une meilleure consonnance »[1]. Marsile poursuit par d'autres étymologies possibles : « On dit encore *élément* comme si l'on disait *élèvement*, puisque à partir des éléments, par leur mélange, est élevé et formé le corps mixte » ; et enfin : « ou l'on dit quasiment *aliment* puisque à partir des éléments sont nourris les corps mixtes, du moins médiatement »[2]. Ces trois étymologies se trouvaient déjà littéralement chez Nicole Oresme[3], tandis qu'Albert de Saxe ne donnait quant à lui que la première et la troisième[4].

Bien qu'elle soit absente chez Blaise (comme chez Buridan), cette mise au point est intéressante en ce qu'elle lie immédiatement élément et matière. Or telle est bien la question de fond : comment distinguer et articuler ces deux concepts pour rendre compte de la constitution des corps naturels ?

À partir de ce fonds étymologique, on peut distinguer cinq sens, parmi lesquels on peut mettre à part les deux premiers car c'est sur eux qu'ont porté la plupart des combinaisons et variations.

Le premier se trouve dans tous les textes, et il est référé au livre Δ de la *Métaphysique*. La formulation de Blaise de Parme est la suivante : « elementum est ex quo primo fit aliquod inexistente indivisibili specie in aliam speciem »[5] ; le texte peut paraître obscur, mais il suit assez fidèlement l'Aristote latin : « Elementum dicitur ex quo componitur primo inexistente indiuisibili specie in aliam speciem »[6]. Une des raisons

1. Marsile d'Inghen, *QGC*, II, qu. 3, f° 101vb : « Nota quod elementum dicitur ab *ile*, quod idem est quod prima materia, quasi ilementum, sed mutatur in *e* propter meliorem sonum » ; « vel dicitur quasi *alimentum*, quia ex elementis nutriuntur mixta, saltem mediate ».

2. Marsile d'Inghen, *QGC*, II, qu. 3, f° 101vb : « Aliter dicitur *elementum* quasi *elevamentum*, quia ex elementis per eorum mixtionem elevatur et formatur mixtum ».

3. Nicole Oresme, *QGC*, II, qu. 4, p. 199.

4. Albert de Saxe, *QGC*, II, qu. 3, dans *Quaestiones et decisiones*..., f° CXLVIIra.

5. Blaise de Parme, *QGC*, II, qu. 2, f° 34rb

6. *Aristoteles latinus* XXV, 3, *Metaphysica*, Guillelmus de Morbeka reuisor translationis Aristotelis (transl. mediae recensio), éd. G. Vuillemin-Diem, 2 vol., Leiden, Brill, 1995 ; ici *Metaphysica*, V, 1014 a 26. Aristote poursuit par l'exemple des lettres : « ut uocis elementa ex quibus uox componitur et in que diuiditur ultima ».

du caractère énigmatique de la formule est l'usage, dans ce contexte, du terme *species* traduisant *eidos* – d'où la traduction française du passage de la *Métaphysique* : « On appelle élément le premier constituant, indivisible formellement en une autre forme, à partir duquel il y a composition »[1]. La formulation de Blaise est très proche de celle de Marsile[2]. Or celui-ci expliquait que cette définition de l'élément convient aux principes intrinsèques, donc à la matière et à la forme, qui ne sont pas analysables en parties de même nature ; en revanche elle ne convient pas aux quatre éléments physiques.

Une deuxième définition ou formulation possible est que l'élément est ce qui est premier dans la constitution des corps et dernier dans leur résolution[3]. Je désignerai cette définition comme « formulation synthétique ». Il faut noter que cette définition est accompagnée de l'exemple des lettres et des syllabes qu'Aristote proposait précisément comme illustration de la première définition donnée plus haut.

Résumons (sans tenir compte de la chronologie) le tableau des manipulations textuelles opérées autour de ces deux premiers sens, d'où résulte une certaine confusion dont Blaise hérite.

– certains, comme Marsile, distinguent la formulation littérale reprise de la *Métaphysique*, et la formulation synthétique, cette dernière étant toutefois illustrée par l'exemple des lettres, qu'Aristote donnait de la première.

– certains, comme Oresme, Albert et Buridan, donnent seulement une formulation synthétique, en évoquant allusivement le passage de la *Métaphysique*, et en reprenant (Oresme et Buridan) l'exemple des lettres.

Tous écartent de cette double acception l'élément au sens des physiologues et la rapportent aux composants essentiels que sont la matière et la forme. Mais de manière différente.

– Oresme donne la version synthétique, qui insiste sur la composition et la résolution, mais ne précise pas à quoi elle s'applique ;

1. Aristote, *Métaphysique*, Δ, trad. A. Jaulin, Paris, GF-Flammarion, 2008, p. 183.

2. Marsile d'Inghen, *QGC*, II, qu. 3, f° 101vb : « elementum est ex quo fit aliud inexistente indivisibili specie in aliam speciem ».

3. C'est ce que Marsile formule ainsi : « elementum est quod in constitutione corporum est primum et in resolutione ultimum » (f° 101vb). Cette formulation est également classique ; voir Nicole Oresme : « elementum est quod in constitutione corporis invenitur primum et in resolutione optimum » ; Albert de Saxe : « elementum est quod in resolutione corpori invenitur ultimum et in generatione invenitur primum » (f° CXLVII ra-rb) ; Buridan : « elementum est ex quo primo aliquid componitur inexistente ». Cependant chez Buridan et Albert, non seulement elle est donnée comme première définition, mais c'est elle qui est référée à la *Métaphysique* !

– Albert donne également cette version « synthétique » en précisant qu'elle ne vaut que pour la matière ;

– Buridan, donnant quant à lui une version simplifiée de la première formulation, juge qu'elle s'applique à la matière et à la forme ;

– Marsile, plus complet, pose que le premier sens convient à ce deux principes essentiels intrinsèques mais le second en revanche ne convient qu'à la matière, qui jouit d'une certaine primauté : « Et il semble que cette définition convienne seulement à la matière, puisqu'elle est vraiment ce qui est premier dans la génération et dernier dans la résolution »[1].

Comment Blaise vient-il s'insérer dans ce dispositif? Lorsqu'il se réfère au livre Δ de la *Métaphysique*, il donne la formulation la plus proche du texte (première définition de Marsile), mais il en limite l'application à la matière : « Et ainsi dans le livre V de la *Métaphysique* l'élément est pris pour la matière première, et la définition proposée lui convient »[2]. Rien dans le texte d'Aristote ne permet cette affirmation, et c'est d'autant plus étonnant que Blaise avait donné une citation quasi exacte du texte d'Aristote. Ce glissement serait donc incompréhensible si l'on n'avait pas en tête le tableau ci-dessus et tout le travail de réorganisation fait par les maîtres parisiens. En même temps, le raccourci original fait par Blaise manifeste bien une tendance : la volonté de mettre au premier plan, dans cette analyse, le concept de matière.

Suivent d'autres définitions possibles, qui ne sont pas aussi embrouillées. La deuxième définition de l'élément donnée par Blaise de Parme va donc correspondre à la troisième de Marsile d'Inghen (que nous n'avons pas encore évoquée). Chez tous les auteurs mentionnés, ce sens est référé à Hippocrate. L'élément est défini comme substance simple et petite particule : « Il y a une autre définition de l'élément et c'est celle d'Hippocrate : l'élément est une substance simple et une partie minimale »[3]. En fait, comme le montre le passage équivalent chez Nicole Oresme, la véritable référence est le *Pantegni* de Constantin l'Africain (livre I, chapitre III, « De elementis ») qui avait déjà fourni la mise en

1. Marsile d'Inghen, *QGC*, II, qu. 3, f° 101vb : « Et videtur quod hec diffinitio soli materie prime conveniat, quia ipsa est vere primum in generatione et ultimum in resolutione ».

2. Blaise de Parme, *QDG*, II, qu. 2, f° 34rb : « Et ideo in V° *Metaphysice* capitur elementum pro materia prima, et sibi competit diffinitio proposita ».

3. Blaise de Parme, *QDG*, II, qu. 2, f° 34rb : « Alia diffinitio est de elemento, et est Ypocratis : elementum est simplex substantia et minima particula » ; *cf.* Marsile d'Inghen, *QGC*, II, qu. 3, f° 101vb : « Tertia est Hypocratis secundo libro *De elementis* : elementum est simplex et minima corporum particula » ; Oresme, p. 199 : « Alia est Ypocratis et Galieni et Costantini quod elementum est simpla et minima corporis particula ».

relation pseudo-étymologique de l'élément et de la matière. Mais cette acception de l'élément est assez différente de la précédente. Il ne s'agit plus de se tourner vers les parties essentielles d'un corps, mais vers les qualités. Le texte de Marsile le confirme, avec une référence à Galien : il s'agit ici de minimum non dans l'ordre de la quantité mais dans celui de la qualité[1]. La formulation de Blaise se situe dans cette perspective, quoiqu'elle reste ici encore elliptique, voire confuse : « Et il n'est dit "partie minimale" que relativement à la qualité. Il ne détermine pour soi aucune qualité (?), c'est pourquoi il est simple, et toute petite particule »[2]. Cette acception est écartée car elle ne concerne pas les éléments des physiologues.

La troisième définition possible énoncée par Blaise, référée à Avicenne, en fait des « corps simples » à partir desquels sont composées ou produites diverses espèces de corps engendrés : « Une autre définition est donnée par Avicenne : les éléments sont des corps simples à partir desquels sont produites diverses espèces d'engendrés »[3]. On peut avoir l'impression que ces définitions se répètent quelque peu. Ici encore, l'intertexte est éclairant car Marsile d'Inghen avait précisé la référence : « La quatrième est celle d'Avicenne dans le premier livre du *Canon*, première fen, sur la doctrine des éléments »[4] ; et il indiquait de quel type de parties constituantes il s'agit : il est question de parties qui ne peuvent pas être divisées en parties de différente nature (*diversarum specierum*). Or tel n'est pas le cas des éléments dont il est question, puisqu'on peut les diviser en matière et forme[5].

La quatrième définition donnée par Blaise de Parme est la suivante : « L'élément est ce dont, quelque chose est composé en premier et en quoi

1. Marsile d'Inghen, *QDC*, II, qu. 3, f° 101vb : « Et intelligitur, ut dicit Galienus, quod est minima non in quantitate sed in qualitate, quia non possunt pauciores qualitates habere » ; *cf.* Oresme, p. 199. Ces références médicales sont absentes d'Albert et de Buridan.

2. Blaise de Parme, *QDG*, II, qu. 2, f° 34rb : « Et non appellatur minima particula nisi quo ad qualitatem. Nullam qualitatem sibi determinat ideo est simplex et minima particula ».

3. Blaise de Parme, *QDG*, II, qu. 2, f° 34rb : « Alia diffinitio et ab Avicenne : elementa sunt corpora simplicia ex quibus diverse generatorum species fiunt ».

4. Marsile d'Inghen, *QDC*, II, qu. 3, f° 101vb : « Quarta est Avicenne primo *Canonis*, fen prima, doctrina de elementis ».

5. Blaise de Parme, *QDG*, II, qu. 2, f° 34rb : « Et nulla istarum diffinitionum competit igni et aliis elementis, quia ignis non est substantia simplex et minima, ymmo ignis est substantia composita ex diversis naturis tamquam ex materia et forma ». En fait, Marsile évoquait des parties susceptibles d'exister par soi comme *hoc aliquid* ; or pour Blaise, tel n'est pas le cas de la matière et de la forme ; mais il s'agit dans les deux cas d'interpréter la définition avicenienne.

il se résout ultimement »[1]. On peut encore une fois avoir l'impression de répétitions, d'autant que les explications restent elliptiques, mais une fois de plus l'intertexte peut nous éclairer. D'une part, il y a chez les auteurs parisiens une référence implicite au traité *Du ciel* d'Aristote[2] ; d'autre part, la question est celle de la résolution, ou de l'analyse, plus que de la composition. Le passage s'éclaire ainsi par des précisions qui ne se retrouvent pas telles quelles chez Blaise. La « dissolution » peut se faire en parties intégrales, et c'est en ce sens que Démocrite dit que les corps se résolvent en atomes[3] ; en parties essentielles coextensives au tout, telles que sont la matière et la forme ; ou en parties coextensives selon la ressemblance et la *virtus*, comme ce serait le cas des éléments relativement au mixte pour ceux qui pensent que les éléments ne subsistent pas dans le mixte bien que celui-ci soit engendré à partir d'eux[4].

Cette série de définitions permet surtout de mesurer l'équivocité du terme « élément », qui rendait cette mise au point indispensable[5]. Pour Blaise, en fin de compte, toutes ces définitions sont rejetées, y compris la dernière car en toute rigueur les corps mixtes ne s'analysent pas (seulement) en éléments mais leur résolution ou analyse va jusqu'à la matière première. Il reste donc selon lui pour seule définition acceptable : « l'élément est parmi les corps engendrables et corruptibles la substance la

1. Blaise de Parme, *QDG*, II, qu. 2, f° 34rb : « elementum est ex quo primo aliquid componitur et in illud ultimo resolvitur »

2. Marsile d'Inghen, *QGC*, II, qu. 3, f° 101vb : « Quinta est Philosophi III° *Celi* : elementum est in quod corpora dissolvuntur » ; même formulation chez Oresme, p. 199, et chez Albert, f° CXLVIIrb (mais sans la référence à Aristote). Voir Aristote, *Du ciel*, III, 3, 302 a 14-19 ; *A. L.* 8.2, *De cælo et mundo*, Guillelmus de Morbeka transl. Aristotelis : « Sit itaque elementum corporum ad quod alia corpora *dividuntur* » (je souligne). On peut remarquer que le terme *dissolvuntur* ne se trouve pas dans le texte latin d'Aristote, ni dans les *Auctoritates Aristotelis* ; en revanche, la formulation est celle d'Averroès : « elementum corporum est illud in quod corpora dissolvuntur » : Averrois Cordubiensis *Commentum magnum super libro De celo et mundo Aristotelis*, rec. F. Carmody †, ed. R. Arnzen, Leuven, Peeters, 2003, comm. 31, p. 562.

3. Démocrite est cité à ce sujet par Oresme, Albert et Marsile.

4. Formulations voisines chez Oresme, Albert et Marsile ; mais non reprises par Blaise.

5. Cette équivocité est résumée tant par Marsile que par Blaise dans une nouvelle énumération de sens, distincte de la liste des définitions traditionnelles qui ont été préalablement examinées, et qui va maintenant du plus strict au plus large. Pour Marsile, au sens *le plus strict* l'élément est la matière, au sens *strict* la matière et la forme, au sens *large* les quatre éléments physiques ; pour Blaise aussi, au sens le plus strict l'élément est la matière, mais en un deuxième sens c'est une corps substantiellement simple, et en un troisième un corps simple substantiellement et qualitativement : voir Blaise de Parme, *QGC*, II, qu. 2, f° 34va.

plus simple »[1]. Dans la discussion d'une difficulté concernant le nombre des éléments, Blaise de Parme explique qu'il s'agit seulement de chercher les plus simples parmi les corps engendrables et périssables, et non pas le plus simple absolument, ni le principe premier :

> il faudra donc poser quatre éléments, c'est-à-dire quatre corps simples qui, parmi les choses engendrables et corruptibles, sont les plus simples. Notez que je dis « parmi les choses engendrables et corruptibles » en raison de la matière première et en raison de la forme substantielle du corps simple ou mixte ; car la matière première est beaucoup plus simple que le feu, puisque le feu est composé de matière et de forme mais la matière première n'est pas composée de matière et de forme. Et je dis la même chose de la forme[2].

La notion d'élément est ainsi détachée de la notion de principe qui lui était associée dans la philosophie antique. Blaise de Parme en vient même à prendre ses distances avec la notion littérale d'élément si par là on entendait quelque chose d'absolument simple subsistant par soi :

> Ainsi une grande partie des philosophes estime qu'on ne trouve pas d'élément simple, c'est pourquoi Aristote disait au livre II *De la génération*, « or ce qu'on appelle les éléments », afin d'indiquer par là que, bien que le vulgaire parle de quatre éléments, à savoir le feu, l'air, etc., cependant ce ne sont pas des éléments si on entend par « élément » un corps substantiellement simple[3].

1. Blaise de Parme, *QGC*, II, qu. 2, f° 34va : « elementum est inter corpora generabilia et corruptibilia substantia magis simplex ». Cette description était présente chez les autres auteurs, mais pas tant dans la liste des définitions que comme caractère lié à l'idée même de corps élémentaire. Voir Oresme, *QGC*, II, qu. 2, p. 200 : « elementa secunda de quibus queritur sunt maxime simplicia actu existentia ex quibus constituitur mundus tamquam ex principalibus partibus integralibus » ; formulation identique chez Albert ; Marsile rappelle pour sa part la dualité de principes intrinsèques : « elementum est res composita ex materia et forma inter res generabiles et corruptibiles per se stare potentes magis simplex » (*op. cit.*, f° 102ra).

2. Blaise de Parme, *QGC*, II, qu. 2, f° 35ra : « erunt ergo quatuor elementa ponenda, id est quatuor corpora que inter generabilia et corruptibilia sunt magis simplicia. Et notanter dico "inter generabilia et corruptibilia" propter materiam primam et propter formam substantialem simplicis vel mixti, unde materia prima est valde magis simplex quam ignis, quia ignis componitur ex materia et forma, sed materia prima non componitur ex materia et forma. Et idem dico de forma ».

3. Blaise de Parme, *QAn.*, II, 4, f° 143vb (nouvelle numérotation) : « Unde tenet magna pars philosophorum quod non datur aliquod elementum simplex, ideo dicebat Aristoteles secundo *De generatione* "de vocatis autem elementis", ut per hoc denotaret quod, licet a vulgo quatuor dicantur elementa ut ignis, aer etc., non tamen sunt elementa intelligendo per "elementum" corpus simplex substantialiter ».

La notion d'élément est relative à ce qui est composé ou à ce que l'on analyse, donc aux corps dits « mixtes » alors même que les choses qui entrent dans la composition des corps mixtes, les *miscibilia*, ne subsistent pas telles quelles dans ces corps mixtes[1].

Corps élémentaires et corps mixtes

Depuis les physiologues pré-platoniciens, la fonction du concept d'élément, *stoicheion* – que l'on entende par là les quatre corps premiers à la manière d'Empédocle, ou autre chose – est bien de rendre compte de l'analyse des corps naturels et de leur genèse. Il faut donc s'interroger non seulement sur la nature de ces éléments, mais aussi sur leur mélange. Or comme le disait Aristote, « en quel sens nous disons que s'effectue le mélange, cela n'est pas encore distingué clairement »[2]. Les commentateurs examinent à la fois la possibilité du mélange, et la nature des corps qui se mélangent[3]. Mais nous nous en tiendrons à l'une des questions les plus débattues, celle de savoir si les formes des éléments subsistent dans le corps mixte, car cette question permet de revenir sur les relations complexes entre matière, forme et qualités. Le texte aristotélicien laissait une marge d'interprétation : « le mélange existe bel et bien [...] sans qu'il soit nécessaire ni que leur mélange entraîne leur corruption, ni qu'ils demeurent absolument les mêmes, ni que leur mélange soit en composition, ni qu'il soit relatif à la perception »[4]. Blaise de Parme la traite notamment dans la question 16 sur le livre I *De la génération et de la corruption*.

Cette question est longue, parfois répétitive. Le point de départ effectif de la réflexion est la critique d'Averroès, formulée au début de la détermination principale[5]. Une fois de plus, il s'agit d'un dispositif commun aux commentaires parisiens du siècle précédent, qui ont dessiné

1. Blaise de parme, *QGC*, II, qu. 2, f° 34rb ; *cf.* à propos de la 4e définition : « Non enim mixta componuntur ex elementis nec ultimo resolvuntur in elementa ».

2. Aristote, *De la génération et la corruption*, I, 6, 322 b 8-9, trad., p. 30 ; cf. *Aristoteles latinus* 9.2, *De generatione et corruptione*, Guillelmus de Morbeka revisor transl. Aristotelis (Burgundi transl. recensio) : « est autem agregatio mixtura. Quomodo autem misceri dicimus, non determinatum manifeste ».

3. Dans le prolongement d'Aristote, *De la génération et de la corruption*, I, 10, 327 a 32-33, trad., p. 46 ; *Aristoteles latinus*, 9.2 : « Scrutandum autem quid est mixtio et quid miscibile et quibus existit entium et quomodo, amplius autem utrumne est mixtio aut hoc mendacium ».

4. *Ibid.*, 15-20, trad., p. 50 ; *A. L.*, 9.2 : « Manifestum igitur [...] quod est mixtio [...]. Hec enim neque corrupta esse necessarium mixta, nec adhuc eadem simpliciter esse, nec compositionem esse mixtionem eorum nec ad sensum ».

5. Voir Gr. Federici Vescovini, *Astrologia e scienza*, p. 250-252.

le cadastre des positions possibles. La position représentée par Averroès consiste à dire que les éléments sont présents dans le mixte, quoique sous une forme affaiblie, ce qui est d'abord appelé ici *esse refracto*[1]. Nicole Oresme avait employé de manière quasiment indifférente *esse remisso*, *esse imperfecto* et *esse refracto*[2], toutes expressions que l'on retrouve chez Blaise. Cette hypothèse d'un être imparfait, atténué ou métaphoriquement « brisé », s'appuie sur une distinction faite par Averroès dans son commentaire sur le traité *Du ciel* :

> Nous dirons que les formes substantielles de ces éléments sont diminuées par rapport aux formes substantielles parfaites, comme si leur être était intermédiaire entre les formes et les accidents[3].

Ainsi la forme substantielle du mixte est une forme substantielle complète, parfaite, alors que la forme substantielle des éléments est imparfaite[4]. Les formes substantielles parfaites ne peuvent être ni augmentées ni diminuées, conformément au principe aristotélicien selon lequel les substances ne sont pas susceptibles de plus ou de moins (on n'est pas plus ou moins homme, plus ou moins cheval)[5]. En revanche, selon Averroès, les formes substantielles imparfaites, celles des éléments, seraient susceptibles de degrés. Blaise rapporte un certain nombre d'arguments repris ou inspirés du Commentateur. Après une comparaison avec les couleurs, qui résultent d'un mélange, on trouve parmi les principaux arguments que, si ce n'était pas le cas, on aurait

1. Blaise de Parme, *QGC*, I, 16, f° 29va : « voluit aliquis has formas substantiales manere in mixto sed sub esse refracto, sed isti dicunt formas substantiales elementorum esse intensibiles et remissibiles ».

2. Nicole Oresme, *QGC*, I, 5, p. 33. Oresme référait explicitement l'expression *esse refracto* à Averroès. Les mêmes notions se retrouvent bien entendu dans Marsile d'Inghen, *QGC*, I, qu. 22.

3. Averroès, *Commentum magnum super libro de Celo et mundo Aristotelis*, III, comm. 67, vol. II, p. 634 : « Dicemus quod forme istorum elementorum substantiales sunt diminute a formis substantialibus perfectis, et quasi suum esse est medium inter formas et accidentia ».

4. Voir Blaise de Parme, *QGC*, I, qu. 16, f° 28ra : « secundum Commentatorem […] forma substantialis est duplex, quedam perfecta et quedam imperfecta. Forma substantialis perfecta appellatur a Commentatore forma substantialis mixti, sive animati sive in animati. Forma substantialis imperfecta appellatur ab eodem forma substantialis elementi, ut est forma substantialis ignis, aque vel terre et aeris ». Déjà Nicole Oresme commence par exposer de façon assez détaillée cette cette opinion d'Averroès, en renvoyant explicitement au commentaire sur le livre III *De ciel* : voir *QGC*, I, qu. 4, p. 25.

5. Aristote, *Catégories*, 5, 3 b 33; *cf. Aristoteles latinus*, 1.1, *Categoriae vel predicamenta*, Boethius translator Aristotelis : « Videtur autem substantia non suscipere magis et minus ».

des qualités contraires au plus haut degré dans un corps mixte, puisque celui-ci peut être composé d'éléments ayant des qualités contraires. Ou alors, une qualité pourrait être corrompue par son contraire de sorte qu'on aurait un feu sans chaleur. Le problème de la subsistance des simples dans les mixtes est donc traité à l'aide de cette curieuse notion de forme substantielle incomplète, susceptible d'intensification et d'affaiblissement (*intensio* et *remissio*), intermédiaire entre les formes substantielles des corps mixtes (parfaites, et non susceptibles de plus et de moins) et les formes accidentelles (qui sont naturellement sujettes à l'*intensio* et à la *remissio*). C'est ce concept qui clairement servait de pivot à toutes les discussions parisiennes au milieu du siècle, soit que l'on explicite la référence à Averroès (comme Oresme), soit qu'on trace un tableau de positions possibles qui intègre immédiatement comme option le fait que les formes substantielles des mixtes ont un être affaibli et brisé dans le mixte, comme Marsile d'Inghen[1].

À cette théorie, Blaise commence par opposer une théorie qu'il juge probable, et qui repose sur l'impossibilité d'avoir plusieurs formes substantielles en un même suppôt. Elle a plusieurs présupposés qui apparaîtront par la suite : négation de la pluralité des formes en un même suppôt, impossibilité pour une forme substantielle de s'intensifier ou de s'affaiblir, rejet de la distinction entre formes (substantielles) parfaites et imparfaites.

Il peut alors déterminer la question dans sa forme initiale, à savoir si les éléments persistent dans le mixte. Certains points déjà établis contre la position averroïste sont repris de façon synthétique. En premier lieu, il convient de rejeter la théorie selon laquelle les éléments subsisteraient dans le mixte sous une forme affaiblie, un *esse remisso*, puisque les formes substantielles ne sont pas intensifiables ni susceptibles d'affaiblissement. Mais dans la formulation qui est maintenant avancée, un autre point est examiné. Si les formes des éléments subsistaient, quel serait le facteur

1. Comme Blaise de Parme, Nicole Oresme prend la position d'Averroès pour point de départ et point de repère de la discussion (Oresme, *QGC*, I, qu. 5, p. 33) ; Albert de Saxe donne une présentation plus systématique, et y intègre la thèse du Commentateur (avec la référence) ; Marsile d'Inghen trace un tableau des positions possibles, en croisant les critères parfait/imparfait, substantiel/accidentel, et dès la première alternative intègre comme option (sans donner le nom d'Averroès) la thèse de la subsistance des formes substantielles « sous un être affaibli et brisé » (Marsile d'Inghen, *QGC*, I, qu. 22, f° 94rb). Graziella Federici cite également un passage du *Commentaire des Sentences* de Marsile d'Inghen qui, énumérant trois positions sur ce problème, rapporte celle d'Averroès dans des termes similaires à ceux que nous avons ici : voir *op. cit.*, p. 251. Néanmoins, sur ce point, la manière de procéder évoque plutôt Oresme que Marsile.

d'unité ? En effet, l'une des objections possibles est que le corps ainsi composé manquerait d'unité essentielle. Chez les commentateurs précédents, au cours des discussions, plusieurs thèses avaient été plus ou moins systématiquement mises en tableau. Dans leur prolongement s'esquisse une alternative, bien formulée par Marsile dans le tableau qu'il trace : ou bien ce qui définit un corps mixte, c'est un certain rapport (*proportio et habitudo*) entre les formes élémentaires, rapport qui peut être appelé par certains *complexio* ; ou bien il faut une forme surajoutée (*superaddita*)[1]. Blaise de Parme modifie légèrement ce tableau, lors de son dernier examen critique de la thèse de la subsistance sous forme affaiblie[2] : il évoque une opinion qui désigne comme *complexio mixti* ou *commixtio* une nouvelle forme substantielle qui serait ajoutée à celles des corps mixtes[3]. Récusant un tel usage du terme *complexio*, il rejette l'idée qu'il faudrait cinq formes substantielles dans le mixte, à savoir celles des éléments plus la forme du mélange.

Par opposition à toutes ces théories, Blaise de Parme avance des conclusions qu'il présente (le fait est rare) comme vraies : « ponentur conclusiones de veritate »[4]. La première de ces thèses est négative, mais cela traduit l'importance de la controverse : les éléments ne sont pas présents dans le mixte sous une forme affaiblie.

Mais il ne s'agit pas d'opposer à la théorie de l'affaiblissement l'idée que les éléments seraient présents dans leur complétude ou perfection : ils n'y sont pas non plus sous la forme « intense ». En réalité, les éléments ne subsistent en aucune façon dans le mixte. Par là, Blaise ne s'oppose pas seulement à Averroès mais aussi à Avicenne et à tous ceux qui voudraient que les éléments subsistent « formellement » – autrement dit que leur forme subsiste. Cette formulation n'est pas utilisée souvent par Blaise, mais on la rencontre quand même au cours de la discussion. Au XIVe siècle, contre Averroès, la thèse selon laquelle la forme des éléments ne subsiste pas dans le mixte était considérée comme la seule aristotélicienne[5].

1. Marsile d'Inghen, *DGC*, I, qu. 22, f° 94rb.

2. Blaise de Parme, *QGC*, I, qu. 16, f° 29va.

3. Blaise de Parme, *QGC*, I, qu. 16, f° 29va : « forme substantiales elementorum manent <in> mixto non sine superaditione nove forme substantialis, quare forma substantialis ab aliquibus vocatur "complexio mixti". Et isti ponunt ad minus in quolibet mixto quinque formas substantiales prout enim quattuor elementares et quintam ex commixtione elementorum ».

4. Blaise de Parme, *QGC*, I, qu. 16, f° 29va.

5. Voir Nicole Oresme, *QGC*, I, qu 5, p. 38 : « Tunc sequitur tertia via que inter omnes est probabilior et facilior et magis consona Philosopho. Et sit prima conclusio quod forme elementorum non manent in mixto ». Voir également Jean Buridan, *QGC*, I, qu. 22, p. 166 : « Sit conclusio prima quod formae substantiales elementorum non maneant in mixto quia [...] nec manent sub esse perfecto nec sub esse remisso ».

Si la formulation classique était que la *forme substantielle* des éléments ne subsiste pas, le plus souvent Blaise dit simplement que les éléments ne subsistent pas.

Le refus de principe d'une pluralité de formes substantielles figure également au nombre des arguments rédhibitoires. Mais il y a un autre argument pour récuser la subsistance des éléments dans un corps mixte : si c'était le cas, la « résolution », c'est-à-dire l'analyse d'un corps en ses constituants ou principes premiers, ne nous conduirait pas « jusqu'à la matière »[1], mais seulement jusqu'à ces éléments. Nous retrouvons donc le schéma esquissé plus haut. Et chaque fois que Blaise de Parme évoque cette exigence, il l'appuie de la référence topique à Aristote dans le livre Ier *De la génération et de la corruption* : « Le Philosophe dit en effet dans le livre I "la génération est la transformation d'un tout en un tout, sans que rien de sensible ne subsiste" »[2].

Mais il faut ajouter une contrepartie qui concerne cette fois les puissances, *virtutes*, présentes dans le corps mixte. Car les éléments qui entrent dans la composition d'un corps mixte ne sont pas de la matière indéterminée, ils ont telle ou telle qualité première : la chaleur pour le feu, la froideur pour l'eau, etc. Or si les éléments ne subsistent pas comme tels, ni intensément ni faiblement, leurs qualités s'y retrouvent bien, et c'est nécessaire pour comprendre et les transmutations entre éléments, et les propriétés des corps mixtes.

Les qualités dans le mixte

La première question débattue est celle de savoir si les qualités des corps mixtes et celles des corps simples sont de même espèce. Certaines doctrines en effet avaient posé que les qualités ne se retrouvent pas spécifiquement identiques mais, en cohérence avec l'être affaibli des éléments, sous une forme elle-même affaiblie. La question est évoquée

1. Blaise de Parme, *QGC*, I, qu. 16, f° 29vb ; « si elementa manerent in mixto etc., tunc in generatione vel corruptione substantiali non fieret resolutio usque ad materiam primam ».

2. *QGC*, I, qu. 16, f° 30ra : « Dixit enim in primo huius Philosophus "generatio est transmutatio totius in totum, nullo sensibili remanente" » ; *cf.* Aristote, *De la génération et la corruption*, I, 4, 319 b 14-17, trad., p. 20 : « Mais quand il y a changement dans la totalité sans que rien de perceptible, comme substrat, ne subsiste identique à soi [...], c'est alors nécessairement la génération qui se produit et la corruption d'autre chose » ; *A. L.* 9.2 : « Quando autem totum transmutatur non manente aliquo sensato ut subiecto eodem [...], generatio iam quod tale, huius autem corruptio » ; la formule de Blaise est plus proche du résumé donné par les *Auctoritates Aristotelis*, ad *De generatione*, (3), p. 167 : « Generatio est quando totum [...] transmutatur in toto, nullo subiecto sensibiliter remanente [...] ».

rapidement[1], et Blaise tranche en faveur de l'identité entre les qualités des éléments et celles des corps mixtes, donc aussi de leurs vertus : « Quatrième conclusion : les vertus des éléments, c'est-à-dire les qualités de même espèce que celles des éléments, subsistent dans le mixte »[2]. La chaleur, la froideur, la lourdeur ou la légèreté que l'on retrouve dans les mixtes sont les mêmes qualités que celles des éléments. La preuve en est que l'on peut réchauffer un corps mixte qui possède déjà un certain degré de chaleur, ou qu'inversement on peut faire du feu à partir de corps mixtes (au moyen d'une friction, par exemple). Cela vaut pour toutes sortes de corps, animés ou inanimés, et cela vaut pour toute qualité première, c'est-à-dire la chaleur et la froideur (qualités actives), l'humidité et la sécheresse (qualités passives), ainsi que pour le lourd et le léger. Mais ces qualités ne se trouvent jamais dans les mixtes au degré suprême : « Cinquième conclusion : les qualités du mixte semblables aux qualités des éléments ne se trouvent pas dans le mixte sous leur être le plus intense ou parfait »[3].

On retrouve donc une certaine notion d'affaiblissement (Blaise parle de *caliditas remissa*), mais d'une tout autre manière, et avec une tout autre portée. Cet affaiblissement concerne les qualités et non la forme, et ces qualités ne sont pas virtuelles mais bien réelles.

À l'occasion d'une question ultérieure, Blaise de Parme examinera la question, elle aussi débattue chez les maitres parisiens du XIVe siècle, de savoir s'il faut admettre, en sus des qualités actuelles, des qualités virtuelles dans les éléments[4]. L'une des raisons majeures qui était avancée pour cela est que de l'eau chaude redevient froide sans apport extérieur (le corps ambiant ne suffit pas), il faudrait donc que subsiste en elle une froideur virtuelle. Blaise rapporte deux positions opposées, entre lesquelles, cette fois, il semble ne pas trancher[5]. Selon la première, que Marsile d'Inghen présentait comme *opinio communis*, il y aurait dans

1. Marsile d'Inghen examinait plus en détail ce point dans une question dédiée (question 5 sur le livre II) : « Utrum sint ponende qualitates virtuales in elementis distinctis ab actualibus ».

2. *QGC*, I, qu. 16, f° 30ra : « Quarta conclusio : virtutes elementorum, id est qualitates eiusdem speciei cum qualitatibus elementorum manent in mixto ».

3. *QGC*, I, qu. 16, f° 30ra : « Quinta conclusio est : qualitates mixti consimiles qualitatibus elementorum non inveniuntur in mixto sub esse intenso et summo sive perfecto ».

4. *QGC*, II, qu. 4, f° 36vb : « Prima [difficultas] est : utrum in intellectu ponende sunt qualitates virtuales distincte a qualitatibus actualibus ».

5. Il semble que dans cette question, Blaise suive à nouveau d'assez près le texte de Marsile d'Inghen, livre II, question 5, f°s 105ra-106ra.

les corps à la fois des qualités actuelles et des qualités virtuelles[1]. Ces dernières ne seraient pas susceptibles d'augmentation et de diminution. La raison est que si la chaleur de l'eau augmente, sa froideur actuelle diminue, mais si la froideur virtuelle diminuait aussi, on ne voit plus ce qui ferait refroidirait l'eau ensuite. Ces qualités virtuelles seraient engendrées par suite (*per modum sequele*) de l'engendrement de la forme substantielle de cet élément. Après avoir exposé les arguments, Blaise indique que si ces arguments sont bien compris, une telle opinion peut bien être soutenue[2]. C'est cependant l'opinion opposée qui paraît retenir davantage son attention. Elle nie cette distinction et ne reconnaît que des qualités actuelles et la forme substantielle; ce qui reconduit l'eau à sa froideur n'est autre que sa forme substantielle et non pas une froideur virtuelle[3]. Même s'il paraît ne pas trancher, au cours de ses argumentations Blaise traite les qualités comme réelles et non pas comme virtuelles, elles sont simplement plus ou moins intenses.

La raison de ces variations est qu'on a toujours affaire, puisqu'il s'agit de corps mixtes, à une certaine composition d'éléments différents, donc de qualités contraires : « Sixième conclusion : la chaleur de n'importe quel mixte se conjugue (*cumpatitur*) avec quelques degrés de froideur, et je dis la même chose de la froideur relativement à la chaleur »[4]. Les qualités des corps mixtes sont en réalité dues à certaines proportions entre les qualités des corps simples. Il en résulte un certain rapport entre qualités, ou entre degrés de qualités[5], qui peut varier dans certaines limites.

1. Blaise semble dire qu'il y a dans tout élément virtuellement les quatre qualités premières – cela semble assez difficile à comprendre et à admettre car on ne voit plus ce qui différencierait entre eux les corps simples; Marsile d'Inghen dit avec plus de vraisemblance que dans tout élément il a *deux* qualités virtuelles (par exemple la froideur et la sécheresse dans la terre).

2. *QGC*, II, qu. 4, f° 37ra : « Quibus [argumentis] bene intellectis, potest hec opinio sustentari ».

3. À l'occasion d'une objection selon laquelle une forme substantielle n'agit que par la médiation d'un instrument, Blaise évoque Marsile d'Inghen selon qui la forme agirait au moyen de l'influence supracéleste et du lieu naturel, donc simplement la disposition du cosmos (pour le cas de la lourdeur et de la légèreté) et l'influence générale des astres maintenant l'ordre de la nature. Nous reviendrons dans le chapitre suivant sur la doctrine de Blaise concernant une telle influence universelle.

4. *QGC*, I, qu. 16, f° 30ra : « Sexta conclusio est : cuiuslibet mixti caliditas compatitur secum aliquos gradus frigiditatis, et idem dico de frigiditate respectu caliditatis ».

5. Pour Blaise de Parme, il n'y a pas de différence réelle entre une qualité et ses degrés. Voir J. Biard, « Le calcul des variations de qualités et la physique aristotélicienne selon Blaise de Parme », *in* Daniel A. Di Liscia and Edith O. Sylla (ed.), *Quantifying Aristotle. The Impact, Spread and Decline of the Calculatores Tradition*, Leiden-Boston, Brill, 2022, p. 232-254.

Cette composition peut d'ailleurs fonder, du point de vue physique, une évaluation de l'intensité des qualités par combinaison, ou *admixtio* de qualités contraires, selon une approche qui avait été initiée à Oxford par Guillaume Heytesbury et Richard Swineshead[1]. Le corps simple en revanche a au moins une qualité première au plus haut degré : la chaleur pour le feu, la froideur pour l'eau, etc. Cette identité spécifique des qualités assure un passage sans solution de continuité entre l'élément et le mixte.

Quant à savoir pourquoi l'eau bouillante refroidit, il faut dire que c'est dû à sa forme substantielle, autrement dit ce qui fait que telle portion de matière est de l'eau et non de la terre ou du feu. Le corps mixte a donc un seule forme substantielle par laquelle il est un corps (animé ou inanimé) de telle ou telle espèce, comme Blaise l'avait anticipé dans la définition qu'il juge pertinente du mélange (*mixtio*) : « En un troisième sens, on prend “mixte” pour la véritable union des choses mixables et leur réduction à une seule forme substantielle, de sorte que toute partie aussi bien sensible que non sensible soit mêlée, et nous entendons parler ainsi du mélange (*mixtio*) dans le présent développement »[2]. Quant aux corps simples, ils ne subsistent pas dans ce corps mixte, ni virtuellement ni réellement, ni sous un être diminué ni sous un être parfait. La permanence des formes substantielles des éléments dans les corps mixtes était considérée comme doctrine avicennienne dès le XIIIe siècle ; celle de leur permanence sous une forme diminuée rapportée à Averroès[3]. Blaise de Parme ne peut admettre la première et il écarte la seconde sans grande discussion. Pour lui, dire que les éléments subsistent virtuellement ne signifie rien d'autre que la permanence de leurs qualités[4]. Car les qualités subsistent, spécifiquement identiques, mais alors qu'elles sont au degré le plus haut dans les corps simples, elles sont susceptibles d'accroissement ou de diminution dans les corps mixtes, en raison de leur mélange.

1. *QGC*, I, qu. 16, f° 30rb : « ubicumque reperitur caliditas remissa, illa non est remissa nisi per admixtionem contrarii ». Ces phénomènes sont traités en détail dans la *Questio de intensione et remissione formarum*.

2. *QGC*, I, qu. 16, f° 26ra : « Tertio modo capitur “mixtio” pro veram unionem omnium miscibilium et reductionem ad unam formam substantialem, sic quod pars tam sensibilis quam insensibilis sit mixta, et sic intendimus loqui de mixtione in proposito ».

3. Voir S. Van Riet, « Le *De generatione et corruptione* d'Avicenne dans la tradition latine », *in* J. Thijssen, H. A. G. Braakhuis, *The Commentary Tradition on Aristotle's* De generatione et corruptione. *Ancient, Medieval and Early Modern*, Turhnout, Brepols, 1999, p. 69-77 ; I. Draelants, « Le *De generatione et corruptione* au siècle d'or des encyclopédies médiévale », *in* J. Ducos, V. Giacomoto-Charra, *Lire Aristote au Moyen Âge. Réception du traité Sur la génération et la corruption*, Paris, Champion, 2011, p. 135-173.

4. Voir *QGC*, II, qu. 13, p. 277 : « primo supponendum est qualiter elementa manent in mixto, quia non formaliter sed virtualiter quia mixtum habet qualitates similes elementis ».

La permanence des qualités

Mais ces qualités qui assurent la transition entre corps simples et corps mixtes, subsistent-elles également quand un corps disparaît et qu'un autre est engendré ? « Est-ce qu'une qualité qui était d'abord dans ce qui est corrompu reste dans ce qui est engendré ? » Nous avons brièvement évoqué ce problème à propos de la tentative de tout réduire à la matière ; il nous faut le reprendre pour lui-même. En effet, alors que cette question était traitée séparément dans certains commentaires antérieurs, Blaise l'insère sous la forme d'une « difficulté » au cours de la question 4 sur la réduction à la matière première. Ce qui est particulièrement problématique dans ce problème, c'est le transfert apparent d'une qualité depuis un sujet vers un autre. Blaise va comme souvent exposer deux solutions possibles à ce problème, sans trancher ouvertement : « De nombreux arguments peuvent être apportés dans cette difficulté, en faveur de chacune des parties »[1]. C'est pourquoi il expose les deux solutions l'une après l'autre, en intercalant une nouvelle difficulté intermédiaire. Le déroulement du raisonnement laisse cependant entrevoir une préférence pour la seconde solution.

La première détermination possible consiste à dire qu'aucune qualité qui était auparavant dans le corps corrompu ne subsiste dans le corps nouvellement engendré, reprenant pour cela des arguments initiaux tels que l'impossibilité pour un accident de passer d'un sujet à un autre, ou la définition aristotélicienne de la génération souvent citée, qui précise « nullo sensibili remanente ». Une autre argumentation est que dans l'hypothèse contraire, on aurait quelque chose d'incorruptible (la qualité qui subsiste) qui pourrait, de transfert en transfert, devenir éternel. Dans le même sens, Raoul le Breton avait soutenu dans ses *Questions sur l'âme* que les accidents présents dans le cadavre ne sont pas les mêmes que ceux qui étaient dans le corps vivant, se fondant sur le principe que « les accidents suivent la forme » et que toute nouvelle forme implique de nouveaux accidents[2].

La seconde détermination possible ne prend sens qu'en adoptant les résultats d'une difficulté intermédiaire, dans laquelle on se demande si

1. *QGC*, I, qu. 4, f° 4 vb : « Multa argumenta possent adduci in hac difficultate pro utraque parte. […] materia est sustentabilis pro utraque parte » ; *cf.* Nicole Oresme : « De ista questione sunt due vie probabiles, et ideo utraque est tractanda et deinde sunt adinvicem comparande » (QGC, I, qu. 8, p. 61) ; mais il expose les théories dans l'ordre inverse.

2. Raoul le Breton, *Questiones de anima* II, qu. 3, *in* Sander W. de Boer, « Radulphus Brito'Commentary on *De anima* », *Vivarium* 50 (2012), p. 245-353, ici p. 321-324.

le sujet d'une forme substantielle et celui d'une forme accidentelle est le même. Cette interrogation joue un rôle crucial dans l'ensemble de la philosophie de Blaise et nous devrons la reprendre pour elle-même. Elle conclut à l'identité, de sorte que c'est la matière qui est le sujet d'une forme accidentelle.

Une telle théorie peut fonder la position soutenant qu'une qualité qui était dans le corrompu persiste dans ce qui est engendré. Mais il faut d'abord préciser ce qu'on désigne par « (ce qui est) engendré ». Si par engendré on entend la forme substantielle, alors aucune qualité qui était dans ce qui est corrompu n'y est présente. Pas plus si l'on entend par engendré le composé. Mais si l'on entend par engendré la matière elle-même, alors certaines qualités, numériquement identique à elles-mêmes, peuvent subsister, même si ce n'est pas nécessairement le cas de toute qualité, et si elles ne subsistent pas forcément selon la même intensité : « en prenant l'engendré pour la matière qui est sujet (*subicitur*) du composé, il y a quelque qualité, numériquement identique, qui était dans le corrompu et qui subsiste dans l'engendré »[1].

Si Blaise ne tranche pas explicitement, son argumentation met en avant cette seconde solution, et accepte que la qualité (la même qualité, numériquement identique) qui était dans la chose qui est corrompue subsiste dans celle qui était engendrée.

La même tendance apparaît à l'occasion d'une autre question, elle aussi classique dans les commentaires sur le *De generatione* et *corruptione*, celle de savoir si la chaleur du feu et celle de l'air sont de même espèce dernière (livre II, question 4)[2]. D'une part, Blaise va manifester une préférence pour la thèse de l'identité spécifique (la chaleur du feu et celle de l'air chaud, par exemple, sont de même espèce dernière) ; d'autre part, dans les réponses aux arguments, il fait à nouveau appel à la thèse de la matière comme sujet immédiat de toutes les formes.

Concernant l'identité spécifique des qualités de deux éléments différents, Blaise évoque deux opinions mais il rejette rapidement celle qui pose des qualités différentes selon les éléments (l'humidité de l'air et

1. Blaise de Parme, *QGC*, I, qu. 4, f° 5rb : « capiendo generatum pro materia que subicitur compositum, aliqua qualitas eadem numero manet in generato, que fuit in corrupto ».

2. On la trouve aussi dans les *Questions* de Marsile d'inghen, sous la forme : « Utrum caliditas aeris et ignis sunt eiusdem speciei specialissime essentialis [*em. d'ap.* éd. 1501] » (livre II, qu. 4, f° 103ra). Chez Blaise, c'est au cours de cette question que parmi les « difficultés », on trouve « Utrum in elementis ponende sunt qualitates virtuales distincte a qualititibus actualibus », problème que nous avons examiné plus haut.

celle de l'eau serait d'espèce différente, etc.). Certes, on ne peut la réfuter avec une évidence totale, mais l'autre position est préférable, ne serait-ce que pour des raisons d'économie :

> Puisque cette opinion n'est pas réputée vraie ni très probable bien que l'on ne puisse pas démontrer contre elle avec évidence, cependant, puisque aucune raison ne démontre que la chaleur du feu et celle de l'air diffèrent spécifiquement, il vaut mieux poser qu'elles ne diffèrent pas spécifiquement plutôt que l'inverse, puisque jamais les étants naturels ne sont à multiplier sans nécessité[1].

De nombreuses raisons sont données, à partir de processus physiques élémentaires impliquant la transmission de qualités. Au cours de ces explications, il s'agit toujours d'expliquer comment une qualité est introduite dans la matière de tel ou tel élément, la prédisposant le cas échéant à recevoir une autre forme. Mais c'est à l'occasion de la réponse à l'objection selon laquelle un accident passerait d'un sujet à l'autre que Blaise livre la raison ultime de son choix en faveur de l'identité spécifique des qualités : il est faux de dire qu'un accident (une qualité) passe d'un sujet à un autre, puisque le véritable sujet, c'est la matière première, sujet aussi bien des formes accidentelles que des formes substantielles :

> Et en ce qui concerne la preuve, à savoir que [la qualité] ne subsiste pas puisque alors un accident passerait d'un sujet à un autre, on nie la conséquence puisque le sujet de n'importe quelle forme, aussi bien substantielle qu'accidentelle, n'est pas le composé lui-même, si ce n'est selon la dénomination des vulgaires qui ne connaissent pas la matière première, mais c'est la matière première qui subsiste numériquement identique dans ce qui est engendré et dans ce qui est corrompu[2].

1. *QGC*, II, qu. 4, f° 36ra : « Quia ista opinio non reputatur vera nec multum probabilis, licet contra eam non possit evidenter demonstrari, tamen, quia nulla ratio demonstrat quod caliditas ignis et aeris specie differant, melius est ponere eas specie non differre quam differre, quia nunquam entia naturalia sunt multiplicanda sine necessitate ».

2. *QGC*, II, qu. 4, f° 38rb : « Et tunc ad probationem, quod non remanet quia tunc accidens transiret de subiecto in subiectum, negatur consequentia quia subiectum cuiuscumque forme, tam substantialis quam accidentalis, non est ipsum compositum, nisi sub denominationem vulgarium non cognoscentium materiam primam, sed est materia prima que remanet eadem numero in generato et corrupto ». La même thèse subsiste dans la seconde rédaction de la *Physique* qui, sur ce point essentiel, n'est donc nullement en retrait sur les textes antérieurs ; voir *QPhys.*, 2ª red., V, qu. 2, f° 138rb : « Bene populares numquam concederunt materiam primam calefieri nec dealbari. Sed omnes istas denominationes attribuunt composito, quod est ex eo quod non cognoscunt materiam primam. Ideo Philosophus sepe dicet illud cum istis popularibus ».

Toutes ces considérations sur les qualités vont donc dans le même sens. Blaise de Parme a nié la permanence des corps simples dans les mixtes, en revanche, il admettait la permanence de certaines qualités premières. Ces qualités qui sont au degré extrême dans les corps simples se retrouvent mélangées à leurs contraires, donc susceptibles d'intensification ou d'affaiblissement dans les corps mixtes. Dans les corps simples, elles sont présentes sans redoublement des qualités actuelles par des qualités virtuelles, mais elles se transmettent, directement ou médiatement (par exemple la chaleur en desséchant, etc.) d'un corps simple à un autre. Les qualités jouent donc un rôle fondamental dans les processus physiques. En outre, dans les deux problèmes que nous venons d'évoquer, la question du rapport entre matière et formes accidentelle est apparue comme cruciale, servant de base à la solution qui semble privilégiée.

La matière première comme sujet

La première « difficulté » de la question 4 sur le livre I *De la génération et de la corruption* est elle-même interrompue par un « doute » intercalé entre les deux réponses possibles à la question : « Est-ce que le sujet d'une forme substantielle et d'une forme accidentelle est le même ? ». La formulation est à la lettre peu aristotélicienne, puisque le rapport de subjectité semble émancipé de l'inhérence en une substance. Mais le problème a pris de l'importance au milieu du siècle précédent, notamment avec les questions sur *De la génération et de la corruption* de Nicole Oresme. La réflexion sur la question de savoir si une qualité qui se trouvait dans le corps qui est corrompu se retrouve dans le corps engendré conduit à se demander si le sujet de ces formes accidentelles est le composé ou bien la matière première[1].

Lorsqu'il se demande si le sujet des formes substantielles et des formes accidentelles est le même, Blaise de Parme commence par énoncer quelques présuppositions sur la tendance de tout étant à persévérer dans son être[2]. Ensuite il formule rapidement quelques thèses. En quoi la chaleur que l'on perçoit dans l'eau se trouve-t-elle à titre de sujet? Le plus important est qu'elle ne se trouve pas dans le composé comme sujet

1. Voir J. Biard, « La matière est-elle le sujet des accidents ? Un débat au XIVe siècle », *Acta philosophica* 31 (1), 2022, p. 15-31.

2. Que tout être tende à persévérer dans son être, est étudié plus longuement dans une question de la *Physique* : 1a red., I, qu. 14 ; 2a red., I, qu. 10. Voir A. Robert, « L'éthique de Blaise de Parme dans ses *Questions sur la Physique* », *in* J. Biard, A. Robert, *La philosophie de Blaise de Parme*, p. 33-58.

adéquat car dans ce cas elle tendrait à la destruction du composé, donc entre autres d'elle-même – ce qui est contraire au principe selon lequel toute chose tend à persévérer dans son être. Au delà de cette justification rapide, on peut mesurer à quel point cette thèse rompt non seulement avec la façon courante de s'exprimer, mais encore avec les interprétations dominantes d'Aristote. Cette chaleur n'est pas non plus dans la forme de l'eau, à titre de sujet, car il n'y a pas de forme de la forme[1]. En raisonnant par élimination, on conclut que cette qualité, en l'occurrence la chaleur de l'eau, se trouve dans la matière : « La chaleur que l'on trouve dans l'eau est subjectivement dans la matière première, de la puissance de laquelle la forme substantielle de cette eau est éduite »[2]. Il s'agit donc plus précisément de la matière première (comme telle non informée) dont est tirée, éduite, la forme substantielle. Il y a donc un sujet identique à toutes les formes, qu'elles soient substantielles ou accidentelles, et il s'agit de la matière première.

Une mise au point sémantique vient cependant atténuer le paradoxe de la thèse. Que ces accidents aient la matière première, et non le composé, pour sujet adéquat, n'empêche pas qu'ils « dénomment » (ici le terme semble simplement synonyme de signification, mais il s'agit bien en fait d'une signification latérale) que c'est le composé qui est tel ou tel. Et c'est ce qui fonde la manière commune de parler selon laquelle c'est le corbeau qui est dit noir et non la matière première.

Cette théorie avait été anticipée par certains prédécesseurs de Blaise. Parmi eux, la position de Nicole Oresme, également développée à l'occasion de la question de permanence des accidents dans ce qui est engendré, est la plus intéressante. Après avoir exposé les deux manières de répondre à la question de la subsistance de la qualité dans ce qui est engendré, il opte pour la position inverse de celle de Blaise[3]. Son argument est que c'est le sujet de l'accident qui doit être tel ou tel ; c'est donc le composé qui est blanc et non la matière, et celle-ci n'est dite blanche que par accident. Cependant, au cours de l'exposé de la position inverse (donc avec des arguments qu'il ne retient pas pour son propre compte), Oresme a posé les bases de la présentation qui deviendra celle de Blaise. Entre autres, on peut réinterpréter l'autorité d'Aristote

1. Argument spécieux du point de vue de l'aristotélisme dominant car ce lieu commun concerne la forme substantielle et non une forme accidentelle comme la chaleur.

2. *QGC*, I, qu. 4, f° 5rb : « caliditas in aqua reperta est subiective in materia prima ex cuius potentia educta (*corr.* deducta) est forma substantialis ipsius aque ».

3. Voir Oresme, *QGC*, I, qu. 8, éd. cit., p. 69 : « Tunc ultimo concludo quod videtur mihi quod secunda via [*i. e.* non est eadem qualitas sed diversa] sit probabilior ».

disant que rien de sensible ne subsiste dans la génération en suppléant *ut subiecto*. Aristote voudrait alors dire que seule la matière est sujet par soi de la génération[1]. Plus loin dans le raisonnement, on peut dire que la matière première est le sujet de tous les accidents qui sont éduits de sa puissance, mais qu'elle est toujours conjointe à une forme et ne peut exister par soi. Surtout, on peut distinguer le *subiectum receptionis* et le *subiectum denominationis* : « la matière première est le sujet de réception, recevant et supportant les accidents, et tout l'agrégat est dénommé par cet accident »[2]. Quoique rejetés finalement par Oresme, tous les éléments qui constitueront la réponse de Blaise à cette question sont présents. De manière analogue, Albert de Saxe, qui quant à lui semble ne pas choisir (les deux théories pouvant être soutenues *probabiliter*), distingue le sujet d'inhérence et le sujet de dénomination (*subiectum denominationis*) ; dans la seconde opinion qu'il expose, la matière première est sujet quant à l'inhérence et le composé est sujet quant à la dénomination[3]. Marsile d'Inghen, en revanche, opte déjà pour la position qui sera celle de Blaise, posant que les qualités premières inhèrent à la matière : « Les qualités premières telles que la chaleur, la froideur, l'humidité et la sécheresse, et d'autres qui en suivent, inhèrent adéquatement seulement dans la matière et non dans le composé de matière et de forme, si ce n'est en raison de la matière »[4]. Et il reprend aussi la distinction entre *subiectum inhesionis* et *subiectum denominationis*[5], ce qui permet d'accepter que les qualités puissent dénommer le composé[6]. Un dernier point rapproche Marsile et Blaise : pour les deux, la façon usuelle de parler est due au fait que le vulgaire, ne percevant pas la matière, ignore ce qu'elle est et attribue

1. Oresme, *QGC*, I, qu. 8, éd. cit., p. 63.

2. Oresme, *QGC*, I, qu. 8, éd. cit., p. 65 : « Modo ad propositum materia prima est subiectum receptionis, recipiens accidentia et sustentans, et totum aggregatum denominatur illo accidente ».

3. Albert de Saxe, *QGC*, I, qu. 6, f° CXXXIIIrb : « dicendum est secundum istam opinionem quod cuiuslibet accidentis alicuius compositi ex materia <et forma>, materia prima est subiectum quoad inherentiam, quamvis compositum sit subiectum quoad denominationem ».

4. Marsile d'Inghen, *QGC*, I, qu. 7, f° 72va : « Qualitates prime sicut sunt caliditas, frigiditas, humiditas et siccitas et alie eas consequentes solum materie adequate inherent, et non composito ex materia et forma, nisi ratione materie ».

5. Marsile d'Inghen, *QGC*, I, qu. 7, f° 72vb : « Ad primam, conceditur quod aliquod accidens transit de subiecto denominationis ad aliud subiectum denominationis, nec hoc est inconveniens, sed de subiecto inhesionis non transit cum hoc subiectum sit materia prima ».

6. Marsile d'Inghen, *QGC*, I, qu. 7, f° 72va : « Secunda conclusio : alique qualitates denominant totum compositum et non materia. Patet quia materia non dicitur calida aut frigida, sed aqua vel ignis ».

ces dénominations au composé : « le sujet [...] n'est pas le composé lui-même, si ce n'est selon la dénomination des vulgaires qui ne connaissent pas la matière première »[1].

La thèse selon laquelle c'est la matière première (et non le composé, en l'occurrence les corps dits simples qui sont néanmoins composés de matière et de forme) qui est le sujet des qualités accidentelles joue ainsi un rôle crucial dans ces deux questions sur le statut des qualités et sur le rapport entre éléments et qualités premières. Elle aura des conséquences importantes puisque cette thèse peut être étendue aux corps mixtes, étant donné que les éléments n'y subsistent pas, de sorte que là encore on a un rapport simple entre matière et forme et que les qualités inhèrent à la matière. Cela vaudra même (nous y reviendrons dans un chapitre ultérieur) pour les qualités de nature intellective ou spirituelle, telles que la science.

Cette thèse, que nous avions déjà vue évoquée dans plusieurs autres questions sur le *De generatione et corruptione*, est donc centrale pour la philosophie de la nature de Blaise de Parme. Sans surprise, on la retrouve dans d'autres œuvres de Blaise, par exemple dans la *Questio de intensione et remissione* :

> Je dis brièvement que la matière première peut être dite sujet, et tout le composé peut aussi être dit sujet selon la dénomination, et par là je dis bien que tout accident du monde est étendu, qu'un tel accident soit de nature intellective ou non. Il est vrai cependant que n'importe quelle qualité ne dénomme pas la matière première comme son sujet, du fait qu'elle est tout à fait ignorée des vulgaires[2].

Elle peut fonder une certain « matérialisme », pour peu que l'on n'oublie pas que la matière n'est pas active par elle-même et que la dynamique de la nature suppose aussi un principe de différenciation.

1. Blaise de Parme, *QGC*, II, qu. 4, f° 38rb : « subiectum [...] non est ipsum compositum nisi sub denominationem vulgarium non cognoscentium materiam primam » ; *cf.* Marsile d'Inghen, *QGC*, I, qu. 7, f° 73rb : « Prout suppono [...] identitas subiecti quia materie prime, sed non [*em. d'ap.* éd. 1501] quo ad denominationes vulgarium materiam primam non percipientium ».

2. *De intensione et remissione formarum*, éd. Gr. Federici Vescovini, « La *Quaestio de intensione et remissione formarum* di Biagio Pelacani da Parma », *Physis* 31 (1994), p. 433-535, ici p. 530 : « Et dico breviter quod materia prima potest dici subiectum, et etiam totum compositum potest dici subiectum secundum denominationem, et per hoc bene dico quod omne accidens mundi est extensum, sive tale accidens sit natura intellectiva sive non. Verum est tamen quod non quelibet qualitas denominat materiam primam tamquam suum subiectum per hoc quod vulgaribus est penitus ignota ».

DEUXIÈME PARTIE

L'ÉMERGENCE DE LA FORME : L'ACTION DES QUALITÉS, LA PUISSANCE DES ASTRES

Au cours de l'examen du nombre de principes que l'on peut discerner en tout étant naturel, la tentative de réduction à un seul principe puis les limites rencontrées au cours de cette entreprise réductionniste ont conduit à un certain nombre de résultats.

Dans sa récriture de l'aristotélisme, Blaise de Parme a d'abord affirmé que les trois principes d'Aristote doivent être entendus comme la matière, l'ancienne forme et la nouvelle forme. Nous n'avons par conséquent que deux termes, matière et forme, ce qui soulève la question du passage d'une forme à l'autre. Si on laisse pour l'heure de côté la question de l'homme, matière et forme ne doivent aucunement être posées comme deux réalités susceptibles de subsister par soi ; tout étant naturel, qu'il s'agisse d'un corps élémentaire ou d'un mixte résultant du mélange de plusieurs éléments, est une substance simple, même si des différences fonctionnelles apparaissent au sein de cet étant qui subsiste par soi. Il convient notamment de maintenir une dualité entre la matière et les qualités qui en sont des accidents. En effet seules les qualités assurent la continuité entre une substance et une autre, entre la perte d'une forme par la matière et l'acquisition d'une nouvelle forme. Le fait qu'à un certain degré d'intensité, une qualité puisse entraîner la corruption d'un corps simple alors que la matière première est susceptible de recevoir toutes les qualités, exige de maintenir cette différence entre ce corps lui-même et les qualités, différence qui seule est à même d'expliquer la dynamique de la nature. C'est pourquoi à côté de cette réinterprétation de l'aristotélisme, on peut également juger rationnelle la tentative de tout réduire à la matière et aux qualités.

Au cours du raisonnement de Blaise de Parme, est apparue une distinction entre d'une part ce que j'ai appelé principes de constitution, et que Blaise de Parme appelle la plupart du temps « principes de l'engendré », et d'autre part les « principes de la génération ». Cette différence n'est pas toujours facile à saisir et à maintenir car les deux points de vue sont traités de façon entremêlée. Au sens strict (même si certaines formulations ne sont pas toujours aussi rigoureuses), il n'y a pas de principes intrinsèques de l'engendré puisque tout corps est une substance simple, et qu'en toute rigueur celle-ci ne peut pas non plus être dite principe d'elle-même[1] ; mais il y a des « principes » qui concourent à son engendrement. C'est de ce point de vue que l'on s'interroge sur la nature des qualités et leur fonction dans la génération.

Tout corps, qu'il soit simple (ce qu'on appelle traditionnellement les éléments) ou mixte, se définit cependant par quelque chose qui le différencie des autres corps. C'est ce qu'on appelle sa forme, qui ne subsiste pas indépendamment de la matière ainsi qualifiée et configurée, mais qui seule, cependant, peut rendre raison de la différence entre ce corps et tel autre. L'engendrement de la forme donne l'être à telle ou telle chose[2].

1. *QPhys.*, 1ª red., I, qu. 12, fº 257rb : « Secundum corelarium : nullius generationis simpliciter principia sunt duo. Patet […] quia cum forma sit substantia simplex ipsius non sunt duo principia. Tertium corelarium : nullius generationis est aliquid principium intrinsecum. Patet quia nullius forme substantialis est aliquod principium intrinsecum, et omnis generatio est forma substantialis, quare etc. ».

2. *QPhys.*, 2ª red., I, qu. 8, fº 79va : « Ad aliud respondetur quod per formam intelligitur esse rei ».

CHAPITRE IV

LA FORME DANS LA MATIÈRE

Une théorie renouvelée de l'éduction

Si l'on s'en tient à la doctrine d'Aristote « là où elle ne s'écarte pas de la vérité », que quelque chose soit engendré équivaut à ce que la matière, convenablement disposée, reçoive une nouvelle forme, et que quelque chose soit corrompu équivaut à ce que la matière perde une forme qu'elle avait antérieurement[1]. La matière est présupposée et elle assure la continuité de la nature. Si l'on s'écarte en revanche de la manière commune de parler des philosophes, on peut parler d'engendrement tant pour la matière que pour la forme et pour le composé. Dans un passage de la première rédaction de sa *Physique* (livre I, question 13, question consacrée à l'idée de création *ex nihilo*), Blaise précise en quels sens on peut ainsi appliquer l'idée de génération et le verbe engendrer à chaque partie essentielle du corps :

> je pose quelques propositions à ce sujet en suivant la manière propre de parler, et pour poser ces propositions je présuppose que la matière est engendrée, du moins subjectivement, la forme est engendrée terminativement, et le composé totalement. Et ainsi il est possible que quelque chose soit engendré de trois façons à savoir subjectivement, terminativement et totalement[2].

1. *QPhys.*, 2ª red., V, qu. 2, fº 138ra : « Generari est materiam recipere novam formam, et corrumpi est materiam ammitere formam priorem ».

2. *QPhys.*, 1ª red., I, qu. 13, fº 260ra : « pono aliquas propositiones iuxta materiam insequendo proprium modum sermonis, pro quibus propositionibus ponendis presuppono materiam generari saltim subiective, et formam generari terminative, et compositum totalitive. Et sic contingit tripliciter aliquid generari, scilicet subiective, terminative et totalitative ». Voir un peu plus loin, fº 260rb : « iste conclusiones videntur esse et sunt contra communem modum loquendi Philosophorum, sed quia promixi (?) velle loqui de proprietate sermonis, dimittatur communis modus loquendi Philosophorum quia falsus est ».

Au fond, c'est le composé qui est produit dans sa totalité. La forme est le terme de la génération, et la matière est produite comme sujet. Nous avons d'ailleurs vu que la matière est le sujet de toutes les qualités. C'est pour cela que la forme est parfois dite engendrée *dans* la matière et non pas *de* la matière comme si elle en était extraite : « Bene volo quod forma fiat in materia non ex materia »[1]. Graziella Federici Vescovini a attiré l'attention sur cette expression. La forme n'est pas tirée hors de la matière, car elle n'a d'être que dans la matière configurée et qualifiée de telle ou telle manière. Plus largement, rien n'est fait à partir de (*ex*) quelque chose d'autre, contrairement à la manière commune de parler d'Aristote et des philosophes, dès lors que rien de ce qui constitue le composé ne préexiste comme tel à ce composé[2]. Tous les textes ne sont cependant pas aussi simples. Dans la question équivalente de la seconde rédaction, au cours de la détermination selon l'opinion d'Aristote, Blaise oppose également être engendré dans la matière (*in materia*) et être engendré de la matière (*ex materia*) mais il assimile cette dernière expression à *de materia* ou *de potentia materie*[3]. Or en d'autres endroits, il apparaît que certaines qualités sont bien tirées « de la puissance de la matière »[4], et dans les *Questions sur l'âme*, Blaise semble accorder crédit à la position dite « alexandriste », selon laquelle l'âme est tirée « de la puissance de la matière »[5]. Il faut donc tenir compte du contexte et des oppositions qui sont retracées, par exemple entre une position philosophique présupposant la matière et une théorie créationniste, ou bien entre la théorie aristotélicienne et une autre manière plus propre de parler selon laquelle la forme ne préexiste, ni réellement ni logiquement, au composé.

Blaise de Parme réinvestit néanmoins une certaine théorie de l'éduction des formes. Dans sa version classique, cette théorie avait été formulée par Albert le Grand, qui opposait cette théorie à celle

1. *QPhys.*, 1ª red., I, qu. 13, f° 260ra.

2. Voir *QPhys.*, 1ª red., I, qu. 13, f° 260rb : « Quinta conclusio : nihil generatur ex aliquo ». Dans les *Questions sur l'âme*, on trouve un passage où Blaise examine plus en détail le sens de la préposition *ex*, qui peut signifier différentes sortes de causalité (matérielle, efficiente, ou formelle mais improprement), ainsi qu'une relation d'ordre : voir *QAn.*, II, qu. 3, f° 138va-vb (n.n.).

3. *QPhys.*, 2ª red., I, qu. 9, f° 80vb : « refert dicere "hoc producitur in materia" et "hoc producitur ex materia" sive "de materia", quod idem est quia de potentia materie ».

4. *Questio de intensione et remissione formarum*, éd. Gr. Federici Vescovini, *Physis*, XXXI (1994), p. 432-535, ici p. 489 : « concedo pro nunc multas qualitates esse, tam spirituales quam materiales, eductas de potentia materie ».

5. *QAn.*, I, qu. 8, f° 130ra (n.n.) : « quod anima intellectiva hominis sit educta de potentia materie, generabilis et corruptibilis, habet quilibet de plano concedere ».

d'Avicenne, et qui reliait *eductio* et *inchoatio formarum*[1]. Pour Avicenne, en effet, une fois la matière convenablement disposée, la forme y était produite grâce à l'action du *dator formarum*. Blaise de Parme fait allusion à cette approche platonico-avicennienne, et il la rapproche de la position qui identifierait ce donateur des formes non à une intelligence, mais à Dieu lui-même. Mais il écarte ce type d'explication au bénéfice d'une causalité qui se déploie sur un plan plus horizontal. Le forme n'est pas induite par un agent supérieur. Contre toute donation verticale des formes, Blaise reprend la théorie de l'éduction, rappelle que les qualités doivent être convenablement disposées pour qu'apparaisse telle ou telle forme, mais il écarte en revanche l'idée d'une présence inchoative de la forme dans la matière. En ce qui concerne les corps élémentaires, comme nous l'avons vu, seules préexistent les qualités.

Activité et passivité des qualités élémentaires

La distinction entre qualités actives et qualités passives était usuelle, et elle était examinée dans tous les commentaires sur le traité *De la génération et de la corruption*. C'est dans la première question sur le livre II que Blaise de Parme se demande si parmi les qualités premières il y en a deux qui sont actives, à savoir la chaleur et la froideur, et deux qui sont passives, à savoir l'humidité et la sécheresse[2]. Ces qualités premières, parfois désignées comme « qualités altératives », étaient évoquées dans la question du livre I sur la possibilité de « réduction » jusqu'à la matière première, à côté de la lourdeur et de la légèreté qui étaient qualifiées quant à elles de « qualités motrices ». D'autres qualités, telles que la blancheur ou la douceur, n'ont d'être que dans ou par des corps mixtes. Ce sont les premières qui nous concernent pour l'instant.

Blaise de Parme s'attache à nuancer les affirmations trop simples selon lesquelles deux qualités seraient actives et deux seraient passives. Certes l'activité convient davantage et proprement à la chaleur et à la froideur qu'à la sécheresse et à l'humidité, et inversement pour la passivité. Mais l'essentiel concerne les rapports d'action et de réaction de ces qualités entre elles, or ils supposent à la fois activité et passivité[3]. Ainsi, le chaud

1. Voir A. de Libera, *Métaphysique et noétique. Albert le Grand*, Paris, Vrin, 2005, p. 165-166.

2. *QGC*, II, qu. 1, f° 30vb : « Utrum quatuor qualitatum primarum due sunt active, scilicet caliditas et frigiditas, due vero passive, scilicet humiditas et siccitas ».

3. Voir *QGC*, II, qu. 1, f° 31ra.

et le froid agissent l'un sur l'autre et pâtissent l'un de l'autre ; il en va de même avec l'humidité et la sécheresse. En revanche, ni la chaleur ni la froideur n'agissent par elles-mêmes sur l'humidité ou sur la sécheresse, mais seulement par accident, dans des combinaisons de qualités et d'éléments au sein de corps mixtes. Néanmoins, la chaleur et à la froideur sont d'une activité plus forte que la sécheresse et l'humidité, lesquelles ont par contre une plus grande passivité, c'est pourquoi il est usuel de désigner les premières comme « qualités actives » et les secondes comme « qualités passives ».

Une telle description n'a rien d'original. Elle se trouvait déjà dans les commentaires parisiens du milieu du siècle[1]. La discussion confirme qu'il faut bien compter quatre qualités premières (au sens de quatre termes communs univoques en leur signification, permettant de désigner toutes les qualités premières) et quatre seulement, puisqu'elles se trouvent aussi bien dans les corps simples que dans les corps mixtes, alors que les autres ne se trouvent que dans les corps mixtes[2]. On peut par conséquent les appeler aussi « qualités élémentaires ».

Ce n'est pas toutefois l'action des qualités l'une sur l'autre qui est le problème central. C'est dans la génération (et la corruption) des corps que la fonction active des qualités doit être précisée. Le problème se pose tout aussi bien pour les corps simples que pour les corps mixtes. Certaines expériences laissent penser que la chaleur pourrait engendrer du feu, par exemple. Nous revenons alors au problème de l'éduction de la forme. La question se pose puisque, comme nous l'avons vu au chapitre précédent, la matière n'est par elle-même d'aucune activité. Mais elle ne se limite pas aux corps simples, elle s'élargit aussi aux corps plus complexes.

Ces problèmes, liés entre eux, sont traités principalement dans trois textes : la question 8 sur le livre II *De la génération et de la corruption*[3] ; la question 4 sur le livre II de la *Physique* (première rédaction) ; la question 8 sur le livre II de la *Physique* (seconde rédaction)[4].

1. Voir par exemple Nicole Oresme, *QGC*, II, qu. 2, p. 190-196 ; Albert de Saxe, *QGC*, II, qu. 2, f° CXLVIrb-vb ; Jean Buridan, *QGC*, II, qu. 2, p. 195-200 ; Marsile d'Inghen, *QGC*, II, qu. 2, f° 100rb.

2. Conformément à ce que nous avons vu plus haut, il faut considérer que ces corps sont leur sujet au sens du « sujet de dénomination ».

3. *QGC*, II, qu. 8 : « Utrum qualitates prime sunt cause active generationis et corruptionis ».

4. *Qphys.*, 1ª red., II, qu. 4 : « Utrum qualitas in vigore proprio possit producere formam substantialem » ; *QPhys.*, 2ª red., II, qu 8 : « Utrum inter agentia particularia, supposita semper generali influentia superiorum, possit qualitas una vel plures formam substantialem producere ».

Dans tous les textes qui abordent ces problèmes, Blaise de Parme commence dans un premier temps par mettre en doute l'efficacité, du moins l'efficacité suffisante des qualités premières. Ces doutes seront partiellement surmontés. Il n'en assigneront pas moins des limites à l'efficacité des qualités. Le point de départ est l'écart, qu'on ne peut effacer, entre un accident et son sujet. Or les qualités sont bien des accidents, elles ne subsistent pas indépendamment d'une matière, ni même d'un corps puisque la matière n'existe pas à l'état isolé[1].

Les premières conclusions énoncées, aussi bien dans le commentaire sur les livres *De la génération et de la corruption* que dans le commentaire sur la *Physique* (première rédaction) soulignent ainsi qu'aucun accident n'est cause active d'un autre accident, et à plus forte raison aucun accident n'est cause active d'une substance[2]. Par conséquent, les qualités premières ne sont pas les causes actives de la production d'un corps mixte[3]. Ce qui est présupposé dans tous ces raisonnements, c'est une ontologie des degrés de perfection que l'on rencontre de façon récurrente dans les exposés de Blaise de Parme. En particulier, tout corps mixte est plus parfait qu'un corps simple[4]. C'est pourquoi il ne peut être engendré par la seule action de ces corps simples que sont les quatre éléments[5]. Plus important encore

1. Se situant dans une perspective résolument naturaliste, Blaise de Parme évoque assez rarement l'Eucharistie. Dans une question sur la *Physique* (seconde rédaction, livre V, question 10), il écarte simplement ce cas comme non pertinent pour son propos en précisant qu'aucune qualité ne peut *par nature* exister sans sujet : « Dico autem "per naturam" quoniam extimandum est per divinam potentiam qualitatem posse per se existere, ut contingit in Sacramento Altaris" » (f° 156rb). Dans une question le *Traité de l'âme* (livre I, question 8), pour écarter un objection à sa proposition selon laquelle aucune puissance finie ni infinie ne peut séparer l'accident de son sujet, Blaise admet que les qualités subsistent dans l'Eucharistie, mais dans ce cas la qualité perd sa nature d'accident sans perdre sa nature de qualité (f° 126rb). Ce cas n'est pas pertinent pour le statut naturel des qualités. Quoi qu'il en soit, la théorie de la matière première comme sujet admet bien que les qualités passent d'une susbtance composée à une autre tout en restant dans leur sujet premier qu'est la matière, de sorte que la notion d'accidentalité se trouve de fait modifiée. Les qualités n'en restent pas moins des accidents. On trouve encore quelques autres mentions de l'Eucharistie (*QAn.*, I, qu. 6 ; *QPhys.*, I, qu. 6…), mais à d'autres sujets.

2. Blaise de Parme, *QGC*, II, qu. 8, f° 52vb : « Nullum accidens est causa activa accidentis. Patet quia quicquid producitur mediante accidente producitur in vigore sui subiecto a quo dependet » ; « nullum accidens est productivum substantie » ; Cf. *QPhys.*, II, qu. 4, f° 275ra.

3. *QGC*, II, 8, concl. 3 et 4.

4. Voir aussi *QGC*, I, qu 16, f° 26ra : « Secunda suppositio est : quodlibet corpus mixtum est maioris perfectionis et altioris gradus quam sit aliquod vocatorum elementorum ».

5. Voir *QGC*, I, qu. 16, f° 26rb : « Secunda conclusio est : non contingit aliquod mixtum generari in vigore et ex sola actione quattuor elementorum. Patet ista conclusio quia quodlibet mixtum est perfectius quam sint elementa ».

pour notre propos, il est souligné dans une autre question que jamais un accident n'égale en perfection essentielle sa substance[1]. Or il y a un principe intangible, souvent répété, qui est que « aucun agent n'agit au delà de sa perfection », c'est-à-dire que rien ne peut produire par soi seul quelque chose de plus parfait que soi[2]. Ce principe est fondamental car il bloque toute démarche réductionniste extrême qui chercherait dans la combinaison des éléments (au sens large que ce concept avait dans la philosophie antique, à savoir les constituants fondamentaux), à plus forte raison dans l'altération et la transformation des qualités, la raison suffisante de toute la nature.

Les qualités n'en sont pas moins des causes actives dans la génération et de la corruption, et plus précisément elles sont dites causes *instrumentales* :

> Qu'elles soient des causes instrumentales, c'est patent puisqu'à partir de l'action et de la réaction des éléments, leurs qualités premières des éléments sont réfractées et introduites dans un certain milieu, et la matière est disposée pour recevoir une forme, qui est la forme d'un corps mixte parfait ou imparfait[2].

Des précisions s'imposent donc au sujet du type de causalité ou de productivité qui est ici à l'œuvre.

La forme et l'instrument

Les questions sur *De la génération et de la corruption* mettent en place un dispositif conceptuel qui repose sur une double distinction préalable : premièrement entre des causes qui sont *essentiellement* subordonnées l'une à l'autre, de sorte que l'une dépende de l'autre pour être et pour agir, et des causes qui sont *accidentellement* subordonnées l'une à l'autre ; deuxièmement entre des causes *principales* (sans lesquelles aucun effet ne peut être produit) et des causes *inessentielles*, qui sont dirigées par les causes principales. Mais les conclusions tirées sont assez succinctes.

1. Voir *QPhys.*, 1ª red., II, qu. 4, fº 275a : « nunquam qualitas in perfectione essentiali equatur ipsi substantie. Ista patet quia semper qualitas dependet a suo subiecto in esse et in conservari. Subiectum autem non dependet a qualitatibus ».

2. Voir *QGC*, I, qu 16, fº 26rb : « Ultima suppositio : non contingit aliquod agens agere ultra proprium gradum sue activitatis ».

2. Blaise de Parme, *QGC*, II, qu. 8, fº 53ra : « Quod sint instrumentales cause, patet, quia ex actione et reactione illorum elementorum, qualitates prime ipsorum refranguntur et adducuntur ad certum medium, et disponitur materia pro forma recipienda [*em.* media] que est forma mixti perfecti vel imperfecti ».

Retenons pour l'instant qu'aucun accident n'est cause active d'un autre accident, ni productif d'une substance. Les qualités (comme les éléments dans le mixte) sont des causes accidentelles et instrumentales, disposant la matière à la production de la forme. Pour approfondir la question et trouver des prises de positions plus originales, il faut se tourner vers les questions sur la *Physique*.

Dès la première rédaction de la *Physique*, le commentaire est plus détaillé et ajoute une autre distinction. On peut dire en trois sens que quelque chose produit un effet. En un premier sens il le produit *formellement*. Cela veut dire que l'agent et l'effet sont de même espèce, autrement dit que l'on peut prédiquer formellement le même terme spécifique des deux. Ainsi, le feu produit du feu. En un deuxième sens, l'agent produit *virtuellement* son effet, lorsqu'il inclut virtuellement une perfection égale à la perfection de ce qui est produit ou à produire, ou plus grande qu'elle ; ainsi, le Soleil produit de la chaleur, non pas formellement mais virtuellement. Enfin en un troisième sens, un agent produit son effet *consécutivement* (*consecutive* ou *consequenter*), c'est-à-dire qu'il produit formellement ou virtuellement quelque chose dont suit un tel effet ; ainsi, si la maladie produit la fièvre, il s'ensuit (consécutivement) de la chaleur et des tremblements[1].

Ces précisions permettent d'énoncer plusieurs déterminations possibles de la question principale, à savoir celle de l'activité des qualités dans la production d'un corps. Dans la première rédaction de la *Physique*, Blaise en énonce trois, sans vraiment les hiérarchiser du point de vue de la vérité mais en indiquant que la troisième lui est *magis gratam*, qu'elle lui agrée davantage. Dans la seconde lecture, il juxtaposera seulement deux déterminations qui peuvent toutes les deux être soutenues[2].

– La qualité comme instrument de la forme

La première détermination est semblable dans les deux rédactions. On peut la résumer de la manière suivante. En premier lieu, une qualité est par elle-même productive d'un effet qui lui est semblable[3]. Mais aucune qualité n'est productive d'une substance formellement, au sens énoncé plus haut ; aucune qualité n'est non plus productive d'une substance

1. Sur toutes ces précisions, voir *QPhys.*, 1ª red., II, qu. 4, fº 274va.

2. *QPhys.*, 2ª red., II, qu. 8, fº 99ra : « ponam conclusiones determinantes questionem pro una parte, et hoc non obstante <quod> per aliquas conclusiones poteris defendere partem oppositam ».

3. *QPhys.*, 1ª red., II, qu. 4, 3a concl., fº 274va ; *QPhys.*, 2ª red., II, qu. 8, 3ª concl., fº 99rb.

virtuellement ; en revanche, une qualité peut bien produire une substance (ou une forme substantielle) *consécutivement*. Cette thèse s'appuie sur l'exemple de la chaleur. Celle-ci, au plus haut degré, peut susciter dans une matière rareté et sécheresse, dispositions dont pourrait suivre la forme substantielle du feu. Cet exemple est récurrent dans les textes de Blaise de Parme[1]. En d'autres endroits, il voisine avec des exemples où l'on évoque des corps vivants plus complexes qui seraient engendrés de la sorte. Ainsi, dans la première lecture de la *Physique*, la chaleur, quelle qu'en soit la source (la poule, le soleil, un homme, etc.), peut aussi conduire à la naissance d'un poulet[2] ; une forme animale pourrait être engendrée dans la matière en putréfaction sous l'effet du soleil[3]. Retenons pour l'instant que les qualités sont productives d'une forme *consécutivement*[4]. La seconde lecture de la *Physique* précise en outre qu'est requis de surcroît « le concours de la cause universelle », assurant le cours régulier de la nature[5]. Toutefois selon cette première théorie, on ne peut pas réfuter (*non potest improbari*) que parmi les causes particulières une ou plusieurs qualités soient causes principales de l'engendrement d'une substance – c'est-à-dire, selon la définition ci-dessus, des causes sans lesquelles l'effet ne peut être produit[6]. Qu'elle soit cause principale n'empêche cependant pas qu'elle soit cause consécutivement, et non formellement.

Ajoutons, pour compléter le dispositif, qu'une forme substantielle peut quant à elle, par sa force propre (*in vigore suo proprio*), produire une forme substantielle[7]. En dépit de l'action « consécutive » des qualités, c'est donc bien une forme substantielle qui est *formellement* productive de la forme substantielle puisqu'il faut un « engendrant » qui engendre

1. On le trouve aussi non seulement dans les *Questions sur la Génération et la Corruption*, mais à plusieurs reprises dans les *Questions sur les Météorologiques*, livre I, qu. 1 (ms. Vat. lat. 2160, f° 63va), où la production du feu par la seule chaleur est évoquée mais est récusée ; et dans le livre IV, qu. 1, où le phénomène est admis dans certains cas, comme lorsque les rayons du soleil tombent sur un miroir concave (f° 130rb ; f° 130vb).

2. *QPhys.*, 1ª red., II, qu. 4, f° 276vb.

3. *QPhys.*, 1ª red., II, qu. 4, f° 276vb ; voir aussi qu. *Met.*, IV, qu. 1, f° 130vb : « radius Solis occurrens materie putride disponit ipsam et producit formam substantialem ».

4. Voir *Qphys.*, 2ª red., II, qu. 8, f° 99rb : « qualitas una vel plures potest consecutive inter agentia particularia formam substantialem producere ».

5. Voir *Qphys.*, 2ª red., II, qu. 8, f° 99rb.

6. Voir *QPhys.*, 2ª red., II, qu. 8, f° 99rb : « quod inter agentia particularia qualitas una vel plures sit sicut principale agens non potest improbari ».

7. *QPhys.*, 1ª red., II, qu. 4, [1re détermination] 5ª concl.

formellement ce qui est engendré. La forme substantielle reste ainsi le principe principal de la génération[1].

La même doctrine est exposée dans une brève question sur les *Météorologiques* : « Est-ce que la génération se produit par le chaud et le froid ? »[2]. Dans la solution de la question, il apparaît que l'engendrement d'une substance ne se fait pas sans une altération préalable par laquelle la matière est convenablement disposée, et que cette altération se fait en vertu des qualités premières. Cependant, le chaud et le froid ne sont pas les « principes principaux » de cette génération car une qualité ne peut pas engendrer une forme substantielle[3] ; le chaud et le froid sont, ici encore, présentés comme des causes instrumentales[4]. L'examen de l'une des difficultés ultérieures[5] laisse toutefois entrevoir une possible mise en cause de ce schéma, sur la base des phénomènes d'apparition spontanée d'une forme dans la matière évoqués plus haut. La contradiction avec l'une des conclusions précédentes est soulignée par l'auteur lui-même, sans toutefois que cela conduise à proposer une autre détermination au delà de cette seule difficulté annexe, au demeurant peu développée.

– L'impuissance des qualités

Il est pourtant possible de soutenir une position différente. Dans cette autre approche, les premières thèses sont identiques, notamment l'impossibilité pour une qualité de produire formellement ou virtuellement une forme substantielle ou une substance. Mais selon ce second point de vue (tel qu'il est exprimé aussi bien dans la première rédaction de la *Physique* que dans la seconde), une qualité ne peut aucunement produire une substance, même par voie de conséquence :

> aucune qualité ne peut par elle seule produire une forme substantielle sur le mode de consécution[6] ;

1. Voir *QPhys.*, 1ª red., II, qu. 4, fº 274 vb : « Sit ultima conclusio : forma substantialis in vigore proprio et formaliter est productiva forme substantialis. Patet statim quia cum forma substantialis producatur de novo in actu generationis est dare generans a quo formaliter generatur et potest dari nisi sit forma substantialis. Ex qua conclusione sequitur quod forma substantialis est principale principium et causa generationis ».

2. *QMeth.*, IV, qu. 1, ms. Vat. lat. 2160, fº 130rb.

3. *QMeth.*, fº 130va : « generatio non fit a calido vel frigido tamquam a principio principali. […] non enim qualitas potest ex se producere formam substantialem ».

4. *QMeth.*, fº 130va : « caliditas et frigiditas sunt cause instrumentales generationis ».

5. Voir « secunda difficultas », qu. *Met.*, fº 130vb.

6. *QPhys.*, 1ª red., II, qu. 4, [2ᵉ determ.] 3ª concl. : « nulla qualitas se sola potest per modum sequele formam substantialem producere ».

> Mais que cela ne suive pas consécutivement, on le prouve, puisque si [une qualité] pouvait [produire une forme substantielle] consécutivement, ce serait parce qu'une ou plusieurs qualités seraient capables de l'altération totale nécessitant l'induction d'une forme substantielle[1]

Cette seconde théorie possible semble donc minorer l'efficace propre de la qualité. L'explication donnée dans la première rédaction est assez contournée : en supposant (ce qui a été admis) que n'importe quelle forme susceptible de degrés, comme c'est le cas des formes qualitatives, puisse diminuer autant que l'on veut jusqu'à 0, et en posant que la chaleur et l'humidité de l'air diminuent jusqu'à être égales à celles de l'homme, alors dans la matière ainsi disposée un homme serait engendré; la conséquence est absurde. Dans la seconde rédaction, Blaise insiste surtout sur le fait que trop accorder aux dispositions qualitatives rendrait nécessaire l'introduction de la forme substantielle. Or une telle production nécessaire ne peut être le fait ni d'un agent libre (qui pourrait ne pas vouloir produire), ni même d'un agent naturel car on peut toujours imaginer un empêchement (*impeditum*) possible[2]. Un tel refus de la nécessité dans le procès de production de la forme était déjà exprimé dans la première rédaction :

> Quatrième conclusion : aucune disposition qualitative précédant l'advenue d'une forme substantielle dans cette matière ne nécessite à cette forme[3].
> Cinquième conclusion : aucune qualité ne peut à elle seule produire toute la disposition qui rendrait nécessaire l'induction d'une forme substantielle[4].

1. *QPhys.*, 2ª red., II, qu. 8, fº 99va : « Sed quod non exsecutive probatur, quia si [qualitas] posset [formam substantialem producere] exsecutive etc., hoc ideo esset quia qualitas una vel plures possent in totam alterationem necessitantem (*em.* necessitatem) pro forma substantiali inducenda ».

2. *QPhys.*, 2ª red., II, qu. 8, fº 99va : « tu potes ymaginari unam portionem materie habere summam gravitatem cum summa frigiditate et siccitate et aliis requisitis, et tamen non inducetur inde aliqua forma substantialis. Quia aut producens est agens liberum, quod non vult producere, aut si est agens mere naturale est impeditum ».

3. *QPhys.*, 1ª red., II, qu. 4, fº 275ra : « nulla qualitativa dispositio precedens adventum forme subtantialis in illa materia necessitat ad ipsam formam ».

4. *QPhys.*, 1ª red., II, qu. 4, fº 275ra : « Quinta conclusio : nulla qualitas se sola potest in totam dispositionem necessitantem ad formam substantialem inducendam »

Plus avant dans la question, Blaise de Parme présente cette seconde option comme « la plus probable »[1] car sa préoccupation semble bien de s'assurer que dispositif de production de la forme n'entraîne aucun nécessitarisme[2], pour des raisons essentiellement liées à la philosophie morale[3].

Ainsi dans plusieurs textes, Blaise distingue une solution où les qualités produisent les corps non pas formellement ni virtuellement mais consécutivement (*consecutive* ou *per modum sequele*), et une autre dans laquelle elles ne peuvent même pas les produire consécutivement, de sorte que seule la forme paraît avoir le statut de cause particulière[4]. Ces deux déterminations sont-elles le dernier mot de la question ou est-il possible de surmonter la contradiction ? Une voie en cette direction pourrait être la conjonction de la causalité particulière et d'une forme de causalité universelle.

1. *QPhys.*, 2ª red., II, qu. 8, fº 99va : « quia probabilius est tenere quod inter agentia particularia nulla qualitas possit formam susbtantialem producere […] ».

2. Rappelons que les théologiens de Paris, au siècle précédent, avaient fermement condamné les risques de nécessitarisme qu'ils avaient cru déceler dans la pensée gréco-arabe : voir article condamné n° 21 (102), éd. D. Piché, *La Condamnation parisienne de 1277*, Paris, Vrin, 1999, p. 86 : « Quod nichil fit a casu, set omnia de necessitate eueniunt, et quod omnia futura que erunt, de necessitate erunt, et que non erunt, impossibile est esse ; et quod nihil euenit contingenter, considerando omnes causas. – Error, quia concursus causarum est de diffinitione casualis <ut dicit Boetius> libro de consolatione ». Et dès 1270, le risque de nécessitarisme avait été mis en relation avec l'astrologie ; voir *Chartularium universitatis parisiensis*, n° 432, vol. I, p. 487 : « 4. Quod omnia que hic in inferioribus aguntur subsunt necessitati corporum celestium ».

3. Voir par exemple *QAn.*, III, qu. 8, concl. 4.

4. *QPhys.*, 1ª red., II, qu. 4, fº 275rb : « forma substantialis est causa et principium motus et status et aliarum mutationum ».

CHAPITRE V

UNE CAUSE UNIVERSELLE

Un dépassement par le haut ?

Dans chacun de ces textes, Blaise de Parme introduit une référence plus ou moins développée à une cause universelle. Ainsi, dans la première rédaction des *Questions sur la Physique*, Blaise de Parme fait suivre les deux premières déterminations que nous avons exposées d'une troisième, qu'il présente comme celle qui lui est agrée davantage : « aliam determinationem *magis gratam* »[1]. Ce qui caractérise cette solution c'est l'introduction d'un autre type de causalité, une causalité verticale. Cette causalité se trouve légitimée par des références à Aristote (*Météorologiques* et *Métaphysique*) et soutenue par des exemples qui suggèrent à nouveau une sorte d'instrumentalité, comme le rapport entre un bâton, les muscles qui le meuvent et l'âme qui les dirige. Les causes secondes (*secundarie*) supposent l'action de la cause première (*primaria*), mais celle-ci peut agir sans les secondes[2].

Ce qui frappe en premier lieu, c'est que cela conduit à des formulations qui exténuent le monde naturel au profit de la cause première : non seulement aucune qualité mais encore aucune substance naturelle n'est par elle-même productive. De manière générale, « aucun agent purement naturel ne peut *à soi seul* produire quelque effet »[3]. L'important est toutefois la précision « à soi seul ». Il ne s'agit pas de tout reporter sur une cause supérieure ou universelle. Un rapport d'instrumentalité est maintenu, non pas toutefois entre la qualité et une forme particulière mais

1. *QPhys.*, 1ª red., II, qu. 4, fº 275rb – je souligne (J. B.).
2. *QPhys.*, 1ª red., II, qu. 4, fº 275rb-va.
3. Voir *QPhys.*, 1ª red., II, qu. 4, fº 275va, concl. 1 à 4 de la troisième détermination; et concl. 11.

entre la qualité et cette cause universelle. C'est ce que suggérait déjà fortement le texte des *Questions sur la génération et la corruption* en faisant du ciel avec les intelligences motrices les causes principales de la génération et de la corruption en ce monde ci :

> le ciel, les intelligences le mouvant et un certain aspect des astres sont les causes actives principales de la génération et de la corruption des choses ici-bas[1].

C'est dans un autre texte de la *Physique* que Blaise de Parme examine plus systématiquement le rapport entre ce qu'il appelle alors « cause particulière » et « cause universelle ». La question est la suivante : « Est-ce que pour la génération de n'importe quelle chose naturelle est requis, outre l'agent particulier, l'influx d'une cause universelle, cause universelle qui est dite être le soleil »[2]. C'est donc le Soleil qui est pris comme représentant privilégié d'une telle cause universelle, à partir de la sentence d'Aristote : « L'homme engendre l'homme, avec le soleil ». Plus largement, l'action du soleil sur la vie terrestre et sur la variation des saisons est invoquée pour attester de l'influence céleste sur notre monde. Le texte énumère plusieurs réponses possibles à la question initiale[3].

Blaise de Parme souligne le lien entre monde supérieur et monde inférieur dans les termes des *Météorologiques* d'Aristote : contiguïté entre ces mondes et gouvernance de l'inférieur par le supérieur. Le monde d'ici-bas dépend du monde supérieur, à comprendre comme celui des cieux et des astres, pour son existence et sa conservation. Il en résulte que pour toute production d'une réalité substantielle un agent universel est requis en plus de l'agent particulier[4]. En réalité, ceci ne soulève guère de difficulté, c'est la réciproque qui constitue le vrai problème : faut-il un agent particulier en plus de l'agent universel ? Et là, on peut opposer deux manières de répondre. Les deux partagent un certain nombre de présupposés mais s'opposent sur certaines thèses. Ce qui complique le

1. *QGC*, II, qu. 8, f°s 52vb-53ra : « celum et intelligentie moventes ipsum et certus aspectus astrorum sunt cause principales active generationis et corruptionis hic in istis inferioribus ».

2. *QPhys*., 2^a red., II, qu. 7, f°s 96ra *sq.*

3. Dans l'analyse préliminaire d'un problème, celui de savoir pourquoi on trouve davantage de difformité chez certains individus dans l'espèce humaine que dans les autres espèces animales, Blaise de Parme commence par annoncer une solution différente pour le philosophe naturaliste, l'astronome et le théologien. En réalité le point de vue de la théologie ne sera pas envisagé dans cette partie de la question; mais il fait d'une certaine manière retour plus loin.

4. *QPhys*., 2^a red., II, qu. 7, art. 2, « primus processus », concl. 1 et 2, f° 96vb.

problème, c'est que Blaise de Parme prend l'exemple de la génération de corps complexes, y compris l'homme.

Une cause universelle ne peut pas par elle seule produire une forme substantielle comme celle de l'homme, puisque, par elle seule, elle ne dispose pas la matière à recevoir telle forme plutôt que telle autre – dans ce cas, en effet, elle deviendrait une cause particulière. Cette affirmation appelle immédiatement une mise au point. Il faut exclure l'action divine (au sens proprement théologique de la toute-puissance) car il ne fait pas de doute, pour Blaise lui-même, que Dieu peut par soi seul produire ce que produisent les causes secondes. On présuppose donc son influence générale, et l'on admet même qu'il peut exercer une action particulière en infusant l'âme humaine dans le corps ; mais on se situe dans un cadre naturaliste où par « cause universelle » on entend plus précisément le ciel et les astres, qui exercent une influence ou *influxus* sur le monde des choses engendrables et corruptibles. Il arrive que Blaise de Parme parle simplement des *corps* célestes[1]. En vérité, comme on peut le lire dans les *Questions sur les Météorologiques*, « le ciel » ne doit pas simplement être entendu comme corps céleste, mais comme l'agrégation du corps céleste et de l'intelligence motrice : « ce monde inférieur n'est pas gouverné par le ciel, abstraction faite des intelligences. [...] ce monde inférieur est gouverné par le ciel, en prenant le ciel comme l'agrégat de l'intelligence et de l'orbe »[2].

Dans ce cadre néanmoins, en plus de cette causalité céleste et afin qu'elle ne se transforme pas en causalité particulière, l'action d'un agent particulier est indispensable : « à la génération de n'importe quelle chose substantielle, le ciel semble concourir avec la nature. Et par "nature" j'entends présentement un agent particulier »[3].

1. *Questiones de sphera*, qu. XI : « omnes effectus qui hic inferius fiunt causantur ex virtute, ordinatione et cursu corporum celestium », cité par Gr. Federici Vescovini, *Astrologia e scienza*, n. 40, p. 384.

2. *QMeth.*, I, qu. 1, ms. Vat. lat. 2160, f° 63vb : « iste mundus inferior non gubernatur a celo, circumscriptis intelligentiis. [...] iste mundus inferior gubernatur a celo, capiendo celum pro agregato ex intelligentia et orbe ».

3. *QPhys.*, 2ª red., II, qu. 7, art. 2, « secundus processus », concl. 2, f° 97ra : « ad cuiuslibet rei substantialis generationem, celum videtur concurrere et natura. Et per naturam in presenti intelligo particulare <agens> ».

Une théorie extrême

On peut opposer à cette première analyse[1] une autre manière de s'exprimer. Celle-ci est référée par Blaise de Parme à Avicenne et à Albert le Grand. Cette autre théorie possible est importante car elle ne semble pas pouvoir être facilement réfutée par la seule raison naturelle[2]. Néanmoins elle est fausse et contraire à la foi catholique; elle n'est exposée que pour pouvoir tenter de répondre aux infidèles[3]. Cette solution est assez proche de la précédente, mais elle exacerbe la causalité astrologique déjà évoquée. Le principe en est que la qualités dites « élémentaires » sont toutes causées par les astres, tant celles qui sont permanentes que celles qui apparaissent ou disparaissent de façon contingente. La justification prend à nouveau pour point de départ la description de l'influence du Soleil qui envoie plus ou moins de chaleur, puis par les caractéristiques des autres astres (la froideur de Saturne, l'humidité de la Lune, etc.). Ces qualités des corps célestes sont de même espèce que celles que nous connaissons dans le monde inférieur, ce qui fonde les impressions de l'un sur l'autre. Ces influences se combinant, ce n'est pas seulement telle ou telle qualité qui est infusée, mais des rapports entre différentes qualités. Or étant donné le nombre des astres et la complexité de leurs mouvement, c'est n'importe quel rapport, ou toute amplitude possible de rapports entre telle ou telle qualité qui peut être causée par les astres[4].

Non seulement il est très difficile de réfuter cette thèse (« difficulter potest improbari »), mais il est possible d'admettre qu'il en est ainsi (« ymmo forte est ut ita pretendit »). Quelles en seraient les conséquences ? En raison de cette influence astrale, la matière première est disposée de telle ou telle manière (c'est-à-dire présente telle ou telle proportion de

1. Rappelons qu'il s'agit de la première détermination possible dans la question 7 sur le livre II de la *Physique* (dans la seconde rédaction).

2. *QPhys.*, 2ª red., II, qu. 7, fº 97ra : « Nunc subiungo alium modum dicendi qui imputatur Avicenne in sua *Metaphysica*, et similiter Alberto Magno, et qui in lumine naturali non posset potenter improbari ».

3. *QPhys.*, 2ª red., II, qu. 7, fº 97ra : « Sed quia falsus est in se et fidei obviat catholice, ideo narabo hunc modum, solummodo ad hunc finem quod ubi infidelis talia diceret, eidem sciatis respondere ».

4. *QPhys.*, 2ª red., II, qu. 7, fº 97rb : « ab astris hic inferius omnis proportio elementalium qualitatum et omnis latitudo proportionum earumdem qualitatum est possibilis causari ». La notion de *latitudo proportionis* n'est pas expliquée dans ce contexte. Nous y reviendrons ultérieurement. Ainsi que nous le verrons, un certain mélange de qualités (impliquant un certain rapport entre ces qualités), disposant à l'advenue d'une forme, peut varier dans certaines limites au delà desquelles la matière n'est plus convenablement disposée pour cette forme ; c'est l'intervalle entre ces limites qui est appelé « latitude ».

qualités), de sorte que telle ou telle forme puisse y être engendrée. Donc un individu de telle ou telle espèce, comme un âne, peut être engendré même s'il n'en existe aucun autre de son espèce. La causalité astrale, par la médiation des dispositions qui en résultent dans la matière, devient par conséquent la seule cause efficace. Blaise évoque souvent la possibilité pour les corps, y compris des corps animés, d'être engendrés par la seule causalité céleste, par génération spontanée, à partir d'autres corps en putréfaction[1], ou encore tout simplement à partir de corps sans rapport avec eux, comme dans le cas de grenouilles tombant du ciel[2]. Un exemple moins surprenant d'apparition dans le ciel est celui des grêlons, mais le cas des grenouilles revient fréquemment, parfois accompagné d'autres animaux tels que des poissons, des vipères, un veau ou des bœufs[3]. C'est ce qu'on appelle « génération équivoque » puisque une grenouille n'est pas engendrée par une autre grenouille[4]. Ce schéma vaudrait aussi bien pour l'homme que pour les autres substances, c'est pourquoi cette doctrine est contraire à la foi. Ainsi que cela a déjà été souligné, Blaise de Parme est le seul à admettre comme rationnellement démontrable, même si c'est en relativisant quelque peu la force du raisonnement, que la génération de l'homme pourrait provenir d'une certain mélange de qualités, dépendant lui-même de l'influence astrale[5]. Certes, Avicenne avait déjà admis dans son *De diluviis* (extrait de sa *Météorologie*) que l'espèce humaine puisse disparaître et être régénérée à partir des éléments, mais le dispositif supposait l'efficace du *dator formarum* imprimant les formes dans la matière, ce que Blaise récuse[6].

1. Voir par exemple *QGC*, I, qu. 16, f° 27rb : « videmus enim multa animalia generari ex putrefactione ».

2. Voir *QGC*, I, qu. 16, f° 26ra : « Prima suppositio : visum est sepe cum pluvia cecidisse multas ranas de media regione aeris ».

3. Voir *QPhys.*, 2ª red., I, qu. 3, f°s 65vb-66ra : « Et patet etiam hoc per rationem, quoniam constat quod nulla particulari rana existente contingit ranam generari, modo in aliqua porositate terre, et aliquando in media regione aeris, unde sepe a media regione cum pluvia multe rane ceciderunt que ibidem sunt genite » ; *QPhys.*, 2ª red., II, qu. 7, f° 96rb : « a media regione sepe ceciderunt rane, pisce, vipere et vitulus, ut narrat Avicenna in eius *Metaphysica* » ; voir aussi *QAn.*, I, qu. 8, f° 129vb (n.n.) : « in media regione, sepe vigore alicuius astri vel plurium, generata sunt animalia diversarum specierum, visa a nobis cadere deorsum, ut sunt rane, pisces, boves, etc ».

4. Voir *QPhys.*, 1ª red., II, qu. 4, f° 275vb : « Videmus enim quod nulla rana particulari existente sepe generatur multitudo magna ranarum ».

5. Voir Maikke Van der Lugt, *Le Ver, le Démon et la Vierge. Les théories médiévales de la génération exraordinaire*, Paris, Les Belles Lettres, 2004, p. 176-181.

6. *Ibid.*, p. 165-167. Pour Avicenne, voir *De diluviis*, éd. M. Alonso Alonso *in* « Homenaje a Avicena en su lilenario. Las traducciones de Juan Gonzáles de Burgos y Salomon », *Al-Andalus* 14 [1949], p. 291-319, texte p. 306-308.

Blaise de Parme accorde beaucoup à cette théorie, en tentant de voir ce qui est soutenable sans hérésie[1]. On peut admettre que toutes les qualités élémentaires ainsi que les rapports et proportions entre ces qualités sont causés par les astres. Par conséquent, on peut admettre qu'un âne ou n'importe quel animal inférieur puisse être engendré même s'il n'existe pas d'autre individu de même espèce. D'ailleurs on peut multiplier les exemples de génération qui semblent rompre ou contredire la chaîne naturelle de transmission des espèces, avec les phénomènes déjà évoqués de génération spontanée à partir de la putréfaction ou d'engendrement de divers animaux dans les régions médianes de l'air : grenouilles engendrée dans l'air, ou conçues par une femme, ou engendrement d'un homme par une femme vierge, etc.

Blaise reste toutefois prudent, et il prend quelque distance « afin que de là ne surgissent pas des hérésies ». Il concède que les dispositions et rapports de qualités dépendent des astres. Il admet aussi que n'importe quel animal d'espèce inférieure, telle qu'un âne ou une grenouille, puisse être engendré sans qu'un autre de même espèce existe, mais doute finalement que ce soit le cas d'un homme. En aucun cas l'âme intellective ne pourrait advenir de cette manière, et si une matière était ainsi disposée jusqu'à produire une figure humaine, il ne s'agirait pas pour autant d'un homme – sauf cas d'intervention divine, comme dans la conception virginale. C'est donc le cas particulier de l'homme, et de l'âme intellective comme forme, que Blaise met de côté, sans que cela invalide le reste du dispositif[2].

Ce dispositif fait l'objet de précisions supplémentaires au cours de l'article 3 de cette même question. On se demande à nouveau si un animal peut être engendré sans qu'y concoure aucune cause particulière, et l'engendrement à partir de la putréfaction plaide pour une réponse positive. En vérité, une cause particulière est bien requise pour expliquer l'engendrement de tel ou tel animal. Mais cette cause particulière n'est autre, dans la matière, qu'un certain rapport de qualités en vertu duquel la matière est disposée à recevoir telle ou telle forme[3]. Il ne s'agit donc pas de nier l'influence céleste générale, mais peut-être de circonscrire

1. *QPhys.*, 2ª red., II, qu. 7, fº 97rb : « Nunc respondeamus ad ista ut inde heretica non insurgant ».

2. Voir *QPhys.*, 2ª red., II, qu. 7, fº 97va : « merito astrorum nunquam induceretur anima intellectiva, que a Deo creata est speciali ipsius gratia confluente ».

3. *QPhys.*, 2ª red., II, qu. 7, fº 97vb : « cum dicitur de animalibus que generantur ex putrefactione, dico quod ista animalia habuerunt in materia causam particularem ut fuit certa proportio qualitatum primarum, vigore quarum materia disposita est sicut, gratia exempli, pro forma rane, quod non pro forma vipere ».

une influence particulière et directe qui risquerait de faire glisser vers le déterminisme. Quoi qu'il en soit, cette influence générale se manifeste au niveau des causes naturelles par le jeu des qualités dans la matière.

Dieu ou la nature ?

On remarque toutefois certaines oscillations dans la manière de caractériser de cette « cause universelle ».

La première rédaction de la *Physique* renvoie d'emblée à un principe immatériel : « ultra quodlibet agens naturale ponendum est unum agens incorporeum nullam habens magnitudinem, indistans et assistens toto universo et cuilibet eius parti »[1]. Ce principe est même rapproché de la conception théologique de la toute-puissance divine[2]. Même dans les *Questions sur les Météorologiques*, examinant la thèse selon laquelle le ciel « gouverne » le monde des choses engendrables et corruptibles, Blaise évoque le concours de « Dieu glorieux »[3]. Cependant, ce Dieu est présenté la plupart du temps comme le Dieu d'Aristote :

> Première proposition : il faut dire que ce monde des choses corruptibles dépend du monde supérieur, et est par lui conservé dans l'être. Telle est la doctrine d'Aristote dans le livre premier des *Météorologiques*, disant qu'il est nécessaire que ce monde inférieur soit en continuité avec le monde supérieur pour que par là soit conservée toute puissance (*virtus*) ; et au livre XII de la *Métaphysique*, il disait que Dieu est un animal sempiternel, duquel tout le ciel et la nature dépendent ; et les astronomes affirment la même chose, qui disent que les configurations de ce monde sont soumises (*subiecti*) aux images célestes[4].

1. *QPhys.*, 1ª red., II, qu. 4, fº 275va.

2. *QPhys.*, 1ª red., II, qu. 4, fº 275va : « et per hoc assumitur infrascripta propositio tamquam principium teologorum. Propositio est hec : quicquid potest Deus mediante causa secunda potest ipse se solo ».

3. *QMeth.*, ms. V, fº 63vb : « Secunda conclusio : ad quemcumque effectum substantialem productum vel producendum in hunc mundum inferiorem concurrit immediate ipse gloriosus Deus » ; voir aussi dans la seconde rédaction de la physique I, qu. 3, fº 67vb : « Et per hoc oportet istam causam esse incorpoream, separatam ab omni magnitudine, et assistentem toti universo et cuilibet eius parti. Et hoc non potest esse nisi ipse Deus ».

4. *QPhys.*, 1ª red., II, qu. 4, fº 275rb : « Prima propositio : fatendum est hunc mundum corruptibilium a superiori dependere et successive in esse conservari. Ista est Aristotelis primo *Methaurorum*, dicentis quod necesse est hunc mundum inferiorem esse superiori continuum ut omnis virtus inde conservetur, et XIIº *Methaphysice* dicebat Deus est animal sempiternum a quo totum celum et natura dependet et idem asserunt astronomi dicentes vultus huius seculi subiecti sunt celestibus ymaginibus ».

> Et le Philosophe semble avoir consenti à cette conclusion, lorsqu'il dit, au livre XII de la *Métaphysique*, que Dieu est un animal sempiternel duquel tout le ciel et la nature dépendent, dont découlent l'être et le vivre[1].

D'autres passages suggèrent une assimilation de Dieu avec la nature. Ainsi dans la *Physique*, au terme d'un long développement insistant sur la fonction indispensable de cet agent incorporel et non étendu[2], on est conduit à s'interroger sur la divergence apparente entre cette thèse et la position d'Aristote, posant que c'est la nature qui est principe de mouvement et de repos, de croissance et de décroissance. Blaise de Parme va alors tenter de concilier les deux approches, mais d'une façon tout à fait originale par rapport aux différentes philosophies concordataires du siècle précédent. Il commence par valider la position aristotélicienne en incluant l'idée de Dieu dans celle de nature : « On répond clairement qu'Aristote dit juste, puisque Dieu est au plus haut point nature, et que cette nature assiste sans distance n'importe quelle chose naturelle »[3]. Dieu est nature, non pas en un sens proche de celui qui aura cours au XVIIe siècle, non pas au sens de l'ensemble des corps matériels régis par des lois mécaniques, mais au sens où la nature est principe de mouvement (et de repos), si bien que Dieu est nature par excellence.

Il peut y avoir deux manières de comprendre cette assimilation tendancielle. La première, qui fait l'objet d'une « difficulté particulière », décline la nature selon les termes de base de la physique aristotélicienne, à savoir la matière et la forme. La nature peut en premier lieu être assimilée à la matière. La précision est importante car elle indique une convergence possible, qui va se renforcer jusqu'au XVIe siècle, entre naturalisme et matérialisme. Or nous avons eu l'occasion de voir plus haut que tout ce qui est produit est en un certain sens produit subjectivement dans la matière.

1. *QGC*, I, qu. 16, f° 26rb : « Et huic conclusioni videtur Philosophus consensisse, dum dicit Deus est animal sempiternum a quo totum celum et natura dependet, XII° *Metaphysice*, a quo derivatur [*coniect.*] esse et vivere » ; les formulations des *Questions sur la Physique* et des *Questions sur la génération et la corruption* sont à l'évidence identiques ; on retrouve encore la même expression dans la seconde rédaction, II, qu. 9, f° 100vb : « Deus est animal sempiternum a quo totum celum et natura dependet ». On a toujours « celum et natura » suivi d'un verbe au singulier. Voir *Aristoteles latinus*, 25. 3. 1, *Metaphysica*, XII, 7, 1072 b « ex tali igitur principio dependet celum et natura [...] Dicimus autem Deum esse animal sempiternum ».

2. *QPhys.*, 1ª red., II, qu. 4, f° 275va : « Nona conclusio : ultra quodlibet agens naturale ponendum est unum agens incorporeum nullam habens magnitudinem, indistans et assistens toto universo et cuilibet eius parti ».

3. *Ibid.* : « Respondetur de plano quod Aristoteles bene dicit, cum Deus sit maxime natura, que natura est in quocumque re naturali indistanter et assistenter ».

En ce sens donc la matière est le principe passif de tout mouvement, de tout repos, et généralement de toute opération :

> À cette difficulté on répond que si par nature nous entendons la matière elle-même, et qu'ainsi par principe nous entendons le principe passif, cette définition est bonne puisque tout ce qui est produit est reçu subjectivement dans la matière elle-même, et ainsi la nature qui est matière est cause et principe passif de mouvement et de repos et de toutes les autres opérations[1]

En revanche, si par nature on entend la forme, alors il faut dire que Dieu est *vere forma* en tant que principe actif de mouvement et de repos.

Cette première manière de rapprocher Dieu et la nature préserve les premiers schémas mis en place à propos du rapport entre cause particulière et cause universelle. Aristote lui-même ferait de Dieu la cause universelle et tiendrait la forme substantielle pour le principe principal parmi les choses de ce monde, la qualité étant alors cause disposante et instrumentale.

Mais en second lieu ce dispositif est relayé par la causalité astrale. Dans les discussions secondaires de cette même question, par exemple, il apparaît qu'un homme n'est pas corrompu (ne meurt pas) à proprement parler en raison de causes internes, mais « par une constellation, par la médiation (*mediante*) d'une mauvaise complexion »[2]. La durée de vie d'un individu semble dépendre des astres[3].

Le primat de la causalité astrale

Dans de nombreux textes de Blaise de Parme, la causalité universelle est clairement identifiée à l'influence du ciel et des astres, l'action de Dieu comme cause première apparaissant simplement comme condition de possibilité *a priori* de la causalité céleste :

> Par cause universelle, on entend tout le ciel etc. [*à savoir* tout le ciel avec ses astres influençant de telle manière par la lumière, l'influence et le mouvement] en ne faisant pas abstraction à ce sujet de l'influence

1. *QPhys.*, 1ª red., II, qu. 4, fº 276ra : « Ad quam difficultatem respondetur quod si per naturam intelligamus ipsam materiam, et sic per principium intelligamus principium passivum, diffinitio est bona quia quecumque fiunt recipiuntur subiective in ipsa materia, et sic natura que est materia est causa et principium paxivum motus et quietis et omnium aliarum operationum ».

2. *QPhys.*, 1ª red., II, qu. 4, fº 276rb.

3. *Ibid.* : « de ratione constellationis est respectu cuiuslibet individui certa periodus sue durationis, ut scribitur II° *De generatione*. Et idem Avicenna fatetur prima primi dicens quod unicuique individuo destinata est certa mensura ultra quam progredi non contingit. »

qu'exerce assidument la cause première, puisque si elle n'influait pas, le ciel non plus n'influerait pas[1].

C'est pourquoi, dans les *Questions sur l'âme*, l'autorité bien connue tirée des *Météorologiques* sur la contiguïté entre monde supérieur et monde inférieur est encadrée par deux références précises à la causalité astrale. La première est un renvoi au *Centiloquium* du pseudo-Ptolémée :

> La conclusion est évidente parce que, comme le veulent les astronomes et en particulier Ptolémée dans la 9e proposition de son *Centiloque*, ce monde inférieur est soumis aux images célestes, et ainsi ce monde inférieur dépend du monde supérieur, comme des astres qui sont partout des agents naturels qui ne sont jamais empêchés dans leurs actions[2] ;

La seconde est un renvoi plus général à la science astrologique :

> De même, que vaudraient [sans cette continuité] les livres que les astronomes font à propos des nativités, en astronomie, science par laquelle sont découverts les accidents du nouveau-né et la durée de sa vie, et tout du corps et de l'âme, même après la vie[3] ?

La première question sur les *Météorologiques* entre davantage dans les détails. Après les autorités d'Aristote et de Ptolémée, on se tourne vers des « évidences naturelles »[4]. On commence par des phénomènes bien connus, comme l'influence de la Lune sur les marées, ou la conservation de la chaleur sous l'effet du Soleil. Mais au delà de ces actions ponctuelles, on trouve des relations plus structurantes. Ainsi Saturne a pour effet de fixer et de rendre durables les corps simples tels que la terre, Mars d'empêcher leur corruption par les contraires. Cette action ne concerne pas seulement les éléments, mais également les corps mixtes, de sorte qu'on peut mettre en relation chaque planète avec un corps : la Lune avec l'argent, le Soleil avec l'or, Mars avec le fer, etc. Et ce n'est pas tout : « ces astres exercent aussi leur influence sur les corps

1. *QPhys*., 2ª red., II, qu. 7, f° 97vb : « Per causam universalem intelligitur totum celum etc. [*i.e.* totum celum cum suis astris taliter lumine et influentia et motu influentibus] non circumscribendo a proposito influentiam que assidue fit a prima causa, quia si illa non influeret nec celum influeret ».

2. *QAn.*, III, qu. 9, f° 214rb (n.n.) : « Patet conclusio per hoc quia, ut volunt astronomi et specialiter Ptholomeus nona propositione sui *Centiloquii*, iste mundus inferior subiectus est celestibus ymaginibus, et sic iste mundus inferior dependet a superiori ut ab astris qui utique sunt naturalia agentia, que in suis actionibus nequaquam impediri possunt ».

3. *Ibid.* : « Item ad quid valerent libri astronomorum facti de nativitatibus in astronomia, per quam scientiam depre<he>nduntur accidentia nati et duratio vite sue, et quicquid de corpore et de anima et post eius vitam ».

4. *QMeth.*, I, qu. 1, ms. V f° 64ra.

animés et leurs dispositions »[1]. On peut alors se référer à la pratique des médecins, qui définissent les jours critiques pour la maladie et la guérison, ou qui tiennent compte des astres pour administrer les remèdes. L'utilité de l'astrologie pour la médecine était déjà admise par les médecins de l'Antiquité, y compris Galien et Hippocrate, et une partie importante était consacrée à l'astrologie médicale dans le *Quadripartitum* de Ptolémée, ainsi que dans le *Centiloquium* du pseudo-Ptolémée. Mais dans le monde latin, c'est principalement Pierre d'Abano qui a resserré les liens entre les deux disciplines. L'astrologie médicale était la forme la plus répandue de l'astrologie et était largement acceptée, par l'Église comme dans les cours. On peut aussi expliquer par les planètes les chances de survie d'un enfant né avant terme, chaque mois étant mis en relation avec une planète (le premier mois suivant la conception avec Saturne, le deuxième avec Jupiter, etc.). Dans ce cas, on ne se limite plus aux indications pratiques pour soigner, ni même à des déterminations générales, mais bien à des pronostics individuels. Si ce sont les aspects théoriques de l'astrologie qui nous intéressent ici (rapport entre le monde céleste et le monde infra-lunaire au sein de la cosmologie, problème de la liberté et des influences astrales…), il ne faut pas oublier que Blaise de Parme a lui-même pratiqué l'astrologie judiciaire auprès de plusieurs nobles d'Italie du Nord, activité dont nous sont parvenus en partie deux « jugements », datés de 1386 et de 1405[2]. Cette causalité astrale n'implique pas de nécessitarisme strict comme nous le verrons plus en détail dans le chapitre suivant. Néanmoins, c'est bien une telle influence céleste qui est posée dans la *Physique* comme cause universelle, et cette causalité universelle apparaît comme réglant ce qui est appelé le « cours commun » (sous-entendu : de la nature). On se situe dans une perspective où l'ordre du ciel et des astres ne fait que manifester le gouvernement divin[3].

1. *QMeth.*, I, qu. 1, f° 64ra : « Habent etiam hec astra influentias suas supra corpora animata et dispositiones eorum ».

2. Voir Blaise de Parme, *Iudicium anno 1386 Bononie*, éd. Gr. Federici Vescovini, *in* « Su uno scritto astrologico di Biagio Pelacani da Parma », *Rinascimento* 11 (1971), p. 79-93, texte p. 89-93 ; repris sous le titre « La classificazione delle arti in uno scritto astrologico de Biagio Pelacani da Parma », in *"Arti" e filosofia, Studi sulla tradizione aristotelica e i "moderni"*, Firenze, Nuove Edizioni Vallecchi, 1983, p. 195-212, texte p. 210-212 ; mais seules les pages introductives nous sont parvenues. Voir aussi, *Iudicium revolutionis 1505*, *in* « Biagio Pelacani, una storia astrologica », *Abstracta* 47 (1990), p. 71-77 (mais nous n'avons pas pu nous procurer cette revue).

3. Cette perspective est assez répandue dans la pensée médiévale au moins depuis Kindi. Voir *Trois épîtres d'al-Kindi (textes et traductions)*, éd. D. L. V. Vaglieri, G. Celentano, *Annali dell'Istituto Universitario Orientale di Napoli* 34 (n. s. 24), 1974, p. 523-562 ; Gr. Federici Vescovini, *Astrologie et science au Moyen Âge. Une étude doxographique*, Paris, Vrin, 2021.

Ce faisant, Blaise de Parme s'inscrit dans un cadre paradigmatique qui a structuré une partie de la philosophie italienne depuis Pierre de Padoue (Pietro d'Abano)[1]. Aurélien Robert a montré comment celui-ci, contrairement à une image historiographique erronée, ne défend pas un matérialisme proche de celui qui était attribué à Alexandre d'Aphrodise. Il prend place dans une opposition reconstituée entre Avicenne et Averroès. Alors que pour Avicenne la disposition du mélange des qualités, soutenue ou produite par l'influence astrale, prédispose à telle ou telle forme, laquelle est alors infusée par le *Dator formarum*, Averroès insiste davantage sur le rôle des corps célestes qui, par la chaleur et la lumière, disposent la matière au changement de forme. Il semble avoir existé au début du XIVe siècle parmi les médecins-philosophes, tels que Taddée de Florence (ou Taddeo Alderotti) ou Mondino da Cividale[2], une tendance à substituer la causalité astrale au donateur de formes avicennien[3]. Blaise de Parme prolonge clairement dans cette tendance.

1. Voir A. Robert, « Pietro d'Abano et le matérialisme », *in* A. Paravicini Bagliani, T. Suarez-Nani (éd.), *La Matière*, Firenze, SISMEL-Edizioni del Galuzzo, 2017, p. 217-250. Plus largement, voir B. Nardi, « La teoria dell'anima e la generazione delle forme secondo Pietro d'Abano », in *Saggi sull'aristotelismo padovano del secolo XIV al XVI*, Firenze, Sansone, 1958.

2. Voir *Dizionario biografico dei Friulani* (en ligne), *ad verbum*.

3. A. Robert, « Pietro d'Abano et le matérialisme », art cit., p. 242.

CHAPITRE VI

LA DYNAMIQUE DE LA FORME

Les dispositions qualitatives n'en restent pas moins les conditions immédiates d'advenue (*adventus*) d'une forme accidentelle ou substantielle, sous certaines conditions générales (influence astrale). Nous revenons ainsi à l'éduction de la forme dans la matière. Il est nécessaire que celle-ci soit « convenablement disposée » pour qu'y émerge telle ou telle forme, et cette disposition, c'est une certaine complexion de qualités. Ces qualités sont en vérité, comme nous l'avons vu dans le chapitre précédent, des qualités de la matière elle-même et non pas du composé substantiel, même si la matière n'existe jamais par soi (ce qu'Aristote lui-même eût admis), et même n'est pas pensable indépendamment de son actualisation par telle ou telle qualité, donc sous la forme de tel ou tel corps[1]. Par conséquent, bien que la matière ne soit par elle-même dotée d'aucune actualité ni d'aucune activité, ce sont les transformations de cette matière qui donnent lieu à la succession et à la diversité des corps naturels, depuis les corps simples jusqu'aux vivants les plus complexes.

L'affirmation du rôle actif, quoique instrumental, des qualités dans l'engendrement d'une substance doit cependant être précisé avec l'analyse du processus plus complexe selon lequel une forme advient dans la matière ainsi disposée. Il est vrai que Blaise de Parme insiste sur le lien étroit entre altération et génération : toute génération (du moins en laissant de côté le cas singulier de l'âme humaine) suppose une altération préalable.

1. Sur l'absence de subsistance autonome de la matière, voir *QPhys.*, 1[a] red., I, qu. 7, « Utrum possit aliquid fieri ex nihilo »; voir aussi qu. 12, f° 255rb : « Non omnis materia est eiusdem rationis in omnibus, cum ignis et aqua non sunt eiusdem rationis, quarum quelibet est sua materia ».

> Deuxième proposition : la génération ne peut pas être sans mouvement. C'est patent puisqu'il ne se peut pas que quelque chose soit engendré sans une altération par laquelle la matière est disposée à recevoir une forme. Or toute altération est un mouvement, donc la proposition est vraie[1].

Néanmoins il suit Aristote lorsque celui-ci refuse, contre les Physiologues, d'assimiler totalement altération et génération, et pour la production de corps mixtes il ne suffit pas que des corps simples soient juxtaposés, ni même mêlés l'un à l'autre, il faut une vraie génération[2].

Tant dans la *Physique* que dans *De la génération et de la corruption*, Blaise de Parme insiste moins sur la constitution ontologique des choses que sur le mouvement, le processus physique ; c'est ce second aspect qui rend compte du premier, plus que l'inverse. C'est pourquoi tout un ensemble de questions vient au premier plan : identification ou différence entre conditions qualitatives et quantitatives de l'advenue d'une forme et actuation de cette forme, contingence ou nécessité de ce passage, instantanéité ou bien délai temporel entre ces dispositions et l'actualité de la forme. Rien de tout cela n'est totalement inédit, mais la conjonction, l'insistance sur cette dynamique de la forme donne à la physique de Blaise sa coloration propre.

Conditions quantitatives de production d'une forme

C'est ce qui conduit à développer longuement certaines questions réfléchissant sur les conditions d'advenue d'une forme substantielle dans une matière au moment de la génération. Tel est par exemple le cas de la question 7 sur le livre I de la *Physique* (seconde rédaction). La question principale est de savoir si la forme peut être produite dans une matière aussi petite soit-elle au moment de la génération. Blaise de Parme reprend ainsi une interrogation que l'on trouvait par exemple dans la *Physique* d'Albert de Saxe[3]. Chez celui-ci cependant, l'interrogation est plus simple, structurée par la double opposition entre corps homogènes et corps hétérogènes d'une part, entre *minima materia* et *materia quantumque parva potest* d'autre part. Nicole Oresme quant à lui centrait davantage sa réflexion sur le concept de *minima*

1. *QPhys.*, 1ª red., I, qu. 13, f°s 259vb-260ra : « Secunda propositio : non contingit generationem esse sine motu. Patet quia non contingit aliquid generari sine alteratione per quam disponitur materia ad recipiendum formam. Sed omnis alteratio est motus, ergo propositio vera ».

2. *QGC*, I, qu. 16, f° 27ra : « mixtio est generatio vel non est sine generatio ».

3. Albert de Saxe, *Questiones in Aristotelis Physicam*, Livre I, qu. 8, p. 143-158 : « Utrum sit dare minimam materiam de cuius potentia potest educi forma naturalis ».

naturalia[1]. La question de Blaise est plus embrouillée. La difficulté ne vient pas principalement de l'exigence de traiter à part le cas de l'homme : Blaise de Parme différencie fort bien ce que l'on peut dire des formes qui doivent être tirées de la puissance de la matière (*educendis de potentia materie*) et ce que l'on peut dire de la génération de l'homme, de même qu'il distingue ce que l'on peut dire sans s'écarter sciemment de la doctrine catholique (*nec scienter a fide catholica declinabo*) et ce que l'on peut dire d'un point de vue philosophique et naturel (*in sequendo stilum philosophicum et mere naturalis*). Mais même une fois que le débat a été cadré de la sorte, s'enchaînent des développements complexes[2].

Comme souvent, Blaise de Parme expose deux déterminations possibles[3] : l'une positive, assez brève, et l'autre négative, plus détaillée, distinguant le cas de l'homme, celui des corps simples et celui des corps mixtes. Les analyses, que nous ne pouvons détailler ici, présupposent la continuité et de la matière et des processus d'altération, elles font varier les hypothèses d'une mutation ou bien instantanée ou bien successive des qualités dans une certaine quantité de matière, elles tentent de conjuguer la divisibilité infinie de la matière avec l'idée de *minimum naturel*. Elles distinguent aussi dans le cas des corps mixtes, notamment des corps animés, une altération qui serait intrinsèque, et qui se produirait totalement et en chacune des parties, et une altération extrinsèque, qui se ferait dans une partie après l'autre. Dans le premier cas, il faut une partie minimale de matière, dans le second on peut considérer une partie aussi petite soit-elle (donc divisible à l'infini). Tout cela permet d'entrer davantage dans le mécanisme complexe d'advenue d'une forme.

C'est à cette occasion qu'apparaissent deux problèmes. L'un est à l'horizon de la question évoquée ci-dessus : les conditions quantitatives. L'autre est celui de la variation possible ou non du rapport entre qualités qui est requis pour l'introduction de telle ou telle forme.

Une fois admis que les qualités sont actives dans le processus qui conditionne l'advenue de la forme substantielle, la question de la quantité de matière requise et des limites entre lesquelles une telle advenue est possible vient en effet au premier plan, comme l'avait remarqué Albert de Saxe.

1. Voir Nicole Oresme, *Questiones super Physicam*, I, qu. 10 et 11, p. 71-86.

2. Dans l'attente d'une hypothétique édition, on trouvera l'édition provisoire de cette question sur le site déjà mentionné consacré à Blaise de Parme.

3. Un troisième « raisonnement » (*processus*), faisant suite à ces deux déterminations, relancera ensuite la question en demandant si les conditions qualitatives et quantitatives de conservation de la forme sont identiques aux conditions de sa production.

Quand elle est traitée sous la forme de la quantité minimale de matière qui permet l'émergence d'un corps simple, cette question soulève les problèmes de la continuité de la matière physique et de la continuité de ce mouvement qu'est la génération; en ce qui concerne les corps vivants, le problème devient celui du minimum naturel sous lesquels peut exister tel ou tel corps, ou telle ou telle partie du corps, que celui-ci soit homogène (tel que de la chair) ou hétérogène (un corps complexe doté d'organes)[1]. Mais on trouve aussi un passage ou Blaise de Parme s'interroge sur ce qui se passe dans le cas d'un excès ou d'un défaut de matière. Ce dernier problème ne se pose pas lorsqu'il s'agit de corps simples : en droit le feu peut s'étendre à tout combustible qui est disposé avec les conditions requises. Mais il se pose pour les corps mixtes animés, et notamment pour les corps plus complexes, ceux qui ont un haut de degré de perfection. Dans la question 7 sur le livre I de la *Physique*, au cours d'un *dubium*, Blaise de Parme s'interroge sur ce qui se produit si, dans la matrice d'une femme, se trouve une matière avec toutes les dispositions qualitatives requises pour la production d'un homme, mais en quantité plus petite ou plus grande que ce qui est nécessaire[2].

La réponse à la première partie de cette question commence par supposer un certain accord entre le degré de perfection de la forme et une certaine quantité de matière. Je n'ai pas connaissance de passage où Blaise s'explique sur cet accord[3]. Quoi qu'il en soit, s'il n'y a pas la quantité de matière *suffisante*, la forme ne peut pas être produite dans la matière, même dans le cas où convergent la causalité de la semence, la disposition qualitative adéquate de la matière dans l'utérus, et sans doute la configuration astrale requise. « Dans ce cas, en admettant que la matière *a* soit plus petite qu'elle le doit pour recevoir cette forme, pour cette raison la forme substantielle de l'homme ne sera pas induite »[4]. Cela n'a rien d'étonnant, mais ce n'est pas tout : une forme est bien produite, mais elle sera de perfection moindre que la forme de l'homme. Nous reviendrons ultérieurement sur le rapport que cela suppose entre espèces vivantes. Notons pour l'instant qu'une quantité insuffisante de matière empêche la

1. Sur Blaise de Parme et les *minima naturalia*, voir J. Biard, « Blasius of Parma Facing Atomist Assumptions », *in* Chr. Grellard, A. Robert (eds.), *Atomism in Late Medieval Philosophy and Theology*, Brill, Leiden-Boston, 2009, p. 221-234, en part. p. 229 *sq.*

2. Voir *QPhys.*, I, qu. 7, f° 75rb.

3. On ne peut pas simplement dire que cela dépend de la complexité des corps; car il n'est pas nécessaire que la taille soit en rapport avec la complexité.

4. *QPhys.*, I, qu. 7, f° 75rb : « Ad primum respondetur quod retento casu et quod *a* materia sit minor quam debet pro forma etc., pro isto non inducetur forma substantialis hominis ».

pleine réalisation de la forme humaine, si bien que l'individu produit aura des opérations similaires mais sera de perfection moindre. En revanche, s'il y a trop de matière, Blaise de Parme ne voit pas d'inconvénient à ce que la forme humaine soit produite, sauf si une quantité démesurée empêchait la croissance de l'embryon ou la naissance. On peut certes évoquer le cas de géants pour attester que, dans une certaine mesure, la forme humaine peut se réaliser dans un corps plus grand : Blaise mentionne à ce propos Atlas et saint Christophe. Mais ce sont des exceptions. En principe, il y a une quantité adéquate de matière pour la réalisation de la forme humaine, qui a une certaine limite. Par conséquent, s'il y a de la matière superflue mais pas suffisante pour produire des jumeaux, alors en plus du petit d'homme sera engendré un autre animal de taille plus petite ! Blaise rapporte à ce sujet des anecdotes attestant cette possibilité, et il évoque des femmes qui auraient, en plus de leur enfant, engendré une grenouille ou un autre petit animal[1]. Or cela suppose que la transmission univoque de la forme par la semence (l'homme engendre l'homme) soit ici complétée ou concurrencée par une génération équivoque à partir des conditions matérielles et astrales, comme nous l'avons vu plus haut. Si la thèse de la génération spontanée est un lieu commun récurrent dans la philosophie médiévale de la nature, s'appuyant sur Aristote et sur de nombreuses sources péripatéticiennes, Blaise lui confère une fonction explicative générale, comme nous l'avons déjà signalé, et cela le conduit à accentuer encore l'importance des conditions, à la fois qualitatives et quantitatives, de la matière.

Les degrés de perfection

Le fait qu'une forme présuppose de telles conditions matérielles n'est pas sans rapport avec le fait qu'elle soit une perfection d'un certain degré. Cette question a deux aspects corrélés. Le premier concerne l'idée même de perfection appliquée de façon comparative à la matière et à la forme, le second la mise en échelle des formes spécifiques.

1. *QPhys.*, 2ª red., I, qu. 7, fº 75rb : « in hoc casu posset contingere quod dicam, et quod sepius evenit in partibus nostris Ytalie, scilicet quod ubi materia peccaret solum ex parte nimie quantitatis, anima intellectiva induceretur in debita parte, reliqua vero sic derelicta a regimine nature disponeretur in corruptionem, et contingit inde aliquando mustelam generari, aliquando ranam, aliquando viperam, aliquando avem, et sic modo unum modo aliud, secundum quod constellatio celi plus confluit nutu Dei ».

Dans les deux versions de la *Physique*, Blaise de Parme demande si la forme est plus parfaite que la matière[1]. La question est évidemment d'importance pour le statut respectif de la matière et de la forme, et pour la positivité accordée à la notion de matière. Blaise de Parme confère au concept de « perfection » une place centrale dans de nombreux développements. Or ce concept est lié historiquement à celui de forme. Depuis Avicenne, il est devenu usuel de considérer que la forme, et notamment l'âme en ce qui concerne le vivant, « parfait » la matière, c'est-à-dire confère à tel ou tel étant à la fois l'être et la complétude de ce qu'il est, de *ce que c'est que d'être* une pierre, un âne, un homme… Mais Blaise de Parme généralise l'usage de ce concept de perfection à toute nature, et pas seulement à la forme. Tout ce qui est a une perfection : on peut parler de perfection accidentelle comme de perfection essentielle[2]. Les qualités élémentaires elles-mêmes peuvent « actuer » et « parfaire » la matière[3]. Mais ces perfections sont hiérarchisées. Cet aspect peut surprendre. La philosophie naturelle du XIVe siècle a minoré l'importance des schèmes néoplatoniciens qui avaient pénétré le péripatétisme médiéval sous l'influence d'Augustin puis de la pensée arabe. Un auteur comme Buridan déploie une vision tout horizontale de la causalité naturelle, avec comme seule contrepartie une causalité divine ou céleste qui conditionne le jeu des causes secondes. La vision hiérarchisée des causes et des étants, héritée du *Livre des causes*, tend à s'effacer. Blaise ne renoue aucunement avec les schèmes platoniciens[4]. Lui aussi conjugue *sans intermédiaire* la causalité particulière des étants naturels et une cause universelle. Néanmoins, il affirme régulièrement une certaine hiérarchie des perfections, qui va du simple au complexe, de l'inanimé

1. *QPhys.*, 1a red., II, qu. 5, fos 277ra *sq.* : « Utrum forma sit perfectior ipsa materia »; *QPhys.*, 2a red., II, qu. 3, fos 89rb *sq.* : « Utrum omnis forma in latitudine perfectionali entium sit perfectior quam sit materia ».

2. Voir *QPhys.*, 2a red., II, qu. 3, fo 89va : « Secunda evidentia : duplex est perfectio, essentialis et accidentalis »; *QAn.*., II, qu. 6, fo 152ra (n.n.) : « perfectio est duplex, scilicet essentialis et accidentalis ».

3. Voir *QPhys.*, 2a red., II, qu. 3, fo 90rb : « Respondeo probabiliter quod sic quia caliditas actuat et perficit materiam aut perficere potest, et concurrente forma substantiali et non concurrente ».

4. On trouve cependant quelques références au *Livre des causes* (attribué à Aristote) : voir *Questions sur Météorologiques*, qu. 1, Vat. lat. 2160, fo 64ra : « Dicit etiam Philosophus in prima propositione *De causis* "omnis causa primaria plus influit in causato quam causa secundaria et particularis" »; ou *QPhys.*, II, qu. 9, fo 100vb : « Et ob hoc scribitur primo *De causis* propositione prima "causa universalis plus influit in causatum quam causa particularis" ».

à l'animé. Ainsi, une substance diffère en perfection d'une qualité[1], et cet écart est même plus grand qu'entre un vivant et un autre vivant[2].

On peut toujours comparer la perfection d'une chose à une autre : « entre n'importe quelle chose naturelle et une autre, qu'elle soit de même espèce ou d'une autre, il y a un certain rapport (*certa proportio*) selon la perfection essentielle »[2]. Entre deux choses, on peut toujours assigner un certain rapport puisque chacune est mesurable relativement au degré zéro. Avant de revenir au rapport entre les espèces et les individus de ces espèces naturelles, arrêtons-nous sur la comparaison que fait Blaise de Parme, de ce point de vue, entre la forme et la matière – puisque tel est l'objet premier de la question.

En premier lieu, la forme est plus parfaite que la matière. L'affirmation est sans équivoque, et elle est fondamentale pour notre propos : « toute forme substantielle est essentiellement plus parfaite que toute matière »[4]. Il faut le souligner à nouveau : Blaise de Parme ne propose aucunement une primauté inconditionnelle de la matière. Comment comprendre cette thèse ? Le fondement en est que la matière n'a pas d'être par elle-même. Non seulement la matière première comme telle (comme matière *première*), mais même la matière dans un corps, qu'il soit simple ou à plus forte raison mixte, n'a d'être qu'en raison de la forme qui l'actualise ou la « parfait », *ratione forma ipsa perficientis*[5]. Certes, la forme non plus n'existe pas seule. Alors quelle est la différence ? C'est précisément que la matière n'a par elle-même aucune activité. Seules les qualités sont actives, nous l'avons vu, au niveau des corps élémentaires. C'est bien pourquoi seule la forme parfait la matière et non l'inverse.

Néanmoins, les textes de Blaise de Parme paraissent conjuguer plusieurs thèses au premier abord contradictoires : « Bien que la forme

1. Voir *QPhys.*, 2ª red., II, qu. 3, f° 90va : « cuiuslibet forme substantialis ad quamvis qualitatem, sive de primis sive de secundis, est determinata proportio ».

2. Voir *QPhys.*, 2ª red., II, qu. 8, f° 98va : « clarum est quod omnis qualitas, quecumque sit illa, in perfectione essentiali plus distat a substantia quam asinus ab homine in perfectione essentiali ».

2. *QPhys.*, 2ª red., II, qu. 3, f° 90rb : « cuiuslibet rei naturalis ad aliam, sive eiusdem speciei fuerit sive alterius, est secundum perfectionem essentialem certa proportio ».

4. *QPhys.*, 2ª red., II, qu. 3, f° 90va : « omnis forma susbtantialis omni materie est essentialiter perfectior » ; c'est pourquoi il y a entre la matière et forme, du point de vue de la perfection essentielle, un rapport déterminé, *determinata proportio*.

5. Voir *QPhys.*, 2ª red., II, qu. 3, f° 90rb : « Istud patet quia licet materia habet esse in latitudine perfectionali entium, hoc est ratione forme ipsam perficientis » ; voir aussi *ibid.* f° 90va : « forma substantialis, dum advenit materie, ipsam perficit et ei communicat tam perfectionem quam habet ».

substantielle soit plus parfaite que sa matière, cependant la matière a autant ou plus de perfection qu'en a la forme substantielle »[1]. Pour résoudre cette contradiction apparente, il faut distinguer « être d'une certaine perfection » et « avoir une certaine perfection ». Comme nous l'avons vu plus haut, la forme, advenant à la matière, lui communique autant de perfection qu'elle a. Car si d'un certain point de vue le cheval est sa matière (informée), il a cependant plus de perfection qu'une fourmi, et à plus forte raison qu'une pierre. Et pourtant la matière n'est pas rien, elle a donc elle aussi une certaine perfection, qui lui est essentielle – Blaise de Parme qualifiant d'*essentiel* ce qui est lié à l'être même de telle ou telle nature (forme ou matière), de tel ou tel corps, et même de telle ou telle qualité. Par conséquent, elle reçoit de la forme une perfection *en plus* de la sienne propre. Et parce que cette perfection advient à la matière, qui de surcroît peut recevoir toutes les formes, cette seconde perfection sera dite « accidentelle » à la matière. C'est pourquoi le composé, donc la matière informée, a plus de perfection que la forme seule. C'est cela, très précisément, que Blaise de Parme exprime par la distinction entre être d'une certaine perfection et avoir une certaine perfection :

> Lorsque l'on dit « ceci est de tant ou de tant de perfection », cette expression vise la perfection essentielle ; mais lorsque l'on dit « ceci a tant ou tant de perfection, » on vise la perfection accidentelle[2].

La même thèse était formulée de la manière suivante dans la première rédaction de la physique, et c'est ce qui permet de comprendre comment Blaise de Parme peut dire que la matière, du fait de la réception de telle ou telle forme, a plus de perfection que cette dernière :

> il faut comprendre ici que la matière actuée par une forme substantielle a deux perfections, dont l'une est sa perfection essentielle, puisque, si par imagination toute forme substantielle était annihilée, toutes les autres choses étant conservées dans l'être, la matière première serait d'une certaine perfection ; mais il y a une autre perfection de cette même matière

1. *QPhys.*, 2ª red., II, qu. 3, fº 90va : « Quamquam omnis forma substantialis sit sua materia perfectior, tamen tantam vel maiorem perfectionem habet materia quanta forma substantialis ».

2. *QPhys.*, (2ª red.), II, qu. 3, V1 fº 90va-vb : « Cum dicitur "hoc est tante perfectionis vel tante", iste sermo pretendit de perfectione essentiali, cum vero dicitur "hoc habet perfectionem tantam vel tantam" pretenditur de perfectione accidentali ». Ainsi la perfection essentielle de la forme devient perfection accidentelle de la matière ; voir *ibid.*, fº 90vb : « Propter quod noto unum, quod perfectio essentialis forme, communicata materie, est perfectio accidentalis istius materie ».

> qui peut être dite sa perfection accidentelle, pour autant qu'il échoit à cette matière d'être informée par cette forme-ci ou par celle-là. Alors, ceci étant noté, tu peux concéder que de quelque perfection que soit une forme substantielle, la matière elle-même est de perfection égale ou plus grande, puisque la forme substantielle contribue à la perfection totale de cette matière, mais elle est accidentelle relativement à cette matière[1].

La forme n'est donc pas seulement une perfection accidentelle; c'est la perfection essentielle de la forme qui, en *advenant* à une matière, devient perfection accidentelle de cette dernière; c'est bien la forme qui « parfait » la matière et non l'inverse.

L'amplitude de perfection (latitudo perfectionalis)

La forme ainsi corrélée à une matière, donc tout corps simple ou mixte, animé ou inanimé[2], prend place sur une échelle de perfection. Blaise de Parme exprime cela à l'aide du concept de *latitudo perfectionalis* :

> Un homme diffère davantage d'un âne que d'un homme parce que dans l'amplitude de perfection des étants un homme est plus éloigné du non-degré qu'un âne ou une pierre[3].

Dans un autre texte, Blaise a pris soin de définir ce qu'il entend par *latitudo*. Le terme a une origine géométrique, d'après laquelle il définit une certaine quantité : la largeur, qui est une certaine distance. Mais l'usage qui en est fait ici est différent. La plupart du temps, il s'applique à une « forme graduelle », c'est-à-dire susceptible de degrés : « le terme "latitude d'une forme graduelle" signifie une forme graduelle en

1. *QPhys.*, 1ª red., II, qu. 5, fº 279ra : « hic est intelligendum quod materia actuata per formam substantialem duas habet perfectiones, quarum una est eius perfectio essentialis, quia esto quod omnis forma substantialis per ymaginationem esset annihilata, aliis rebus conservatis in esse, materia prima esset certe perfectionis essentialis; sed alia est perfectio ipsius materie que potest dici perfectio accidentalis eius, pro quanto accidit sibi quod hac materia sit informata ista forma vel illa. Et tunc, isto notato, tu potes concedere quod quantecumque perfectionis est forma substantialis, tante perfectionis est ipsa materia vel maioris, quia forma substantialis contribuit materie totam eius perfectionem, sed ista est accidentalis respectu materie ».

2. Un développement annexe, développant des raisonnement imaginaires, a permis de mettre à part le cas des intelligences supérieures : voir fº 91ra-rb.

3. *QPhys.*, 2ª red., I, qu. 8, fº 79va : « Homo magis differt ab asino quam ab homine, quia in latitudine perfectionali entium homo plus recedit a non gradu perfectionis quam asinus vel lapis ».

connotant la distance entre les degrés selon l'intension et la rémission »[1]. En ce sens, le terme est généralement appliqué à des formes accidentelles, telles que des qualités, mais on peut le généraliser en droit à tout ce qui est susceptible de variation ou de degrés. La *latitudo* connote la *distantia graduum* c'est-à-dire l'amplitude de variation de ces degrés, entre le plus intense et le plus faible. Le concept de latitude des formes a une histoire déjà ancienne à l'époque de Blaise de Parme, notamment dans la problématique de l'intension et de la rémission des formes. Il a servi à quantifier des qualités, même si très tôt s'est posée la question du rapport de la qualité à son sujet. Blaise de Parme rédigera lui-même plusieurs traités au sujet de la variation des formes accidentelles[2].

Mais avec la *latitudo perfectionalis* Blaise de Parme va en faire un usage élargi en utilisant le concept de de latitude pour comparer des perfections, aussi bien essentielles qu'accidentelles[3]. Ainsi dans la *Physique*, l'amplitude de perfection sert à comparer les étants naturels selon leurs perfections[4]. Et par « latitude perfectionnelle » d'une chose, il ne faut pas comprendre une qualité surajoutée à cette chose mais les choses elles-mêmes classées selon leurs perfections inégales[5]. La

1. *QAn.*, II, qu. 6, f° 151va (n.n.) : « Sed hic terminus "latitudo forme gradualis" significat formam gradualem connotando distantiam graduum penes intensionem et remissionem ». Sur l'histoire du concept de « latitude des formes », voir E. Sylla, « Medieval concepts of the latitude of forms. The Oxford calculators », *Archives doctrinales et littéraire du Moyen Âge* 40 (1973), p. 223-283 ; J.-L. Solère, « Plus ou moins : le vocabulaire de la latitude des formes » *in* J. Hamesse, C. Steel (éd.), *L'Élaboration du vocabulaire philosophique du Moyen Âge*, Turnhout, Brepols, 2000, p. 437-488.

2. *Questiones super tractatum de latitudinibus formarum* (édition en préparation par Daniel A. Di Liscia) ; *Questio de intensione et remissione formarum*, éd. Gr. Federici Vescovini dans « La *Quaestio de intensione et remissione formarum* di Biagio Pelacani da Parma », *Physis* XXXI (1994), p. 433-535 (texte p. 470-535) ; *Questions sur la physique*, 2ª red., V, qu. 10. Pour des analyses plus détaillées du concept de *latitudo* chez Blaise, voir Gr. Federici Vescovini, « Introduction » à son édition de la *Questio* mentionnée ci-dessus ; J. Biard, « La calcul des variations de qualité et la physique aristotélicienne selon Blaise de Parme », *in* D. A. di Liscia and Edith O. Sylla (ed.), *Quantifying Aristotle. The Impact, Spread and Decline of the Calculatores Tradition*, Leiden-Boston, Brill, 2022, p. 232-254.

3. *QPhys.*, 2ª red., II, qu. 3, V1, f° 89vb : « Prima propositio : cuiuslibet rei perfectio duplicem habet latitudinem, scilicet essentialem et accidentalem » ; cf. *QAn.*, I, qu. 4, f° 116vb (n.n.).

4. *QPhys.*, 2ª red., II, qu. 3 ; voir J. Biard, « Natures et degrés de perfection. L'échelle des étants chez Blaise de Parme », *in* L. Bianchi, O. Grassi, C. Panti (ed.), *Edizioni, traduzioni e tradizioni filosofiche (secoli XII-XVI). Studi per Pietro B. Rossi*, Roma, Aracne Editrice, 2018, p. 397-410.

5. *QPhys.*, 2ª red., II, qu. 3, f° 89va « per "latitudinem perfectionalem" non intelligo aliquam rem ad extra superaditam alicui rei vel pluribus, sed intelligo res naturales secundum earum perfectiones inequales, per quarum perfectionum inequalitatem comprenditur latitudo ».

première fonction du concept de « latitude perfectionnelle » (ce que j'appelle plutôt : amplitude de perfection) est donc de comparer les perfections, tant des espèces que des individus. Tous les étants naturels et en particulier les espèces vivantes sont ainsi hiérarchisés, selon une échelle qui se fonde sur le mélange des qualités, ce qui pour les vivants s'appelle la *complexio*[1]. Ce concept est central dans la tradition médicale depuis les traductions de Constantin l'Africain, et Blaise connaît bien les débats du milieu médical de son époque. La *complexio* sera pour Blaise de Parme, conformément au sens médical, un certain rapport ou proportion entre des qualités ; ce ne sera pas une forme surajoutée mais rien d'autre (conformément à l'ontologie du rapport) que les qualités elles-mêmes ainsi « proportionnées »[2]. La complexion naturelle ou radicale qui surgit des qualités premières caractérise telle espèce de vivant, tandis que la complexion accidentelle permet de définir un intervalle de variation pour la conservation ou la corruption de ce type d'individu, donc pour la santé ou la maladie[3].

Une substance est plus parfaite qu'une qualité, un corps mixte est plus parfait qu'un corps simple[4], les vivants eux-mêmes diffèrent selon différents degrés[5]. En ce sens, la *latitudo* n'est plus seulement l'échelle totale des degrés de perfection, mais elle permet de comparer tel ou tel

1. Voir J. Chandelier et A. Robert, « Nature humaine et complexion du corps chez les médecins italiens de la fin du Moyen Âge », *Revue de Synthèse* 134 (2013), p. 473-510.

2. Sur la réduction d'un tel rapport aux qualités elles-mêmes, voir *QGC*, II, qu. 7, f° 51rb : « Et non dico propterea quod ista complexio sit una qualitas superaddita primis qualitatibus elementaribus in mixto, sed est ipsemet qualitates remisse sic invicem proportionate. Aliqui tamen dicerent oppositum, ut quod ista complexio est una qualitas distincta etc. Sed non puto hoc esse dicendum ».

3. Voir *QGC*, II, qu. 7, f° 51rb : « Complexio naturalis […] consistit in proportione primarum qualitatum, calidum cum frigidum, humidum cum sicco, et consurgit ex actione harum qualitatum primarum ». Le passage dans le manuscrit est fautif : Blaise semble opposer « complexion naturelle » et « complexion radicale » ; or cette dernière notion n'apparaît qu'une autre fois dans la question, précisément comme synonyme de « complexion naturelle » : « non […] sequitur variatio complexionis naturalis seu radicalis » (f° 52rb). Une telle équivalence est traditionnelle, comme on le voit par exemple chez Oresme : « Quantum ad primum sit distinctio quod quedam est complexio radicalis et naturalis […] alia est accidentalis » (*QGC*, II, 13, p. 281) ; ou chez Albert de Saxe, *QGC*, II, qu. 9, f° 153rb. En vérité, comme le montre la suite de notre passage, pour Blaise de Parme aussi il s'agit d'opposer complexion naturelle et complexion accidentelle.

4. *QPhys.*, 2ª red., II, qu. 8, f° 100ra : « Est enim quodlibet mixtum omni elemento perfectius ».

5. Voir *QAn.*, II, qu. 6, f° 151b (n.n.) : « intelligo diversos gradus perfectionales vivendi, qui gradus possunt in eodem reperiri et in diversis. Et hi gradus signantur his terminis "vegetativum ", "sensitivum", "motivum localiter" et "intellectivum" ».

degré à d'autres, en les mesurant par rapport au « non-degré » dans une certaine catégorie[1].

La hiérarchie des espèces

Chaque espèce a donc un certain degré de perfection par lequel elle est plus ou moins éloignée du non-degré, c'est-à-dire d'une limite externe de cet intervalle. C'est pourquoi tel ou tel degré de perfection inclut toute l'amplitude (*latitudo*) qui le sépare du « non-degré »[2]. Ce n'est pas seulement vrai des formes ou des latitudes dites « graduelles » mais de toute forme ou perfection, depuis la simple qualité jusqu'aux espèces les plus complexes de vivants. Car on peut toujours assigner un rapport entre le degré de perfection d'un étant naturel et le degré de perfection d'un autre, le plus grand incluant le plus petit[3].

Cet ordonnancement par degrés des espèces ne saurait toutefois, pour Blaise, être pensé sur le fond d'un réalisme des universels, on l'on pourrait considérer les espèces en soi; l'espèce n'est qu'un terme désignant une pluralité d'individus. Ce sont par conséquent les individus qui sont ainsi regroupés sur l'échelle des perfections, si bien que tous les individus d'une même espèce excèdent en perfection tous les individus d'une autre espèce :

> une chose est dite excéder une autre essentiellement quand elle l'excède de telle sorte que tout individu de cette espèce l'excède de tant et seulement de tant. Ainsi, autant Socrate excède un âne en perfection essentielle, autant tout homme qu'il soit grand ou petit, ou savant etc., excède n'importe quel âne[4].

1. Le *non-degré* dans l'échelle des vivants n'est pas le non-degré dans l'échelle des étants. C'est pourquoi s'il m'arrive par commodité de désigner ce *non-degré* comme *degré 0*, il convient de prendre cette façon de s'exprimer avec prudence, comme une simple commodité. Non seulement Blaise ne connaît pas le 0, mais rien n'implique que ce non-degré ait toujours une valeur nulle, si l'on considère une forme graduelle qui rencontre une limite dans la diminution d'intensité, en-deça de laquelle elle ne serait plus cette forme.

2. Voir *QAn.*, II, qu. 6, f° 152ra-rb (n.n.) : « quilibet gradus proportionalis includit totam latitudinem que est ab eo usque ad non gradum ».

3. Voir *QAn.*, II, qu. 6, f° 152va (n.n.), à propos des êtres vivants : « omne vivens alio perfectius est secundum certam proportionem perfectius eodem ».

4. *QPhys.*, II, q. 3, f° 89va-vb : « una res dicitur aliam excedere essentialiter quando sic excedit quod omne individuum illius speciei per tantum excedit et precise per tantum. Unde per quantum Sor excedit asinum in perfectione essentiali, per tantum omnis homo, sive magnus sive parvus, sive sapiens etc., excedit quemlibet asinum precise per tantum »; la distinction est exprimée dans les mêmes termes en *QAn.*, I, qu. 4, f° 116va (n.n.)

Un homme, quel qu'il soit, diffère davantage d'un âne que d'un autre homme, puisque du point de vue de la perfection, l'espèce humaine est plus éloigné du degré zéro de perfection que ne l'est l'espèce asinine. De ce point de vue, la perfection essentielle d'une espèce, telle qu'elle caractérise chaque individu, paraît fixée, puisque si la perfection essentielle d'un individu pouvait varier, il ne serait plus de la même espèce. Quelle que soit la perfection essentielle de Socrate ou de Brunel, si (par une hypothèse d'école) on en ajoutait ou on en retranchait quelque degré, ce ne serait plus un homme ou un âne[1]. De surcroît, cette perfection paraît représentable comme une unité ponctuelle puisque la perfection essentielle de tous les individus d'une même espèce serait identique[2] : seules peuvent varier les perfections accidentelles (la taille, la sagesse, etc.). Même si, nous le verrons, il faudra nuancer ou compléter ce point de vue en ce qui concerne les hommes, on a ainsi une échelle des perfections sur laquelle les degrés sont répartis de manière *discontinue* puisque les individus d'espèces différentes n'ont jamais le même degré de perfection essentielle (donc les espèces non plus, qui ne sont rien en dehors des individus)[3]. C'est pourquoi en toute rigueur ces perfections essentielles se rapportent l'une à l'autre comme des nombres[4].

Des précisions à cet égard sont données dans les *Questions sur l'âme*, à propos des différentes sortes de vivants, lorsque l'on se demande si leur perfection essentielle se mesure selon leur approximation au degré supérieur (*accessus ad summum*)[5]. Les degrés du vivant sont le végétatif, le sensitif (auquel on ajoute la mobilité selon le lieu) et l'intellectif. Afin de comparer et d'évaluer ces degrés de perfection, Blaise de Parme imagine une ligne *ab* tirée à partir du centre du monde[6].

1. Voir *QPhys*., II, q. 3, f° 89vb; cf. *QAn*., I, qu. 4, f° 116vb (n.n.) : « cuiuscumque perfectionis essentialis sit Sor vel Brunellus, sic est quod si ei fiat addictio vel subtractio non amplius Sor erit homo, nec Brunellus asinus ».

2. *QAn*., I, qu. 4, f° 116vb (n.n.) : « quicquid ego dico in isto proposito de uno individuo speciei humane intelligo de omni individuo eiusdem speciei, et quicquid dico de uno asino intelligatur de omni asino esse verum, et sic de aliis individuis aliarum specierum ».

3. Voir *QAn*., I, qu. 4, f° 90ra : « licet nulla duo individua diversarum specierum possint in perfectione essentiali adequari [...] ».

4. *QAn*., I, qu. 4, f° 89vb : « in latitudine entium species se habent sicut numeri » – avec une référence au livre Δ de la *Métaphysique*; cf. *QAn*., I, qu. 4, f° 116vb (n.n.) : « species ponuntur sicut numeri, V° *Metaphysice* ».

5. *QAn*., II, qu 6. Le problème a été évoqué plus brièvement au cours de la question 4 sur le livre I.

6. *QAn*., II, qu 6, f° 151vb (n.n.) : « Tertio noto quod latitudo perfectionalis viventium potest sufficienter nobis presentari per lineam ymaginabiliter protracta a centro mundi tamquam a puncto *a* quantumlibet extensum, que linea gratia exempli sit *ab* ». En vérité on ne voit pas ce que change cette localisation, la ligne étant imaginée; sans doute le centre représente-t-il (imaginairement) le plus bas degré.

Alors ce qui vit par une âme végétative a une perfection qui correspond à une certaine partie de la ligne, ce qui vit selon une âme sensitive a une perfection qui correspond à une plus grande partie incluant la partie de la végétative, etc. Une telle représentation permet de visualiser le fait que si l'on peut avoir le végétatif sans le sensitif, on ne peut pas avoir le sensitif sans le végétatif. Il en va de même au degré supérieur, celui de l'intellectif, à condition de préciser qu'on ne prend en considération que les âmes liées à un corps puisque les intelligences célestes sont motrices mais non sensitives. Elle implique aussi, implicitement, que par « plus haut degré » on ne se réfère pas à ce qui est plus haut absolument mais à un certain terme sur une échelle finie.

Savoir comment l'on mesure cette amplitude de perfection (*latitudo perfectionalis*) et comment on évalue telle ou telle perfection est assez complexe. Pour résumer :

– l'amplitude de perfection d'une chose n'est pas à considérer selon l'éloignement du « non-degré » parce que toute latitude perfectionnelle a pour terme le non-degré, c'est-à-dire la limite extérieure de la série considérée[1] ;

– en revanche cette amplitude de perfection est à considérer selon sa proximité au plus haut degré dans une série donnée (par exemple dans le vivant le sensitif s'approche davantage du degré supérieur que le végétatif) ;

– le degré maximal (*summum gradum*) d'une certaine amplitude de perfection, par exemple pour le vivant, est un certain terme qui constitue naturellement pour la série considérée la limite négative (*terminus quod non*)[2] ; il ne doit pas être confondu avec un maximum absolu.

– la conséquence en est que plus une espèce est de perfection moindre, plus elle est éloignée du plus haut degré[3].

1. *QAn.*, II, qu. 6 : « Per "non gradum" in latitudine viventium intelligo unum terminum extra latitudinem datam, qui terminus est certa perfectio cum qua non potest naturaliter stare aliqua potentia anime ».

2. *QAn.*, II, qu. 6 : f° 152ra (n.n). « per "summum" intelligo unum terminum seu certam perfectionem ad quam naturaliter non potest aliquod vivens attingere. Quacumque tamen perfectione remissiori data, potest naturaliter aliquod vivens ad intensiorem attingere ».

3. *QPhys.*, 2ª red., II, qu. 3, f° 90ra-rb : « Prima [conclusio] : nullius rei producte vel producibilis est essentialis perfectio attendenda penes accessum ad summum simpliciter. [...] Secunda conclusio : cuiuslibet rei producte vel producibilis perfectio essentialis attendenda est penes recessum a non gradu ».

– néanmoins, sur cette échelle, la plus ou moins grande perfection essentielle d'une chose ou d'une espèce donnée doit être considérée selon le plus ou moins grand éloignement du non-degré[1].

Le plus important, c'est la comparaison et les rapports que l'on peut établir. L'homme dépasse en perfection la fourmi selon un certain rapport[2]. Certaines difficultés permettent de préciser davantage comment on peut concevoir cette disposition des espèces sur une ligne imaginaire. Il est probable (en tout cas « plus probable que le contraire ») qu'un homme et un âne ne peuvent pas être égaux en perfection essentielle, même si le contraire n'impliquerait aucune contradiction[3]. Par conséquent, si la perfection essentielle de l'âne augmentait jusqu'à la perfection essentielle de l'homme, il ne serait plus un âne, « non remaneret in specie asini ». L'hypothèse d'une augmentation jusqu'au *transitus* n'est qu'un cas imaginaire, un tel *transitus* étant constamment refusé et servant même parfois d'argument pour réfuter telle ou telle argumentation.

Les perfections essentielles : rupture ou continuté ?

Une difficulté connexe est de savoir si une espèce peut se terminer (exclusivement) à une autre, ce qui semblerait impliquer aussi une certaine amplitude interne, donc une variation possible à l'espèce. Cela semble une question difficile, et chacune des deux positions peut être défendue comme non contradictoire. La réflexion conduit à relativiser le modèle de la ligne.

Blaise expose une première position. Celle-ci pose, conformément au modèle que nous avons déjà trouvé dans la *Physique*, que les espèces se rapportent l'une à l'autre comme des nombres. En ce qui concerne la question posée, on répond alors que deux nombres d'espèce différente ne peuvent pas être égaux, donc deux perfections essentielles non plus. Mais les tenants de cette position ajoutent une autre représentation à celle des nombres : les degrés de perfection sont comme des points, distincts

1. *QAn.*, I, qu. 4, f° 117ra (n.n.) : « aliqua maior vel minor perfectio essentialis attenditur penes maiorem vel minorem recessum a non gradu ».

2. *QAn.*, II, qu 6, f° 152va (n.n.) : « omne vivens alio perfectius est secundum certam proportionem perfectius eodem. Patet statim quia quocumque vivente hic inferius dato, illud per eius perfectionem essentialem capit totam lineam perfectionalem *ab* vel abscindit aliquam partem de ea. Sed cum tota linea sit finita, cuius ad quamlibet sui partem est certa proportio geometrica, sequitur propositum. Et sequitur secundum corolarium quod homo <non> est quantumlibet perfectior formica, sed in duplo vel in quadruplo et non ultra ».

3. Voir *QAn.*, II qu. 6, 3ª difficultas, prop. 1 et 2, f° 153ra (n.n.).

et séparés sur une ligne. Cette seconde représentation possible se trouvait également dans la *Physique*, où elle semblait renvoyer à des indivisibles (le point, l'instant)[1]. Elle introduit néanmoins un nouvel aspect, que ne permettait pas le modèle des nombres – du moins si l'on s'en tient aux nombres entiers. Car si deux points ne peuvent être conjoints, entre deux points il peut toujours y en avoir un autre :

> deux perfections essentielles dans l'amplitude perfectionnelle des étants sont toutes imaginées comme des points, et entre deux points quelconques tombe une ligne sur laquelle des points en nombre infini sont signifiables[2].

Par conséquent, entre deux espèces on peut toujours en *imaginer* une autre. Dans les *Questions sur l'âme*, Blaise préférait le formuler sous forme d'une hypothèse divine : une espèce intermédiaire pourrait être produite par Dieu[3]. Cette thèse implique donc que l'ensemble des genres et des espèces ne soit pas fixé de toute éternité, contrairement à la doctrine aristotélicienne de l'éternité du monde. On peut imaginer un individu d'une espèce intermédiaire, inconnue de nous. Elle a aussi une conséquence curieuse : les individus ne diffèrent pas seulement selon l'espèce dernière, puisque si l'on imaginait une espèce intermédiaire il faudrait que subsiste une différence plus grande entre les deux premières qu'entre l'une d'elle et l'espèce intermédiaire[4].

Mais dans les *Questions sur l'âme*, du moins dans le livre II où il approfondit davantage le problème, Blaise semble opter pour une autre thèse : « Sed oppositum potest probabiliter teneri ». Blaise ne dit pas *probabilior*, simplement *probabiliter* ; cependant, l'ordre et la manière de développer les arguments peuvent laisser croire à une préférence pour

1. *QAn.*, II, qu. 6, f° 153rb (n.n.) : « Dicunt consequenter quod gradus in latitudine perfectionali se habent sicut punctus in linea, et nunc in tempore » ; cf. *QPhys.*, II, qu. 3, f° 89vb : « Primum [corolarium] : cuiuslibet entis producti et producibilis est perfectio essentialis respectu latitudine perfectionali entium assignanda ut punctus et non ut linea ».

2. *QPhys.*, II, qu. 3, f° 89vb-90ra : « omnes due perfectiones essentiales in latitudine entium perfectionali ymaginantur sicut puncta, et inter quecumque duo puncta cadit linea in qua infinita puncta sunt significabilia » ; cf. *QAn.*, II, qu. 6 : « Et sicut inter quecumque duo puncta cadit linea et inter quecumque duo instantia cadit tempus, ita inter quascumque duas species est alia species producta vel producibilis ».

3. Voir *QAn.*, I, qu 4, f° 117ra (n.n.) : « non est [...] dubium quin inter quascumque duas species Deus non possit producere alia individua diversarum specierum ad speciebus datis ».

4. *QPhys.*, II, qu. 3, f° 90ra : « : nulla duo individua tantum specie specialissima videntur differe. Patet quia non minus differunt Sor et Brunellus quam si inter speciem humanam et speciem asininam esset aliqua species producta. Sed si esset alia species producta, tunc esset evidens quod homo et asinus plus differrent quam homo et hoc individuum de specie producta mediante speciem humanam et asininam » ; *QAn.*, I, qu. 4, f° 117ra (n.n.).

cette position. Dans ce modèle, une espèce ne peut pas être produite entre deux espèces puisque l'une se termine exclusivement là où commence l'autre. Le modèle n'est plus celui d'une ligne, mais celui du rapport entre des angles d'espèce différente, à savoir l'angle de contingence et l'angle rectiligne. D'une part l'angle de contingence peut être augmenté sans pour autant jamais devenir un angle rectiligne ; d'autre part, il peut être augmenté jusqu'à une certaine limite mais non au delà sans cesser d'être un angle de contingence :

> Mais l'opposé peut être soutenu avec probabilité, en disant que [...] un angle de contingence peut être augmenté autant qu'on veut en dessous du double et jusqu'au double exclusivement, et qu'il ne peut être augmenté jusqu'au quadruple inclusivement [...][1].
>
> qu'une perfection essentielle puisse être augmentée ou diminuée sans que se produise une transition d'une espèce en une autre, cela ne semble pas inclure avec évidence une contradiction. Et qu'il en soit ainsi, on pourrait l'imaginer, puisque, comme il est démontré dans le livre III des *Éléments* d'Euclide, un angle de contingence est indivisible, et avec cela il est concédé qu'il peut être augmenté et diminué sans que se produise une transition d'une espèce en une autre[2].

En effet, un angle de contingence peut augmenter ou diminuer sans pour autant devenir un angle rectiligne ; de la même manière une perfection peut varier jusqu'à un certain terme sans que se produise une transition d'espèce.

Le refus central est maintenu : il n'y a pas de transition entre espèces, et pas même d'adéquation possible entre la perfection d'un individu d'une espèce et la perfection d'un individu d'une autre espèce. Mais il semble que dans une certaine mesure, ou dans certains cas, on puisse admettre une variation de perfection essentielle entre individus d'une même espèce vivante – ce qui impliquerait que la perfection de l'espèce soit elle-même une perfection graduelle. De ce point de vue, il n'y aurait pas simplement un état de perfection (qui serait l'actualité de la forme, quelle qu'elle soit),

1. *QAn.*, II, qu. 6, f° 153rb (n.n.) : Sed oppositum potest probabiliter teneri, dicendo quod sicut angulus contingentie potest augeri infra duplum quantumlibet et usque ad duplum exclusive, et non potest augeri usque ad quadruplum inclusive [...] ».

2. *QPhys.*, II, qu. 3, f° 91va : « quod una perfectio essentialis possit augeri vel minui absque hoc quod fiat transitus de una specie in aliam, non videtur patenter contradictionem includere. Et quod sic esse possit ymaginari declaro quia, ut demonstratum est III° *Elementorum* Euclidis, angulus contingentie est indivisibilis, et cum hoc conceditur ipsum posse augmentari et diminui absque hoc quod fiat transitus de una specie in aliam ».

il y aurait des *degrés* de perfection, y compris entre individus d'une même espèce. Tel semble être le cas de deux âmes humaines.

Deux âmes humaines sont assurément de même espèce. Blaise de Parme soulève la question[1], et il répond en deux temps : d'une part, les âmes conjointes aux corps doivent être de même espèce car sans cela un homme différerait spécifiquement d'un autre ; d'autre part les âmes séparées sont aussi de même espèce, quoique leur individuation ne vienne pas de la matière (autrement dit, le principe selon lequel les différences numériques viennent de la matière ne vaut que pour les formes matérielles). Cependant l'âme de Jean peut être d'une plus grande perfection essentielle que celle de Pierre. Plus généralement, la perfection essentielle peut varier, à condition que cette variation soit d'une amplitude limitée, et qu'elle exclue le passage d'une espèce à une autre. La variation de perfection essentielle des espèces animales autres que l'espèce humaine ne sont évoquées qu'à titre d'hypothèse, probablement imaginaire, et toujours pour refuser une augmentation ou une diminution au delà d'une certaine proportion. La perfection essentielle d'un lion ne peut pas être diminuée jusqu'à devenir égale à celle d'une fourmi[2]. L'essentiel reste bien la discontinuité entre les espèces, situées sur une échelle de perfection, et la variation graduelle d'une perfection essentielle n'a vraiment de sens que pour l'âme humaine. Le cas de l'homme dans le monde soulève ainsi des problèmes spécifiques.

1. *QPhys.*, 2ª red., II, qu. 3, f° 91va : « an anime humane specie differant ».

2. Voir *QPhys.*, 2ª red., II, qu. 3, f° 90rb : « Et per hoc volo dicere quod si perfectio essentialis huius formice, subquadrupla ad perfectionem essentialem leonis, quadrupletur, formica et leo non erunt equalis perfectionis eo quod non amplius hoc erit formica sed transiverit in aliam speciem quia erit leo » ; cf. *QAn.*, II, qu. 6, f° 152va (n.n.) : « Omne vivens, alio perfectius, est secundum certam proportionem perfectius eodem [...]. Et sequitur [...] quod homo non est quantumlibet perfectior formica, sed in duplo vel in quadruplo et non ultra ».

TROISIÈME PARTIE

UN ET DOUBLE, VOICI L'HOMME

Le problème du statut de la matière prend une forme particulière dans le cas de l'homme ; la question devient alors celle du rapport entre corps et âme. L'aristotélisme faisait de l'âme le principe de toute forme de vie, tout en réservant la fonction ou la partie intellective à l'homme. L'aristotélisme médiéval posait donc la question de l'homme sur le fond d'un hylémorphisme général, qui se trouvait confronté à la fois au platonisme et aux conceptions chrétiennes originelles. Sans revenir sur les débats complexes que cela suscita au XIIIe siècle, rappelons que le Concile de Vienne en 1311-1312, suivi des *Constitutions clémentines* promulguées en 1317, énonce comme doctrine de l'Église que l'âme rationnelle informe « vraiment, par soi et essentiellement » le corps humain[1].

Blaise de Parme évoque de façon récurrente le statut de l'homme en le considérant souvent comme un cas particulier parmi les autres vivants, voire parmi les étants en général. C'est pourquoi il apparaît parfois à titre d'exemple dans les *Questions sur la Physique* ou les *Questions sur la génération et la corruption*. Il occupe évidemment la place centrale, quoique non exclusive, dans les *Questions sur les livres de l'âme*.

1. Voir *Corpus Iuris canonici*, éd. Æmilius Ludovicus Richter et Æmilius Friedberg, vol. II, Lipsiae, 1879 (réimp. Graz, 1955), col. 1133-1134 ; *Constitutio « Fidei catolicae »*, éd. H. Denziger et A. Schönmetzer dans *Enchiridion symbolorum definitionum et declarationum de rebus fidei et morum*, Freiburg-Bâle-Rome-Vienne, 1997 (1re éd. 1854), § 902 ; *Les Conciles œcuméniques*, 2. Les décrets, t. II-1, De Nicée à Latran V, sous la direction de G. Alberigo, Paris, Éditions du Cerf, 1994, p. 746-749.

CHAPITRE VII

LES DIFFICULTÉS DE L'UNION SUBSTANTIELLE

C'est surtout dans les questions sur le livre II *De l'âme* que le problème de l'union entre l'âme et le corps humain est traité. Blaise de Parme y investit un certain nombre de thèses qui sont établies dans les autres ouvrages de philosophie naturelle. Il nous faudra évaluer dans quelle mesure le maître italien adopte un schéma explicatif identique pour l'ensemble des choses naturelles, des corps élémentaires au vivant le plus complexe, quelles sortes de ruptures ou de spécificités il admet, et comment il les explique.

Composition ou simplicité ?

Dès le début du livre II se pose la question de la composition de l'être vivant. L'interrogation concerne d'abord tout type de vivant, donc toute sorte d'âme : « Est-ce que tout vivant est composé à partir de deux substances (*ex duplici substantia*), comme à partir d'une âme et d'un corps[1] ? » L'originalité de cette question est de commencer par exposer, dans le premier article, quatre opinions qui peuvent toutes être soutenues (*a contradictione defensibiles*). À ce stade, Blaise de Parme ne semble pas choisir, ni même les hiérarchiser selon des degrés de probabilité. Par la suite il semblera opter pour une solution puisqu'il proposera une détermination de la question. Cependant, cette détermination est extrêmement brève, et l'article 3, en exposant des difficultés ou problèmes annexes, redonne à nouveau un certain poids aux opinions alternatives. Une question suivante paraîtra trancher plus nettement, mais cet exposé initial mérite qu'on s'y attarde un peu.

1. *QAn.*, II, qu. 1, f° 131va (n.n.).

Blaise de Parme y énumère donc quatre opinions[1].

La première considère l'âme comme une qualité et non comme une substance. La justification que l'on peut en donner est sommaire : faire de l'âme une substance impliquerait que deux substances soient dans le même lieu, ce qui ne doit pas être soutenu (*non est fatendum*).

La deuxième opinion n'est pas très éloignée de la précédente ni de ses motivations. Selon elle, l'âme n'est ni une substance, ni une qualité, mais un ensemble de qualités, *qualitates*. Nous avons donc une *complexio*, ou plus simplement, selon le terme le plus souvent utilisé, un certain rapport entre qualités : *proportio qualitatum*. On peut préciser : un rapport entre qualités actives et qualités passives. L'horizon est ici celui de la vie telle que la caractérisent les médecins, à savoir notamment un rapport entre l'humide et le chaud[2] – entre l'humide radical et la chaleur vitale.

Ces deux premières opinions feront brièvement l'objet d'une évaluation au cours de la « deuxième difficulté ». Blaise de Parme y soutient seulement qu'elles ne sont pas contradictoires. Il écarte l'objection selon laquelle cela ferait de l'âme un accident, c'est-à-dire quelque chose qui peut survenir ou disparaître sans que le sujet soit modifié, en estimant que ce principe logique ne vaut que pour les accidents séparables et non pour certains accidents inséparables ; la forme substantielle, si elle était réductible à une qualité ou à un rapport de qualités, serait donc un tel accident inséparable. Dans cette première question, toutefois, la validation de cette thèse se fait *a minima*.

La troisième opinion fait au contraire de l'âme une substance et non pas une qualité accidentelle. La justification (en miroir de la discussion précédente) est qu'un accident pourrait survenir et disparaître alors que son sujet subsiste. La conséquence, présentée cette fois comme inacceptable, serait que l'âme d'un âne ou celle d'un homme pourraient être corrompues sans que l'âne ou l'homme le soient. Mais les tenants de cette thèse sont eux-mêmes divers.

Une première variante fait de l'âme une substance non étendue. Cette théorie est exposée plus en détail que les précédentes. Elle permet d'éviter l'objection de la pénétration des corps, inévitable sauf si l'on suppose que l'âme meut le corps à la manière dont l'intelligence meut l'orbe céleste, sans distance physique (*indistanter*) mais en admettant une distinction topique (*situaliter*). Mais l'âme doit être présente en toute

1. Pour tout ce qui suit, voir *QAn.*, II, 1, f° 132rb (n.n.).

2. *QAn.*, II, 1, f° 132rb (n.n.) : « Et per hoc dicit Philosophus et alii sapientes quod vita consistit per calidum et humidum ».

partie de l'animé, puisque toute partie d'un corps animé est animée. La conséquence indésirable est qu'une infinité d'âmes serait présente en un suppôt[1]. Plus avant, à l'occasion de la troisième difficulté, il sera simplement indiqué que cette thèse selon laquelle l'âme est une substance non étendue et indivisible (première variante de la troisième opinion) « peut être soutenue »[2]. La discussion invalide surtout l'idée d'une division en parties de l'âme, en reprenant les contradictions classiques qu'on trouve dans tous les commentaires sur le traité *De l'âme* et qui résulteraient de la répartition extensive de l'âme dans les parties du corps.

Une seconde variante de cette troisième opinion considère en revanche l'âme comme une substance étendue selon toutes les dimensions du corps animé. Il faut alors supposer un mode d'union qui ne soit pas celui d'un simple agrégat, mais tel que le composé fasse un par soi. À ce stade de son analyse, Blaise est assez succinct, il évoque simplement l'exemple aristotélicien de la figure et de la cire ; nous verrons plus loin que la thèse de l'indivisibilité de l'âme rend difficilement pensable l'union des deux substances.

Enfin une quatrième opinion pose que dans le vivant il n'y a que la matière. Une chose ne serait rien d'autre que « toute sa matière » ; il n'y aurait pas même de substance et de qualité. On voit donc revenir l'option matérialiste, sous la forme d'un monisme radical, cette fois à propos des vivants et même de l'homme. Peu de justifications sont données, si ce n'est, selon le principe d'économie, que tout pourrait être expliqué sans poser un accident ni une forme substantielle. À ce stade du raisonnement, cette thèse n'est pas examinée davantage. Voyons comment, après avoir exposé ces quatre opinions possibles, Blaise détermine la question.

La détermination est exposée dans le deuxième article et elle est précédée de deux précisions : premièrement, il faut distinguer parties quantitatives et parties qualitatives, ces dernières étant la matière et la forme qui peuvent donc aussi être dites parties essentielles ; deuxièmement, aucune disposition n'est incompatible avec la matière première. Suivent quatre thèses, deux qui concernent les éléments, deux qui concernent les vivants. Tout élément est une substance composée de parties quantitatives, c'est-à-dire à des parties extérieures les unes aux autres. Mais tout élément est aussi composé de parties essentielles, à savoir d'une matière et d'une

1. Le latin dit « infinite sunt anime » ; on dirait plutôt en français qu'à l'infini il y a « de l'âme », bien qu'il ne soit pas ici question de divisibilité ; quoi qu'il en soit, l'indice en est que si l'on sépare une partie de certains vivants, elle continue à bouger.

2. *QAn.*, II, qu. 1, f° 133va (n.n.).

forme substantielle. Blaise valide donc ici à nouveau la dualité de le forme et de la matière. La justification est celle que nous avons déjà rencontrée : l'expérience de l'eau bouillante qui refroidit d'elle-même. Deux thèses analogues sont ensuite posées à propos des êtres vivants. D'une part, tout vivant est une substance composée de parties quantitatives. D'autre part, tout vivant est aussi composé de deux substances (*ex duplici substantia*) à savoir d'une âme et d'un corps (*ex anima et corpore*). La justification est la même que pour l'eau : si un homme est excessivement chaud à la suite d'une exposition au soleil ou au feu, il reviendra à la température qui convient. Dans ce cas comme précédemment, la chaleur n'est pas incompatible avec la matière, donc c'est en raison de sa forme que la chose se refroidit. On notera la similitude entre ce qui est dit des corps simples et ce qui est dit des vivants. On notera aussi que dans le second cas, Blaise introduit l'idée de substance : « elle lui était incompatible [...] en raison d'une autre substance, d'une autre nature que la substance matérielle. Or cette substance est l'âme elle-même »[1]. Il pencherait donc pour la troisième solution énoncée précédemment, sans se prononcer encore sur le caractère étendu ou non de cette substance. Or cela peut paraître surprenant car les textes de la *Physique* semblaient refuser la subsistance par soi de la matière et de la forme.

Les précisions et les nuances requises sont apportées dans la discussion de la première « difficulté ». Celle-ci soulève la question du statut épistémique de la position moniste évoquée plus haut : « Est-ce qu'on peut défendre et exempter de contradiction qu'aucun vivant ne soit composé de deux substances, à savoir d'une âme et d'un corps ? »[2]. Or il s'avère que cette position peut bien être soutenue : « qu'aucun élément ne soit composé de deux natures, comme d'une matière et d'une forme, peut être défendu et exempté de contradiction »[3]. Une fois de plus, une thèse qui concerne l'âme et le corps, donc tout vivant voire implicitement l'homme, est justifiée par des thèses ou des expériences qui concernent les corps élémentaires. Le retour à telle ou telle qualité, comme la froideur pour l'eau, sans intervention d'un agent extérieur n'est pas nécessairement explicable par la forme substantielle ; il peut l'être par l'incompatibilité

1. *QAn.*, II, qu. 1, f° 132vb (n. n.) : « repugnabat huic, et non ratione materie ipsius hominis [...] ergo ratione alterius substantie alterius rationis a substantia materiali. Hec autem substantia est anima ipsius ».

2. *QAn.*, II, qu. 1, f° 132vb (n.n.) : « Utrum possit a contradictione defendi quod nullum vivens sit compositum ex duplici substantia, ut ex anima et corpore ? »

3. *QAn.*, II, qu. 1, f° 132vb (n.n.) : « quod nullum elementum sit compositum ex duplici natura, ut ex materia et forma, potest a contradictione defendi ».

entre la qualité opposée (la chaleur) et l'eau elle-même, qui ne serait pas composée de deux substances mais serait seulement « tota sua materia » – toute sa matière, mais aussi totalement sa matière. Une objection qui surgit immédiatement est qu'aucune qualité n'est incompatible avec la matière. Mais il faut alors préciser que la matière se donne toujours comme telle ou telle matière :

> Et l'on dit qu'avec une matière une chaleur préexistente n'est pas incompatible. Je concède cette proposition puisque c'est une indéfinie. En effet la chaleur n'est pas incompatible avec la matière qui est le feu, lequel feu est toute sa matière, et de même l'eau[1].

Car la matière en général n'existe pas. Cette thèse d'apparence aristotélicienne[2] est prise à la lettre et radicalisée ; et elle est décisive pour comprendre la nature d'un tel « matérialisme ». On a toujours affaire à la matière de tel ou tel corps, serait-ce d'un corps élémentaire. Or celui-ci est toujours déterminé par telle ou telle qualité. C'est ce qu'explicite la deuxième conclusion : « la matière du feu, la matière de la terre ou de l'eau, sont de diverses raisons ». Si toute matière est identique du point de vue de la passivité (*ratione passivitatis*), elle est néanmoins toujours diverse.

Cette doctrine a un certain nombre d'autres conséquences : en premier lieu, lorsque un corps est détruit et qu'un autre est engendré, c'est tout le corps qui est détruit et un autre corps dans sa totalité qui est engendré, puisque chacun est identique à sa matière. Il n'y aurait donc à proprement parler rien qui subsisterait et qui serait le sujet de formes substantielles successives[3]. Une telle doctrine est défendue en détail contre des objections qui pourraient être faites à partir d'Aristote, et Blaise donne chaque fois une réinterprétation possible des propositions aristotéliciennes qui soit compatible avec cette théorie. Par exemple, Aristote ne veut pas dire que la matière (comme telle et en général) est éternelle, mais simplement que toujours il y a eu et il y aura de la matière (« semper materia fuit,

1. *QAn.*, II, qu. 1, f° 132vb (n.n.) : « Et tu dicis quod materie non repugnat caliditas preexistens. Concedo istam quia est una indefinita. Non enim caliditas repugnat materie que est ignis, qui ignis est tota sua materia, sicut aqua ». Toute traduction en français perd l'ambiguïté de *caliditas* et *materia*, « la chaleur » ou « une (certaine) chaleur », « la matière » ou « une matière (donnée) ».

2. Un peu plus loin, Blaise de Parme oppose à cela l'autorité d'un passage d'Aristote, dans la *Physique*, selon lequel la matière serait en tout de même nature, mais il l'écarte et réinterprète cette thèse comme signifiant seulement la nature passive, en toutes choses, de la matière.

3. *QAn.*, II, qu. 1, f° 133ra (n.n.) : « nulla materia est successive sub alia et alia forma substantiali ».

semper materia erit ») ; de même, qu'elle soit en puissance de toute forme signifie simplement que toujours une certaine matière sera un homme, une certaine matière sera du feu, etc.[1]

La dernière conclusion de cette difficulté transfère au vivant la thèse qui vient d'être exposée pour les corps élémentaires : « que tout vivant soit sa matière et pas autre chose que sa matière, cela peut être exempté de toute contradiction »[2]. En niant la détermination précédente, on est donc conduit à une théorie que l'on peut défendre comme non contradictoire, et qui est une forme radicale de matérialisme.

Par contre, l'opinion opposée, qui admet la composition substantielle est crue et non pas sue. Et si elle n'est pas sue, c'est parce qu'elle ne relève d'aucun des modes d'acquisition ou de validation des connaissances susceptible d'engendrer un savoir :

> Qu'un vivant soit composé d'une âme et d'un corps est seulement cru et non pas su, donc etc. On prouve que ce n'est pas su, puisque ceci n'est ni connu par soi, ni déduit de propositions connues par soi, et que l'on n'en a pas non plus de connaissance expérimentale[3].

Le terme *creditum* est fondamental. Il anticipe sur les débats qui seront rapportés dans le livre III au sujet de l'âme humaine et de sa séparabilité, à tel point qu'on peut se demander s'il n'est pas introduit ici précisément en vue de réserver le cas particulier de l'homme. De fait, une discussion s'ensuit qui commence par évoquer le mouvement volontaire de l'homme. On peut penser qu'il y a en l'homme quelque chose qui lui permet de se mouvoir de lui-même, en raison d'un moteur intrinsèque, et ce serait l'âme. Cette âme permettrait en outre d'expliquer l'accroissement du corps grâce à la nutrition, la différence spécifique entre les espèces animales, et la corruption puisque à la mort le corps reste un temps sous la même disposition matérielle. Il y a là, quoique peu développés, toute une série d'arguments classiques. À chacun de ces arguments, cependant, une réponse plausible peut être opposée. Ainsi, le mouvement libre peut s'expliquer par l'action conjointe de quelque chose d'extérieur, ce qui est désirable, et quelque chose d'intérieur, une partie matérielle en mouvant

1. *QAn.*, II, qu. 1, f° 133ra (n.n.) : « semper aliqua materia erit homo, semper aliqua erit ignis, et sic de aliis ».

2. *QAn.*, II, qu. 1, f° 133ra (n.n.) : « quod omne vivens sit sua materia et non aliud quam sua materia, potest ab omni contradictione defendi ».

3. *QAn.*, II, qu. 1, f° 133ra-rb (n.n.) : « quod vivens sit compositum ex anima et corpore est tantummodo creditum et non scitum, ergo, etc. Probatur quod hoc non sit scitum quia nec hoc est per se notum nec deductum ex per se notis, nec de hoc habetur notitia aliqua experimentali ».

une autre[1]. La croissance du corps peut s'expliquer par un principe matériel avec la médiation de la chaleur naturelle. Enfin l'homme pourrait différer de l'âne non par une forme substantielle mais de lui-même, du fait qu'il convient davantage avec un autre homme qu'avec un âne. Qu'est-ce qui permet d'affirmer une telle « convenance », selon un terme qui renvoie à toute une tradition nominaliste de refus de la nature commune, du XIIe au XIVe siècle ? Des ressemblances matérielles (« conveniunt in figuris ») et des similarités dans les opérations (« et operationibus que sunt intelligere et scire »). Dans cette optique, rien ne subsiste, ni de l'âne ni de l'homme, après la corruption, mais « toute la substance est corrompue ». Blaise de Parme est parfaitement conscient des implications de cette doctrine pour la religion, et il note qu'elle pourrait conduire à l'hérésie[2]. Il évoque en effet les conséquences que cela aurait à propos des reliques de saint Antoine (les leçons ont été lues à Padoue) : il n'existe de reliques que pour le vulgaire et les esprits simples, les reliques ne servant en réalité qu'à se remémorer les actions des saints :

> rien n'est le corps de saint Antoine ni d'un autre saint, et l'on a ainsi aucunes reliques des saints si ce n'est selon les vulgaires et les simples [...] On peut le concéder comme vrai, et ceci ne sera pas adoré par les savants comme si c'était le corps de saint Antoine, mais c'est l'occasion pour que l'intellect, en soi ou à partir de soi, en vienne au souvenir de saint Antoine et à sa mémoire[3].

Cette longue discussion, alternant les points de vue, vient donc préciser le statut de la détermination. Incontestablement, Blaise détermine la question en faveur de la composition substantielle, mais de telle manière que les thèses proposées soient simplement crues et non pas sues scientifiquement. L'opposé, formulé de manière radicale, peut être soutenu par une argumentation rationnelle qui n'aboutit à aucune contradiction.

1. *QAn.*, II, qu. 1, f° 133rb (n.n.) : « Ad primam, cum dicitur "homo libere movetur de uno loco ad alium", transeat. Et tu dicis "vel igitur a motore extrinseco vel intrinseco". Dico quod a motore extrinseco tamquam ab appetibili, ut dicetur in hoc III°. Et negatur argumentum "igitur iste motus est violentus", eo quod passum habet inclinationem ad istum motum, et ideo fit iste motus passo conferente vim. Dico etiam a motore intrinseco, non tamen ab anima distincta contra materiam sed a motore intrinseco quia una pars materialis movet aliam ».

2. *QAn.*, II, qu. 1, f° 133va (n.n.) : « posset quis deduci ad heresim ».

3. *QAn.*, II, qu. 1, f° 133va (n.n.) (ms. N : 41v) : « nullum est corpus sancti Antoni nec alterius sancti et sic nulle erunt relique sanctorum nisi secundum vulgares et simplices. [...] hoc potest concedi tamquam verum, nec adoratur hoc a scientibus ut sit corpus sancti Antonii. Sed est occasio quod intellectus in se vel ex se devenit in recordationem sancti Antonii et memoriam ».

Cette théorie opposée rappelle à bien des égard la « fantaisie » développée dans le *De generatione et corruptione*; elle tend à privilégier la matière, sans en faire un principe permanent (elle n'est pas une entité éternellement identique à soi).

Dans les questions qui suivent, la position privilégiée dans la détermination sera validée et utilisée au cours de nombreux raisonnements ultérieurs. Ainsi, dans la question suivante, portant sur la justesse de la définition aristotélicienne de l'âme, une des propositions liminaires à la détermination est la suivante : « tout vivant est composé de deux natures, à savoir d'une âme et d'un corps qui est sa matière et rien d'autre »[1]. On remarque qu'il est question de deux natures[2], et non plus de deux substances; la formulation n'implique alors aucunement la subsistance par soi de ces natures. Pourtant, là encore, Baise de Parme ne manque pas de rappeler que la différence entre l'âme et le corps n'est pas une conclusion forte, *non est efficaciter deductum*[3], et que la thèse selon laquelle le vivant serait *tota sua materia* n'engendre pas de contradiction[4]. De même, que l'âme soit un « acte substantiel » n'est pas *évident*, puisque l'on peut tout expliquer en considérant l'âme comme une qualité ou un certain rapport entre qualités – plus exactement une « latitude proportionnelle de qualités », c'est-à-dire en certaine amplitude de variation du rapport entre qualités. Une autre formulation, qui suit, serait que ce rapport, sans définir lui-même la forme substantielle, peut « produire la forme substantielle » – le contraire ne pouvant lui non plus être déduit avec force et efficacité.

Ce subtil déséquilibre entre les deux approches possibles sera même parfois inversé. Ainsi, dans l'importante question 2 sur le livre III (« Est-ce que l'on peut se persuader que l'intellect humain est démuni de toute qualité ? »), Blaise juxtaposera encore ces deux conceptions possibles du composé humain. Une première approche est présentée comme un rappel de ce qui a été rapporté (*recitavi*) dans la question 1 sur le livre II et la question 6 sur le « proème ». On y rappelle que la distinction substantielle ne peut pas être prouvée avec évidence, parce que la thèse selon laquelle l'homme est « toute sa matière avec certaines dispositions qualitatives au moyen desquelles il est capable de diverses opérations » ne rencontre pas de raison forte contre elle[5]. On ne peut pas savoir avec évidence,

1. *QAn.*, II, qu. 2, f° 135ra (n.n.) : « omne vivens est compositum ex duplici natura ut ex anima et corpore, quod est materia et non aliud ».

2. *Ex duplici natura*; le sens est généralement « deux natures », mais on pourrait même suggérer « une nature double ».

3. *QAn.*, II, qu. 2, f° 135vb (n.n.).

4. *QAn.*, II, qu. 2, f° 135vb (n.n.) – avec un renvoi à la question précédente.

5. Voir *QAn.*, III, qu. 2, f° 202rb (n.n.).

indépendamment de la foi, que l'âme humaine n'est pas étendue, corruptible et divisible, comme l'est celle de l'âne ou de la fourmi. L'article suivant, il est vrai, reprend la thèse de la composition duelle, mais il apparaît presque comme une concession à la position dominante : « J'en viens au deuxième article dans lequel je veux me conformer à d'autres maîtres, puisque dans les conclusions du premier article, j'aurai suffisamment indiqué aux étudiants la manière de soutenir l'opposé de la détermination qui suit »[1].

Quelle union ?

On ne s'étonnera pas de retrouver les mêmes thèses dans la question 3 sur le livre II, qui vise à tirer les conséquences de la dualité substantielle pour l'idée même de « composition », ou de « composition à partir de… ».

Une partie de l'argumentation initiale, comme les précisions liminaires contenues dans le premier article, consistent en mises au point terminologiques et conceptuelles sur les termes *unum*, *ex* et *fit*. Le traitement de la question se fait cette fois sur la base de présuppositions acceptées comme telles : premièrement, « tout être animé est (quelque chose de) composé à partir de deux substances (*ex duplici substantia*) de nature (*ratio*) différente »[2]. Le second présupposé souligne cette diversité de nature entre matière et forme, l'une ne pouvant pas se transformer en l'autre. Une seule justification est donnée : elle fait appel à l'opposition entre ce qui est corruptible et ce qui est incorruptible. Autrement dit, l'incorruptibilité de l'âme est également, quoique implicitement, admise à titre de présupposé. Il faut souligner que dans cette question aucune autre approche ou doctrine possible n'est évoquée. Blaise de Parme reprend donc simplement ce qui dans la question précédente était la troisième opinion et la brève détermination, il en durcit même les termes, et il va en explorer les conséquences.

Sur cette base, la plupart des conclusions énoncent l'impossibilité d'une unité forte entre deux substances de nature ainsi différente. Rien de ce qui est composé (de la manière dont cela a été présenté dans le premier présupposé) n'est « quelque chose ». Si donc à partir (*ex*) d'un corps et d'une âme peut être fait (*fieri*) quelque chose, à savoir un corps animé, au sens ou *ex* désigne la cause matérielle, ce n'est pas quelque chose d'un

1. *QAn.*, III, qu. 2, f° 202vb (n.n.) : « Ad secundum articulum condescendo, in quo volo me aliis magistris conformare, cum per conclusa in primo articulo satis dederim modum studentibus tenere oppositum determinationis sequentis ».

2. *QAn.*, II, qu. 3, f°138vb (n.n.) : « omne animatum est compositum ex duplici substantia diversarum rationum ».

qui est produit, donc pas une substance. En particulier, aucun animal n'est alors une substance[1]. Blaise de Parme assume les conséquences de ces thèses, en mentionnant plusieurs propositions logiquement paradoxales qui en résultent[2].

Ainsi, il semble que si l'âme est posée comme substance, la question de l'unité de l'homme reste en suspens comme le confirme une partie des difficultés qui sont examinées juste après. Blaise de Parme se demande notamment si pour qu'à partir d'un corps et d'une âme soit fait quelque chose d'un, une certaine entité (sous-entendu une entité relationnelle en sus de ce qui est uni) est requise. La comparaison esquissée avec le tout et les parties pourrait laisser présager que Blaise a une préférence pour la réponse négative, puisque très souvent il assimile le tout à l'ensemble des parties. Mais dans le cas présent, le problème est moins simple, si bien que deux réponses sont possibles.

En premier lieu, la position d'une troisième entité n'est pas nécessaire pour qu'un animal ou une plante soit fait à partir d'une âme et d'un corps[3]. Non seulement le besoin de poser une troisième entité pour expliquer la relation entre corps et âme n'est pas scientifiquement prouvé, mais une telle hypothèse susciterait même des difficultés quant à la nature de cette tierce entité, dont on ne voit pas que ce puisse être une substance, ni un accident.

Et pourtant (seconde conclusion), il peut être soutenu sans contradiction, et cela peut même faire l'objet d'une « persuasion » que, pour qu'à partir de plusieurs choses en soit produite une autre, il faut poser une certaine entité[4]. La justification est une raison classiquement invoquée par de nombreux théologiens : il ne peut pas y avoir de changement substantiel (*transitum de contradictorio in contradictorium*) sans que quelque chose de nouveau soit acquis ou ne soit perdu. Si deux choses sont réunies, il faut donc poser leur unité ou union, et tel est le cas d'une âme et d'un corps. La corruption du composé est la perte de cette union, sans disparition des éléments qui le composent.

1. Sur tout cela, voir conclusions 1 à 5, f° 139ra (n.n.).

2. *QAn.*, II, qu. 3, f°139ra (n.n.) : « Sexta conclusio : licet quodlibet animal sit aliquod animal, tamen est ita quod nichil est aliquod animal ».

3. Voir *QAn.*, II, qu. 3, f°139rb-va (n.n.) : « Primum est quod ex aliquibus duobus, ut ex anima et corpore, fiat unum animal vel una planta, non est necesse ponere tertiam entitatem ».

4. *QAn.*, II, qu. 3, f°139va (n.n.) : « Secunda conclusio : teneri potest et persuaderi sine quacumque contradictione quod ad hoc quod ex aliquibus fiat unum, oportet ponere unam entitatem ».

Blaise de Parme semble donc admettre qu'on peut avoir soutenir les deux solutions de la question. À vrai dire, aucune des deux positions n'est longuement argumentée. Autrement dit, cette question qui se situe délibérément dans l'optique de la dualité de substances en tire des conséquences qui sont problématiques quant à la véritable unité de l'homme !

Si l'on rassemble les résultats de ces deux questions, on voit que le problème de l'union substantielle est traité avec circonspection. La première question, ayant une portée générale, développe deux théories possibles. La première, qui sera présupposée au cours des questions suivantes, considère que tout vivant est composé d'une âme et d'un corps matériel. Il n'est pas pour autant nécessaire d'en faire des réalités préexistantes. Seule la foi nous conduit à croire que l'âme est créée indivisible et incorruptible. Une autre théorie est cohérente, qui n'admet que la matière et une certaine complexion de qualités, qui soit équivaut à la forme substantielle, soit la produit. En ce début du livre II, la première théorie est clairement privilégiée, quoiqu'elle ne soit pas scientifiquement démontrable, la seconde étant exempte de contradiction. La question 3 relaie la première détermination en rigidifiant quelque peu l'expression de la dualité. Mais dans ce cas, le résultat paradoxal est que si les vivants (ou certains vivants) sont composés de deux substances, alors l'unité substantielle du composé est mise en question et il semble en résulter un étrange attelage. On peut penser que cette option permet de réserver le cas de l'homme, mais de nombreuses difficultés restent en suspens, notamment celle du mode de présence de l'âme au corps, et celle de la séparabilité. Avant d'y venir, il faut toutefois examiner un autre problème : celui de l'unité ou de la pluralité des âmes en l'homme.

CHAPITRE VIII

L'UNITÉ DE L'ÂME

Savoir si en l'homme il y a une seule âme ou bien plusieurs est une question classique des commentaires sur le *De anima*[1]. Elle s'enracine dans les imprécisions du texte aristotélicien qui présentait les différentes fonctions psychiques comme des « parties » de l'âme, et se demandait, dans sa discussion critique avec Platon, si elles sont séparées ou du moins séparables[2]. Depuis le XIIIe siècle, dans le Moyen Âge latin, la question est surdéterminée par celle, plus générale, de la « pluralité des formes »[3]. Le principe général de cette théorie est que le vivant cumule une pluralité de principes formels hiérarchisés, chacun présupposant le précédent car une forme supérieure ne peut pas s'unir directement à la matière première sans formes intermédiaires. Les deux problèmes ne se recouvrent toutefois pas totalement. Car les tenants d'une multiplicité de formes en acte au sein d'une même substance n'admettent pas nécessairement une pluralité d'âmes. On peut très bien considérer que le corps est corps par une forme de corporéité, et qu'ensuite une âme unique vient informer le corps vivant. Cependant, dans les débats de la seconde moitié du siècle, c'est bien sur l'âme que se concentrent les débats sur l'unité ou la pluralité des formes. C'est Thomas d'Aquin qui le premier a affirmé avec force que l'âme intellective est la forme substantielle unique du corps humain, unie à la

1. Voir S. W. De Boer, *The Science of the Soul*, The Commentary Tradition on Aristotle's *De anima* (c. 1260-c. 1360), Leuven, University Press, 2013, chap. 5. 2 : « One or multiple souls ? », p. 216-226.

2. Voir Aristote, *De l'âme*, III, 4, 429 a 10 ; Platon, *Timée*, 69e-70c.

3. Voir R. Zavalloni, *Richard de Mediavilla et la controverse sur la pluralité des formes,* textes inédits et étude critique, Louvain, Éditions de l'Institut supérieur de Philosophie, 1951 ; P. Mazarella, *Controversie medievali. Unità et pluralità delle forme*, Napoli, 1978.

matière sans intermédiaire[1]. L'âme humaine, outre ses fonctions propres d'intellection et de volition, assume dès lors les fonctions dévolues chez les autres animaux aux âmes sensitives et végétatives. L'âme est forme avant d'être substance, et la notion de forme substantielle prime désormais sur celle de perfection, héritée d'Avicenne[2]. Sander de Boer, dans son ouvrage sur la science de l'âme, a souligné un point fondamental pour notre propos : les débats sur le statut de l'âme comme forme sont fondamentalement liés à la conception de la matière. Si l'âme était d'abord pensée comme substance, non seulement elle pourrait elle-même être composée d'une forme et d'une matière spirituelle, mais surtout le corps et la matière auraient par eux-mêmes une certaine actualité. Or dans les condamnations prononcées le 17 mars 1277 à Oxford, la thèse « Quod nulla potentia activa est in materia » précède la thèse « Quod vegetativa, sensitiva et intellectiva sint una forma simplex »[3].

Critiquée par certains franciscains mais aussi, on le voit, par l'archevêque de Cantorbery (qui était alors le dominicain Robert Kilwardby), la thèse de l'unité de l'âme comme forme substantielle du corps humain va néanmoins s'imposer dans de nombreux commentaires sur Aristote – la position contraire se retrouvant plutôt dans certains commentaires sur le *Livre des Sentences*[4]. Dans une perspective unitariste, les notions d'âme végétative et d'âme sensitive, lorsqu'elles sont employées pour les hommes, désignent seulement certaines puissances ou fonctions de l'âme humaine.

1. Thomas d'Aquin, *Summa theologiae* pars prima, qu. LXXVI, art. 3 et 4, Sancti Thomae Aquinitatis doctoris angelici *Opera omnia* iussu impensaque Leonis XIII P. M. edita, t. V, Roma, 1889, p. 220-224; trad. J.-B. Brenet dans Thomas d'Aquin, *L'Âme et le Corps*, Paris, Vrin, 2016, p. 173-195; *Summa contra gentiles*, II, cap. LVII-LVIII, Sancti Thomae Aquinitatis *Opera omnia*, iussu edita Leonis XIII P. M., t. XIII, Romae, typis Riccardi Garroni, MCMXVIII, p. 406-410; trad. C. Michon, Paris, GF-Flammarion, 1999, p. 230-239; *Questiones disputatae de anima*, qu. 11 « Utrum in homine anima rationalis, sensibilis et vegetabilis sit una substantia », *Opera omnia* iussu Leonis XIII P. M. edita, t. XXIV-1, Roma-Paris, 1996, p. 95-104.

2. Sur le changement opéré à cet égard par Thomas, voir B. Bazan, « The Human Soul : Form and Substance? Thomas Aquinas'Critique of Eclectic Aristotelianism », *Archives d'histoire doctrinale et littéraire du Moyen Âge* 64 (1997), p. 95-126.

3. *Chartularium universitatis Parisiensis*, n° 474, vol. I, p. 559 : 3e et 12e thèse « In naturalibus ». Voir S. W. De Boer, *The Science of the Soul…*, p. 38; S. W. De Boer renvoie au travail de Daniel Callus, « The Origin of the Problem of the Unity of Form », *The Thomist* 24 (1961), p. 257-258.

4. Les débats se poursuivent dans la littérature théologique tout au long du XIVe siècle; voir W. Duba, « The Souls after Vienne : Franciscan Theologians's Views on the Plurality of Forms and the Plurality of Souls, ca. 1315-30 », *in* P. J. J. Bakker, S. W. De Boer, C. Leijenhorst (eds.), *Psychology and the Other Disciplines.* A case of Cross-disciplinary Interactions, Leiden, Brill, 2012, p. 171-272.

L'âme intellective assume toutes les autres fonctions, moyennant l'usage d'organes corporels. Seule une lecture averroïste dissocie radicalement du composé humain, et par conséquent de la « partie » végétative et sensitive, les fonctions proprement intellectives[1]. Cette tendance dominante n'empêche toutefois ni les évolutions ni les différences de détail. Ainsi Jean Buridan, tout en tenant fermement pour l'unité de l'âme[2], s'écarte de la conception thomiste du rapport entre l'âme et ses puissances : d'une part il met en œuvre une interprétation logico-linguistique des différents « pouvoirs », d'autre part, il réactualise une conception très instrumentale du rapport entre l'âme et les organes corporels[3]. Nicole Oresme, quant à lui, opte avec prudence pour l'unité de l'âme végétative et sensitive, mais il en sépare l'âme intellective[4].

En ce qui concerne la question générale de la pluralité des formes, Blaise de Parme a des formules radicales et sans équivoque : chaque fois que le problème surgit, il récuse toute idée de pluralité des formes au sein d'un même composé substantiel. Par exemple, lorsqu'il traite de la génération des corps mixtes : « Mais si les éléments subsistent dans les corps mixtes, alors il s'ensuit que le mixte a plusieurs formes substantielles; c'est rejeté dans le livre VII de la *Métaphysique*, et c'est rejeté ici »[5]. La formulation, qui porte ici sur la composition des mixtes, a en vérité une portée générale. On retrouve une affirmation similaire dans les arguments initiaux de la question sur l'unité de l'âme : « Dans le livre *De la substance de l'orbe* Averroès dit : il est impossible qu'un seul sujet

1. Thomas d'Aquin avait tenu Platon pour le représentant emblématique de toute théorie qui pose plusieurs âmes ayant une essence voire une subsistance distinctes; pour de nombreux aristotéliciens du XIVe siècle, Platon et Averroès seront, sur ce point, englobés dans une même critique.

2. Buridan examine l'unité en deux temps : d'abord l'unité de l'âme végétative et de l'âme sensitive (livre II, qu. 4), puis l'unité de celles-ci avec l'âme intellective (livre III, qu. 17); voir Jean Buridan, *Questions sur l'âme*, trad. J. Biard, Paris, Vrin, 2018, p. 177-188 et p. 685-693.

3. Voir J. Biard, « Diversité des fonctions et unité de l'âme dans la psychologie aristotélicienne (XIVe-XVIe siècles) », *Vivarium* 46 (2009), p. 342-376; « Introduction » à Jean Buridan, *Questions sur l'âme*, p. 25-29; S. W. De Boer, *The Science of the Soul…*, p. 221-224.

4. Nicole Oresme, *Quaestiones in Aristotelis de anima*, II, qu. 5, dans *Expositio et quaestiones in Aristotelis de anima*, éd. B. Patar, Louvain-la-Neuve-Louvain-Paris, Éditions de l'Institut supérieur de Philosophie-Éditions Peeters, 1995, p. 146-157; S. W. De Boer, *The Science of the Soul…*, p. 224-225.

5. *QGC*, I, qu 16, f° 25rb-va : « Sed <si> manent elementa in mixta, tunc sequitur habere mixtum plures formas substantiales, et hoc est reprobatum VII° *Metaphysice*, et hic reprobatur ».

ait plusieurs formes substantielles »[1]. Le refus général de la pluralité des formes est donc au fondement de la doctrine de l'unité de l'âme, en tant que forme du corps humain.

Le choix de l'unité

Blaise de Parme consacre au problème de l'unicité ou de la pluralité des âmes une question longue et assez complexe, la question 4 sur le livre II. Il y expose deux déterminations possibles, l'une posant que l'âme est unique, l'autre que les âmes sont plurielles, en indiquant de manière préliminaire, puis à nouveau dans l'article 4, que la thèse de l'unité a clairement sa préférence :

> Dans le premier article, je déterminerai la question en un certain sens (*pro una parte*), dans lequel je conclurai que l'âme intellective est la même chose que l'âme sensitive, solution que j'affirme être vraie[2].
> Je note que, bien que chaque partie de la question soit probable, cependant il est plus probable et plus conforme à la vérité que l'âme intellective n'est pas distincte de son âme sensitive[3].

Néanmoins le texte inclut de nombreux arguments préalables en l'un et l'autre sens, développe longuement les arguments pour la seconde détermination, et examine quelques difficultés annexes attenantes à ce problèmes.

Dans la détermination en faveur de l'unité de l'âme, les deux premières thèses sont décisives. La première, posant qu'il n'y a pas de distinction entre l'âme intellective et l'âme sensitive, repose sur une argumentation classique[4]. Si l'âme intellective et l'âme sensitive étaient distinctes en l'homme, on pourrait imaginer que l'une soit séparée de l'autre par la

1. *QAn.*, II, qu. 4, f° 141rb (n.n.) : « libro *De substantia orbis* dicit Averroes (*em.*) ad textum : unum subiectum habere plures formas substantiales est impossibile » – les deux manuscrits portent à tort *Aristoteles* au lieu *d'Averroes*. Voir aussi *ibid.* : « Quarta auctoritas est VI° *Topicorum*, ubi <Aristoteles> vult quod omne corpus naturale habet unum esse et non plura esse, et quod omne corpus naturale habet esse a sua forma, ideo omne corpus naturale habet unam formam et non plures ».

2. *QAn.*, II, qu 4, f° 142ra (n.n.) : « In primo <articulo> determinabo questionem pro una parte, in quam concludam quod intellectiva sit idem quod sensitiva, quam partem assero veram ».

3. *QAn.*, II, qu 4, f° 145va (n.n.) : « Sed pro quarto articulo noto quod licet utraque pars questionis sit probabilis, tamen probabilis et magis consonum veritati est quod intellectiva non distinguatur a sua sensitiva ».

4. Voir par exemple Jean Buridan, *QAn.*, III, qu. 17, trad., p. 689, renvoyant à ce qu'il a déjà établi à propos de l'âme végétative et de l'âme sensitive : *cf.* II, qu. 4, trad., p. 183.

puissance absolue de Dieu. Il en résulterait évidemment une situation inacceptable, par quelque aspect qu'on la considère. Si par l'imagination l'on supprime l'âme intellective du composé humain, que reste-t-il ? Une bête (*animal brutum*) puisqu'il a été posé préalablement que tout être animé qui existe par soi séparément, de telle sorte qu'il ne soit pas une partie d'un autre être animé, et qui ne possède pas d'âme rationnelle, est une bête ou une plante[1]. Mais cela semble impliquer que l'homme fût composé d'une bête et d'une âme intellective. Plus paradoxal encore serait le résultat de la soustraction, par la puissance divine, de l'âme sensitive. Subsisterait alors un être animé existant par soi séparément et possédant une âme rationnelle, ce qui correspond à la définition de l'homme, mais celui-ci n'aurait pas d'âme sensitive.

Aussi simplement formulée, une telle argumentation critique n'est pas sans faiblesse car bien évidemment les tenants d'une pluralité d'âmes sont plus subtils, comme cela ressort de précisions données à intervalles réguliers au cours de la question. Ainsi, l'on peut penser que si Dieu séparait l'âme intellective du composé humain, ce ne serait pas une bête préexistant en cet homme qui subsisterait, mais qu'un nouveau composé serait engendré. De quelle espèce serait un tel animal ? D'une espèce qui n'existe pas et n'a jamais existé, et qui serait d'un degré de perfection supérieur aux bêtes existantes[2]. La question est reprise plus en détail dans la discussion de la seconde détermination, cette fois non pas du point de vue de la toute-puissance divine, mais dans une perspective plus naturelle, celle de la corruption de l'homme, autrement dit de sa mort. À nouveau, on peut se demander ce qui subsisterait dans l'hypothèse d'une pluralité d'âmes. Cela semble être l'union d'un corps et d'une âme sensitive[3]. Mais c'est l'occasion de préciser à nouveau que l'on aurait affaire à un être animé qui serait certes un individu composé de matière et de forme, mais d'aucune espèce qui ait actuellement un nom. Néanmoins, cet étant animé (*hoc animatum*) aurait bien été antérieurement une partie de l'homme. Il n'en aurait pas été une partie formelle, certes, mais une partie matérielle puisque selon les tenants de la théorie de la pluralité des formes (des âmes), l'âme sensitive aurait reçu, lors de l'advenue de l'âme intellective, le statut de matière et non plus de forme. Les tenants d'une

1. Voir Blaise de Parme, *QAn.*, II, qu 4, f° 145va (n.n.).

2. Voir f° 143ra (n.n.). Le problème sera repris plus en détail comme objection à la 5e conclusion de la seconde détermination,

3. Voir f° 144ra-rb (n.n.) ; il serait étrange, remarque Blaise, de dire que l'on porte en terre une bête ou une plante !

distinction réelle entre l'âme intellective et l'âme sensitive proposent donc des solutions, brièvement évoquées par Blaise, aux objections traditionnelles. Elles n'en engendrent pas moins des paradoxes qui semblent suffisants pour préférer l'unité de l'âme sensitive et de l'âme intellective.

La seconde thèse consiste en une affirmation analogue (c'est-à-dire avec le même type de justifications et suscitant des critiques semblables) sur le rapport de l'âme végétative et de l'âme sensitive[1]. Finalement, on peut formuler de façon générale que dans aucun vivant il n'y a plusieurs formes substantielles. Et par conséquent on ne doit pas dire non plus qu'en l'homme et en l'âne se trouve une âme sensitive de même nature.

Pourtant, cette thèse de l'unité, en une créature rationnelle, de l'âme intellective et de l'âme sensitive ne peut pas être *démontrée*[2]. En effet, même si c'est une conséquence paradoxale, il n'est pas impossible de penser que si, par l'hypothèse de la puissance divine, l'âme intellective était soustraite à l'homme, il n'en résulterait certes pas quelque chose (une bête en l'occurrence) qui en aurait déjà fait partie, mais que *ipso facto* serait engendré un nouveau composé substantiel. Blaise de Parme prend donc la peine d'exposer en détail la détermination qui défend la pluralité des âmes en l'homme. Elle soutient qu'après la corruption d'un étant animé subsiste une forme substantielle qui était dans le vivant, et que « dans l'homme il y a pour le moins deux formes substantielles »[3]. Ainsi en toute créature rationnelle, l'âme intellective serait distincte de l'âme sensitive. Nous n'allons pas étudier en détail les explications, qui reprennent largement les arguments déjà discutés lors de la détermination précédente.

Quoique cette position puisse être défendue, Blaise de Parme affiche clairement sa préférence pour la thèse de l'unicité de l'âme.

1. *Ibid.*, f° 142rb (n.n.) : « Secunda conclusio : in nullo animali distinguitur sensitiva contra vegetativam eiusdem. Patet conclusio ut prima, quia ubi oppositum conclusionis staret concluderetur statim quo quilibet asinus esset compositus ex animali et planta ».

2. *Ibid.*, f° 142va (n.n.) : « Nona conclusio : quod in rationali creature anima intellectiva sit ipsa sensitiva non potest evidenter probari. Patet quia ponentes animam intellectivam differre a sensitiva non deducuntur ad aliquid matematice (?) falsum ».

3. *QAn.*, II, qu 4, f° 144ra (n.n.) : « In homine sunt due forme substantiales, si non plures »

L'âme et ses puissances

Une fois admise l'unicité de l'âme, quel est le rapport entre cette âme unique et ses différentes puissances ? Depuis Thomas d'Aquin la thèse de l'unité de l'âme comme forme substantielle doit être conjuguée avec une certaine conception du rapport entre cette âme unique et les différentes puissances, se manifestant dans une diversité d'opérations qui caractérisent tel ou tel vivant : nutrition, croissance, mouvement, sensation, pensée rationnelle, etc. Les deux problèmes annexes, examinés dans le troisième article de la question 4, portent sur l'unité ou la différence entre l'âme elle-même et ses puissances.

La première de ces deux difficultés soulève la question « Est-ce que les puissances de l'âme sont l'âme elle-même ? ». En premier lieu, l'âme intellective est posée comme inétendue – c'est plus ici une présupposition qu'une thèse propre à cette question. Ensuite, le principe général d'une identité est affirmé : « toute âme est sa puissance active ou passive ». Mais il convient de préciser davantage. Toute âme étendue (donc une âme végétative ou une âme sensitive, qu'il faut évidemment assigner ici aux plantes et aux bêtes, et non pas prendre comme des fonctions en l'homme) est identique à ses puissances (*est sue potentie*). Mais l'âme intellective, quant à elle, n'est pas identique à ses puissances ; la raison principale en est que les puissances sont plurielles, et qu'identifier l'âme à une telle pluralité supposerait divisibilité et extension, ce qui a été refusé.

Il reste à savoir comment concevoir cet écart. Cela dépend du sens en lequel on entend l'âme, car parfois elle est prise pour une certaine substance, parfois pour l'agrégat d'une âme au premier sens et d'un organe avec une certaine chaleur vitale[1]. Au premier sens, l'âme est unique. Cependant, elle exerce un certain nombre d'opérations au moyen d'organes, de sorte que, au second sens, l'âme qui voit n'est pas l'âme qui entend (« anima visiva non est anima auditiva »). Nous avons par conséquent différentes opérations qui renvoient à des principes actifs différents qu'on peut, en un certain sens, appeler « âmes ».

Ces remarques un peu trop sommaires doivent être complétées par ce qui est dit dans la seconde difficulté des relations entre puissances, actes et objets, une autre question classique fondée sur une autorité bien connue

1. *QAn.*, II, qu. 4, f° 145ra (n.n.) : « Noto tamen pro maiori complemento difficultatis quod aliquando capitur anima pro tali substantia simpliciter, aliquando capitur pro agregato ex anima et organo cum tanto vel tanto gradu caloris ».

d'Aristote « Potentie cognoscuntur per acta, actus vero per obiecta »[1]. La précision ajoutée par Blaise est surprenante car elle revient à déconstruire le discours habituel sur les puissances de l'âme, et déplace le sens même de la question du rapport entre l'âme et ses puissances : « Par puissances de l'âme j'entends, dans ce qui est en discussion (*in proposito*), les sens extérieurs et intérieurs *de notre corps*, que ces puissances soient actives, passives ou les deux »[2]. L'acte est alors l'opération de ces organes et les objets sont les modifications qui résultent, dans ces organes, de telles opérations. En ce sens, les puissances ne sont pas l'expression d'un principe actif unique, mais désignent des réalités non seulement distinctes mais de nature opposée à l'âme intellective puisqu'il s'agit d'organes corporels.

Les conclusions concernant le rapport des objets aux actes et aux puissances permettent de revenir à la question de l'unité de l'âme. En premier lieu les choses ne diffèrent pas par leurs actes, car certaines diffèrent même si elles n'agissent pas[3] – cela suppose d'avoir rompu avec une certaine idée de l'actualisation qui fait être en acte ce qui n'était qu'en puissance. Ensuite, si un acte procède d'une puissance et ne procède pas d'une autre, alors on peut dire que ces puissances diffèrent. Mais on ne peut pas conclure, à l'inverse, d'une différence d'opérations à une différence de puissances puisqu'une même puissance peut avoir des opérations distinctes; ainsi l'âme est au principe de toutes les opérations vitales en l'homme[4]. Tout cela instaure une certaine distance avec l'adage aristotélicien selon lequel les puissances sont connues par leurs actes et les actes par leurs objets, au bénéfice d'un schéma dans lequel une âme unique exerce différentes opérations au moyen d'organes avec lesquels elle entretient un rapport instrumental. En un sens donc l'âme intellective est la puissance elle-même exerçant différentes opérations; en un autre

1. *Auctoritates Aristotelis*, *De anima*, n° 56, éd. J. Hamesse p. 179; cette autorité s'autorise d'un texte d'Aristote qui est en réalité moins précis, cf. *Aristoteles latinus* XII, 2, *De anima*, II, 4, 415 a 20-21, Guillelmus de Morbeka revisor translationis Aristotelis secundum Aquinitatis librum : « priores enim potenciis actus et operationes secundum rationem sunt ».

2. *QAn.*, II, qu. 4, f° 145ra-rb (n.n.) : « Per potentias anime intelligo in proposito sensus exteriores nostri corporis et interiores, sive ille potentie sint active sive passive vel utroque modo ».

3. *QAn.*, II, qu 5, quinta conclusio.

4. *QAn.*, II, qu. 4, f° 145rb (n.n.) : « Nota tamen hoc argumentum non valere "*a* et *b* sunt diverse operationes, ergo procedunt a diversis potentiis" quia ab anima intellectiva procedunt diverse operationes, quia ipsa nutrit corpus et movet et componit et intelligit ».

elle est réellement distincte des puissances si par là on désigne les organes corporels eux-mêmes.

Le mode de présence de l'âme dans le corps

Une dernière question est liée à ce problème de l'unité de l'âme : celui de la localisation, ou du moins du mode de présence[1].

Tous les commentaires sur le traité aristotélicien consacrent une question à ce thème. Et généralement, ils reprennent tous à leur compte un principe général : l'âme (du moins l'âme rationnelle ou intellective) est tout entière dans la totalité du corps et tout entière dans chaque partie – un principe qu'Alain de Libera, à la suite du platonicien de Cambridge Henry More, désigne comme « holenmérisme »[2]. Il s'agit là d'un principe usuel[3], qui se fonde sur une autorité augustinienne[4]. Augustin distinguait à cet effet une forme qui est dans la totalité de son sujet, mais qui serait en quelque sorte distribuée entre les parties, et une forme qui se retrouve tout entière en chaque partie. Encore faut-il savoir ce que l'on entend par tout et par partie. Certains commentateurs, s'appuyant sur le *De divisione* de Boèce, distinguent différents sens du tout, de la totalité et de la partie. Sur cette base, si l'âme en tant que forme est une partie essentielle, elle doit être complètement présente en chaque partie. Mais ce principe général n'est pas sans engendrer interrogations, difficultés, voire paradoxes, longuement développés par des auteurs comme Raoul le Breton[5], Jean de Jandun ou Jean Buridan. Que deviennent les opérations vitales lorsque l'on coupe un ver en deux, lorsque l'on bouture une plante, lorsque l'on ampute le bras d'un homme ?

Dans la question 5 sur le livre II, Blaise de Parme distingue le cas des âmes étendues que sont l'âme végétative et l'âme sensitive des plantes

1. Voir S. W. De Boer, *The Science of the Soul*…, p. 252-265.

2. Voir A. de Libera, *Archéologie du sujet*, vol. II : *La Quête de l'identité*, Paris, Vrin, 2008, p. 438-448.

3. On le trouve par exemple chez Thomas d'Aquin, *Summa contra gentiles*, II, qu. LXXII, p. 456-457 ; trad., p. 277-280.

4. Augustin, *De immortalitate animae*, XVI. 25, intr. et notes par P. de Labriolle, « Bibliothèque augustinienne » 5, Paris, Desclées de Brouwer, 1939, p. 218.

5. Raoul le Breton ne consacre pas moins de trois questions à ce problèmes : voir *Questiones super librum de anima*, II, qu. 6 : « Utrum in partibus animalis anulosi decisis sit anima » ; qu. 7 : « Utrum tota anima sit in qualibet parte corporis animati » ; qu. 8 : « Utrum anime brutorum sint extense per accidens quantum ad essentiam extensione corporis », éd. S. W. De Boer, « Radulphus Brito's Commentary on Aristotle 's *De* anima », *Vivarium* 50 (2012), p. 330-340 ; *cf.* S. W. De Boer, *The Science of the Soul*…, p. 255.

et des bêtes[1], et celui de l'âme inétendue qu'est l'âme humaine. Aucune âme étendue n'est tout entière dans tout le vivant et en chacune de ses parties[2]; mais elle se trouve en chaque partie aussi petite soit-elle[3]. Une étape ultérieure de la réflexion conduit à penser qu'en chaque partie il y a une âme distincte de celle qui est en une autre, de sorte qu'il y en aurait une multitude infinie[4]. Cependant, on peut estimer qu'une âme unique informe aussi en totalité un vivant[5] – ce qui me paraît tout de même créer quelque confusion.

Cela conduit à quelques précisions sur le statut de cette thèse, somme toute classique, concernant l'âme des bêtes : que l'âme soit étendue selon l'extension de tout le corps n'est pas déduit de façon probante (*efficaciter*)[6], car on ne peut pas réfuter avec évidence la théorie selon laquelle l'âme serait seulement dans le cœur et gouvernerait d'autres parties du corps par ses influx. Cette théorie cardiocentriste, dont nous savons qu'elle fut celle d'Aristote, se trouve ici soutenue par une citation biblique « Je te confesserai, Seigneur, de tout mon cœur »[7].

Les développements sur l'âme étendue, que j'ai simplifiés et résumés, ne concernent pas directement notre propos. Cependant, il fallait les évoquer puisque en certains passages, nous le verrons, l'hypothèse selon laquelle l'âme humaine serait elle-même matérielle et étendue est soutenue par Blaise de Parme; et ici, subrepticement, la citation biblique nous éloigne bien du seul cas des plantes et des bêtes.

C'est l'âme intellective, posée pour l'heure comme indivisible, qui est l'objet principal de la question[8]. Cependant, le cœur du problème sera traité assez rapidement (une bonne partie étant consacrée à la question du mouvement local ou de l'immobilité de l'âme), car Blaise de Parme se situe ici dans un cadre déterminé, qui sera rappelé au cours des

1. Voir *QdA*, II, qu. 5, f° 147va (n.n.) : « Presuppono secundo hoc, sive verum sive falsum, quod in quocumque vivente, excepto homine, dumtaxat sit anima extensa ».

2. Voir *QdA*, II, qu. 5, f° 147vb (n.n.) : « Prima conclusio : nulla anima extensa est tota in toto vivente et in qualibet eius arte ».

3. Voir *QdA*, II, qu. 5, f° 147vb (n.n.) : « Secunda conclusio : in quacumque parte viventis, quantumcumque parva, est anima ».

4. *Ibid.*, 3ª concl., f° 148ra (n.n.), et 1ᵘᵐ corol., f° 148rb (n.n.).

5. Voir *QdA*, II, qu. 5, f° 148vb (n.n.) : « Quarta conclusio : licet omnis pars asini quantumcumque parva habeat animam distinctam numero ab anima alterius partis, tamen una anima numero informat hoc totum, demonstrando asinum ».

6. *Ibid.*, concl. 5, f° 148vb (n.n.).

7. *Ibid.*, concl. 5, f° 148vb (n.n.); voir psaume 137.

8. *QdA*, II, qu. 5, f° 149ra (n.n.) : « Nunc condescendo ad secundum articulum, in quo restat querere utrum anima intellectiva indivisibilis sit tota in qualibet parte hominis. Quod fuit principale propositum ».

réponses aux arguments initiaux : on *présuppose* que l'âme intellective est une partie essentielle de l'homme (et non une partie matérielle ou quantitative) ; et on la *pose* comme *indivisible*[1].

Un certain nombre de thèses visent à préciser les concepts de « partie » et de « lieu », ce qui conduit à écarter certaines formulations. Pour nous en tenir aux thèses centrales, Blaise pose que l'âme intellective humaine, dès lors qu'elle est considérée comme indivisible, n'est pas au sens strict localisable : elle n'est pas *alicubi*, elle n'est pas *intus* ou *extra homine*... L'âme n'a pas de lieu, elle est atopique[2]. Et c'est pourquoi elle n'est pas susceptible de mouvement local. On peut toutefois, plus positivement, dire qu'elle est en l'homme (*in homine*), et plus précisément en chaque partie de la matière de l'homme : « l'âme intellective est tout entière en l'homme et en n'importe quelle de ses parties, comme dans un tout »[3].

Blaise de Parme approfondit cependant très peu le sens de ce principe holenmériste usuel. Il reste très en-deçà des analyses des différents sens du tout et de la partie que l'on pouvait trouver chez Raoul le Breton ou chez Jean de Jandun. On n'y trouve pas non plus les paradoxes usuels, par exemple sur la possibilité que l'opération visuelle soit présente dans le pied ou dans quelque partie du corps. Son texte apparaît plutôt comme le simple résumé de commentaires parisiens du milieu du siècle, notamment de celui de Nicole Oresme[4]. Rappelant que cette thèse repose sur la présupposition selon laquelle l'âme est indivisible, Blaise indique que si l'on veut soutenir le contraire, on peut se reporter aux arguments du premier article concernant l'âme étendue. La question semble donc traitée avec une certaine désinvolture. En réalité, c'est sur la question de la séparabilité que Blaise de Parme va concentrer ses efforts et c'est avec elle qu'il analyse de manière approfondie la question du statut de l'âme intellective.

1. Voir réponses aux arguments 7, 8 et 9, f° 153va (n.n.); en part. « Ad nonum, cum dicitur " tu asseris animam hominis esse indivisibilem; vel igitur etc.", dico quod *nunc assero sic esse sine ratione.* Et hoc solum assero *ut videam quid possit sequi inde*, et consequenter ut possum determinare propositam questionem » – je souligne (J. B.)

2. Ce terme est utilisé par Alain de Libera à propos de la pensée dans l'article cité plus haut. Cette idée de non-lieu est également au centre de la conception averroïste de l'intellect, comme l'avait bien expliqué Buridan dans ses *Questions sur la Métaphysique*.

3. *QdA*, II, qu. 5, f° 152va (n.n.) : « Octava conclusio de proposito in forma : in homine et in qualibet parte materiali eius est anima intellectiva tota sicut in toto ».

4. Voir Nicole Oresme, *Quaestiones in Aristotelis de anima*, II, qu. 4, éd. Patar, p. 141-145. On y trouvait les mêmes distinctions conceptuelles sur le tout, ou encore sur le lieu, et la même division de l'examen en deux étapes, l'une consacrée aux âmes étendues, l'autre à l'âme intellective indivisible – mais plus développées et en marquant mieux les enjeux.

CHAPITRE IX

LA SÉPARABILITÉ DE L'ÂME INTELLECTIVE

Dans les commentaires sur Aristote, la question de savoir si l'âme est immortelle passe par la question de savoir si l'intellect est « séparable », aussi bien des autres âmes que du corps[1].

Thomas d'Aquin avait cherché dans la *Somme de Théologie* à concilier la théorie de l'âme comme forme du corps et l'immatérialité de sa partie intellective. Puis, se fondant sur la tradition péripatéticienne telle qu'elle avait été reconstituée à travers l'exposition averroïste d'une part, la critique thomiste d'autre part, s'est mise en scène à la fin du XIIIe siècle une opposition entre d'un côté les théories philosophiques d'origine aristotélicienne et de l'autre une théorie conforme à la foi catholique dont Thomas serait l'expression majeure. C'est ainsi que Raoul le Breton a esquissé une tripartition des positions possibles : celle d'Averroès, celle d'Alexandre et la position conforme à la foi catholique[2]. Mais c'est avec Buridan que se met vraiment en place ce qu'Alain de Libera a appelé la « topique de Latran » et que j'ai plutôt désigné pour ma part comme « topique buridanienne »[3]. Le problème de la séparabilité de l'âme

1. Voir *De l'âme*, III, 4, 429 a 10; *A. L.* XII, 2, *De anima* : « De parte autem anime qua cognoscit anima et sapit, siue separabili existente siue non separabili secundum magnitudinem set secundum rationem, considerandum quam habet differenciam et quomodo quidem fit ipsum intelligere ».

2. Voir Radulphus Brito, *Quaestiones in Aristotelis librum tertium de anima*, III, q. 5, éd. W. Fauser, « Beiträge zur Geschichte der Philosophie und Theologie des Mittelalters, Neue Folge » 12, Münster i. W., Aschendorff, 1974, p. 145-149.

3. A. de Libera, « Formes assistantes et formes inhérentes, sur l'union de l'âme et du corps, du Moyen Âge à l'Âge classique », *Archives d'histoire doctrinale et littéraire du Moyen Âge* 81 (2014), p. 197-248, en part. p. 212 *sq.*; J. Biard, « L'alexandrisme comme rationalité philosophique », *in* P. B. Rossi, M. Di Giovanni, A. A. Roboglio (eds.), *Alexander of Aphrodisias in the Middle Ages and the Renaissance*, « Studia artistarum » 45, Turnhout, Brepols, 2021, p. 77-93.

intellective est généralement traité au sein des deux questions : « Est-ce que l'intellect humain est la forme substantielle du corps humain ? » ; « Est-ce que l'intellect humain est une forme inhérente au corps humain ? »[1]. Dorénavant, et jusqu'à l'époque de Pomponazzi, ces questions sont traitées dar s le cadre d'une configuration discursive où trois voies sont possibles : celle d'Averroès pour qui l'intellect est immortel et unique pour tous les hommes ; celle d'Alexandre d'Aphrodise pour qui l'intellect est mortel et multiple selon la multiplicité des hommes ; celle de la foi, pour laquelle l'intellect est à la fois multiple et immortel[2]. Ce qui caractérise Buridan dans cette histoire, c'est premièrement la mise en place d'une démarche d'analyse qui vise principalement à caractériser le mode de discursivité et la valeur épistémique de chacune de ces trois théories, deuxièmement le privilège accordé à la lecture alexandriste d'Aristote comme représentant au mieux la position de la raison naturelle. Je ne reprends pas cette tradition, étudiée ailleurs. Comment se situe Blaise de Parme dans cette problématique ? Il faut distinguer deux moments différents.

Blaise de Parme et la topique buridanienne

Nous trouvons un développement qui s'inscrit dans la problématique que nous venons d'évoquer au sein de la question 2 du livre III : « Est-ce que l'on peut montrer avec persuasion (*utrum persuaderi possit*) que l'intellect humain est dénué de toute qualité ? » Il ne s'agit donc pas d'une question spécifiquement dédiée à la séparabilité ou à l'immortalité, mais au cours de l'examen se trouve soulevée comme question annexe celle du statut de l'intellect comme forme substantielle de l'homme. Et c'est à cette occasion qu'est évoquée rapidement la topique buridanienne. Comme ses prédécesseurs parisiens, Blaise rappelle qu'il y a trois opinions possibles. La première est celle d'Alexandre. Elle est présentée en des termes canoniques : « L'intellect est la forme de l'homme, éduite de la puissance de la matière, engendrable et corruptible comme les formes substantielles des autres animaux »[2]. Elle ne doit pas être soutenue car elle est contraire à la foi[4]. De plus, elle compromettrait le principe de la

1. Jean Buridan, *Questions sur l'âme*, livre III, qu. 3 et qu. 4.

2. Voir J. Biard, « Introduction » à Jean Buridan, *Questions sur l'âme*, p. 61-71 ; « L'alexandrisme comme rationalité philosophique ».

2. *QAn.*, III, qu. 2, f° 203ra (n.n.) : « Una est Alexandri dicentis quod intellectus est forma hominis educta de potentia materie, generabilis et corruptibilis sicut forme substantiales aliorum animalium ».

4. *QAn.*, III, qu. 2, f° 202ra-rb (n.n.) : « Ista opinio non tenetur quia est contra fidem ».

juste rétribution des mérites et de la punition des méchants puisque nous voyons que celles-ci n'ont pas cours en cette vie[1]. La deuxième est celle d'Averroès : « L'intellect n'est pas la forme substantielle de l'homme mais il est une forme simple, immatérielle et incorruptible, qui n'est pas multipliée (*plurificata*) selon la pluralité des suppôts »[2]. Elle non plus ne doit pas être retenue, pour les deux mêmes raisons. La troisième opinion est celle de l'Église : « L'intellect est créé par Dieu et [...] cet intellect est incorruptible, indivisible, et multiplié selon la pluralité des suppôts »[3]. Cette dernière doit être soutenue par n'importe quel fidèle bien qu'elle ne puisse être connue de façon démonstrative[4]. Finalement, Blaise se rallie lui-même à la position de la foi : « Ces opinions ayant été vues, que l'on soutienne l'opinion de la foi, pour pouvoir dire, avec l'Église, que le bien n'est pas sans rémunération ni le mal impuni »[5].

Incontestablement, ce passage est décevant si on le compare aux développements beaucoup plus approfondis des maîtres parisiens, et notamment de Jean Buridan. Blaise est très succinct, et les indications sur le statut épistémique de chaque position sont minimales, notamment le caractère non démontrable de la vérité de foi. Ce que l'on peut souligner en revanche, c'est qu'on ne trouve rapporté aucun argument rationnel en faveur de la position de l'Église, à la différence de ce que faisait par exemple Nicole Oresme. On trouve seulement, à titre d'argument possible contre la thèse mortaliste d'Alexandre, l'appel à la rémunération des mérites et au châtiment des méchants. Ce ne sont donc pas tant des arguments de théologie rationnelle qui sont évoqués en faveur de la position de l'Église, que des arguments pratiques, à savoir moraux, liés à la rémunération des mérites. C'est sans doute pourquoi Blaise fait référence non au théologien mais au « fidèle ».

1. Nous verrons plus loin cependant que dans la question 8 sur le livre I Blaise de Parme s'est attaché à délégitimer cet argument.

2. *QAn.*, III, qu. 2, f° 202rb (n.n.) : « Secunda est opinio Commentatoris. Et tenet Commentator quod intellectus non est forma substantialis hominis sed est una forma simplex immaterialis incorruptibilis, non plurificata secundum pluralitatem suppositorum ».

3. *QAn.*, III, qu. 2, f° 202rb (n.n.) : « Reperitur tertia opinio et est Ecclesie, tenentis quod intellectus est creatus a Deo et dicit insuper quod iste intellectus est incorruptibilis et indivisibilis et plurificatus secundum pluralitatem suppositorum ».

4. *QAn.*, III, qu. 2, f° 202rb (n.n.) : « Que opinio, licet <non> possit demonstrative concludi, tenenda est tamen a quolibet fideli ».

5. *QAn.*, III, qu. 2, f° 202va (n.n.) : « Hiis tamen opinionibus visis, teneatur opinio fidei ut valeamus dicere una cum Ecclesia nec bonum irremuneratum nec malum impunitum ».

Mais ce n'est pas le seul ni même le principal lieu où Blaise traite ces problèmes. Pour cerner davantage sa position, il faut se tourner vers la question 8 sur le livre I, un question très longue et passablement embrouillée qui demande précisément « si l'âme intellective peut être séparée du corps »[1]. La localisation de cette question à la fin du livre I est fondamentale, comme s'il s'agissait d'un préalable à l'examen du statut de l'âme au début du livre II et de l'intellect au début du livre III. Après de nombreux arguments pour et contre, la détermination proprement dite est précédée de deux articles qui s'interrogent sur le lien fait dans la tradition commentariste entre le fait que l'intellect ait une opération propre et la séparabilité.

L'opération propre de l'âme intellective

Le premier article demande d'abord « si les conditionnelles suivantes sont vraies : “Si l'âme a une opération propre, elle sera séparée du corps” – comprendre : elle *peut* être séparée –, et “Si l'âme n'a pas etc., elle ne sera pas séparée” ». Dans le deuxième article on pose la question « Est-ce qu'il faut absolument concéder que l'âme une opération propre, ne dépendant pas du corps ? ». C'est seulement le troisième article qui aborde directement la question principale : « Est-ce qu'il faut affirmer que l'âme est séparée du corps après la mort ? » ; le quatrième répondant aux raisons initiales.

Blaise de Parme travaille donc le lien traditionnel entre opération propre de l'intellect et séparabilité. Mais il va considérablement modifier le dispositif conceptuel qui provient d'Aristote par la médiation d'Averroès et de la discussion anti-averroïste menée par Thomas. Aristote fondait l'hypothèse d'une partie séparable de l'âme sur le fait qu'elle ait une opération propre, ne requérant aucune matérialité[2] ; mais en d'autres passages, il suggérait que l'intellection présuppose une représentation de l'imagination (un fantasme)[3]. Par suite, Averroès a centré le débat sur la

1. *QAn.*, I, qu. 8, f°s 124ra (n.n.)-128ra (n.n.) – la question est éditée par Gr. Federici Vescovini, *Le Questiones de anima*, p. 55-85.

2. Voir *De l'âme*, III, 4, 429 a 22-27 ; *A. L.* XII, 2, *De anima* : « Vocatus itaque anime intellectus (dico autem intellectum quo opinatur et intelligit anima) nichil est actu eorum que sunt ante intelligere. Vnde neque misceri est rationabile ipsum corpori : qualis enim aliquis utique fiet aut calidus aut frigidus, si organum aliquod erit, sicut sensitiuo ; nunc autem nullum est ».

3. Voir *De l'âme*, 403 a 3-11 ; *A. L.* XII, 2, *De anima* : « Videtur autem plurimorum quidem nullum sine corpore pati neque facere, ut irasci, confidere, desiderare, omnino sentire. Maxime autem uidetur proprium intelligere. Si autem est et hoc fantasia quedam

question de savoir s'il y a une opération de l'intellect qui ne requiert pas l'imagination[1].

La première question posée au cours de l'article 1 permet de préciser en quel sens il faut restreindre l'idée d'opération propre pour poser un lien entre celle-ci et la possibilité d'être séparé : il faut que ce soit une opération qui ne dépende d'aucune manière du corps[2]. Puis au cours de la seconde question de ce même article, est reprise une distinction d'origine thomiste, qui se retrouvera dans les débats sur la séparabilité ou la mortalité de l'âme jusqu'au début du XVIe siècle. Thomas d'Aquin a en effet distingué d'une part ce qui dépend du corps comme objet et comme instrument (ou sujet) – ainsi la vision a besoin du corps comme objet parce que la couleur est un corps, et comme instrument parce que la vision requiert l'organe de la vie –, et d'autre part ce qui en dépend seulement comme objet – ce qui est le cas de l'intellection[3]. Pour Thomas, dans ce dernier cas dépendre du corps *seulement* comme objet assure l'indépendance de cette puissance[4]. Quelques décennies plus tard, Raoul le Breton complique quelque peu le schéma thomiste lorsqu'il se demande dans sa question 9 sur le livre I « Est-ce que l'âme a une opération propre ? »[5]. Il distingue une indépendance de l'intellect à l'égard du corps comme instrument ou organe (et ainsi l'âme intellective n'a pas besoin d'organe corporel) et une indépendance à l'égard du corps

aut non sine fantasia, non continget utique neque hoc sine corpore esse. Si quidem igitur est aliquid anime operum aut passionum proprium, continget utique ipsam separari » ; voir aussi 432 a 8-10, souvent cité par les Médiévaux : « necesse simul fantasma aliquod speculari ; fantasmata autem sicut sensibilia sunt preter quod sunt sine materia ».

1. Averroès, *Commentarium magnum in Aristotelis de anima libros*, éd. F. S. Crawford, Cambridge Mass., The Medieval Academy of America, 1953, p. 16 : « si hoc est ymaginatio aut non potest esse sine ymaginatio, impossibile est ut sit neque hoc etiam extra corpus ».

2. Voir *QAn.*, I, qu 8, f° 125va (n.n.) : « Prima conclusio : hec conditionalis est falsa "si anima habet operationem propriam, ipsa separabitur a corpore" » ; « Secunda conclusio : hec conditionalis est falsa "si anima non habet operationem propriam, ipsa non separabitur a corpore" » ; « Tertia conclusio : hec conditionalis est vera est necessaria "si anima habet operationem propriam et nullo modo a corpore dependentem, ipsa esset a corpore separabilis" ».

3. Voir *Sentencia libri De anima*, III, 1, dans Sancti Thomae de Aquino *Opera omnia* iussu Leonis XIII P. M. edita, t. XLV-1, Paris-Roma, Commissio Leonina-Vrin, 1984, p. 9.

4. Pour une mise au point sur cette distinction introduite par Thomas (et ses différentes formulations), voir J.-B. Brenet, « Corps-sujet, corps-objet. Notes sur Averroès et Thomas d'Aquin dans le *De immortalitate animae* de Pomponazzi », *in* J. Biard, T. Gontier (éd.), *Pietro Pomponazzi entre tradition et innovation*, Amsterdam-Philadelphia, B. R. Grüner Publishing Company, 2009, p. 11-28.

5. Voir Raoul le Breton, *Questiones supra librum de anima*, éd. S. W. De Boer, p. 306-309.

comme objet (et ainsi, l'âme intellective semble requérir un corps comme objet, à savoir le fantasme). Mais ensuite, en discussion avec Averroès, il relance la question de l'indépendance à titre de sujet en se demandant si l'âme intellective est perfection du corps. Récusant la position averroïste, il admet que l'âme en tant que perfection du corps, est « dans le corps » et en dépend d'une certaine manière comme sujet, au moins dans cette vie.

C'est donc une *triple* distinction que l'on retrouve ultérieurement, et notamment chez Blaise de Parme : comme sujet, comme objet ou comme organe. L'âme dépend du corps comme objet à la manière dont la vue dépend du visible ; elle en dépend comme sujet à la manière dont la vue est dans l'humeur glaciale de l'œil ; elle en dépend organiquement à la manière dont la vue ou l'ouïe peuvent être empêchées par une déformation ou une excroissance[1].

La position de Pietro Pomponazzi en 1516 consistera à retourner à la fois contre Averroès et contre Thomas la dépendance *ut obiecto*. Si l'âme intellective dépend fortement du fantasme comme objet, alors elle ne peut exercer son opération propre sans le corps. La stratégie de Blaise de Parme est différente, et, à ma connaissance, originale. Quoiqu'il reprenne la triple distinction mentionnée ci-dessus, il ne va pas fonder sa solution (ou mieux : ses solutions) sur un partage de ces différents types de dépendance mais, comme souvent, sur deux points de vue possibles. À la question de savoir si l'âme intellective a une opération propre au sens où elle ne dépendrait pas du corps, Blaise donne une première réponse qui admet que l'âme possédant déjà certaines vérités (*anima veritate habituata*) ne dépend du corps ni organiquement, ni à titre du sujet ni à titre d'objet. En effet l'âme qui dispose déjà de certaines vérités n'a pour objet que ces vérités, lesquelles sont subjectivement dans l'âme elle-même[2]. Blaise semble ainsi admettre que l'on peut avoir une intellection sans fantasme[3].

Deux points méritent d'être soulignés. En premier lieu, Blaise de Parme présente cette solution non seulement comme commune (*per me et alios facta*) mais comme probable (*probabilis et forte vera*). Il admet donc

1. *QAn.*, I, qu. 8, f° 125vb (n.n.).

2. Voir *ibid.*, art. 1, 1re question, concl. 1 à 4 du second sens de la question, f° 126ra (n.n.).

3. *Ibid.* : « Ex quibus sequitur corolarium in hac forma : contingit intelligentem sine fantasmate speculari. Patet corolarium de anima habituata » ; il convient de présupposer une distinction énoncée préalablement, f° 122vb : « duplex potest esse sermo de anima intellectiva. Potest enim esse sermo de anima habituata. Potest secundo esse sermo de anima ut solum est in potentia ad sciendum, sicut est anima pueri qui nunc natus est ».

de ce point de vue un fonctionnement indépendant de l'âme intellective. Mais, en second lieu, cela ne vaut que pour l'âme déjà informée par certains habitus : « Cinquième et dernière conclusion : l'âme intellective qui n'est informée par aucune connaissance n'a pas d'opération propre. On le prouve, puisqu'une telle âme a besoin de quelque chose qui cause, pour autant que cela informe, comme une odeur, et elle requiert la présence de l'objet causant »[1]. Il restera donc à préciser ce qu'il en est lors de la genèse de la connaissance.

Bien que cette solution présente une suspicion de vérité, Blaise de Parme la confronte avec une autre solution possible[2]. Or cette autre solution, développée en détail, nous reconduit à certains schémas déjà rencontrés en d'autres occasions. Le principe en est que la matière première est le sujet immédiat des dispositions intellectuelles et morales. Cette thèse s'appuie ici sur deux affirmations préalables : premièrement lorsqu'un agent est convenablement approché de son patient, alors il agit et le patient pâtit ; deuxièmement l'âme intellective ne peut être conçue à la manière d'un réservoir d'images intelligibles (*species intelligibiles*) car dans ce cas elle intelligerait toujours en acte. Les dispositions cognitives sont donc dans la matière première et non pas dans l'âme elle-même, elle y ont un statut de qualités et elles sont tirées de sa puissance par un agent naturel[3]. Il en résulte que toute connaissance intellective dépend du corps[4], soit directement soit indirectement. Nous aurons à revenir plus loin sur ce statut matériel des dispositions psychiques.

Cette doctrine n'est pas présentée comme la plus probable. De surcroît elle soulève quelques difficultés, rapidement évoquées, à propos de l'intellection d'une chose non existante et à propos du souvenir. Cependant, nous avons vu dans le premier chapitre l'importance que Blaise accorde de manière générale à la théorie de la matière première comme sujet, et il en tire ici toutes les conséquences concernant les dispositions psychiques.

1. *Ibid.* : « Quinta conclusio et ultima : anima intellectiva nulla cognitione informata non habet operationem propriam. Probatur quia talis indiget causante ut informante, sicut odore (doctore *ms.* N), et requiritur presentia obiecto causantis ».

2. *QAn.*, I, qu 8, f° 126rb (n.n.) : « licet sit probabilis et forte vera, nunc placuit propositum aliter explicare ».

3. *QAn.*, I, qu. 8, f° 126 rb (n.n.) : « Quarta conclusio et corolaria : omnis scientia est qualitas subiective existens in materia prima, et ducta per agens naturale de potentia ipsius »

4. *Ibid.* : « Sexta conclusio : omnis notitia intellectiva habet dependentiam a corpore ».

Le fidèle et le philosophe

La question de l'opération propre, et celles de la dépendence ou de l'indépendance qui en résulte, sont ordonnées à celle de la séparabilité. Blaise de Parme va développer deux points de vue différents, selon que l'on parle *en tant que fidèle* ou selon que l'on se fonde sur la seule *raison naturelle*[1].

L'examen se place clairement dans la perspective d'une évaluation des modalités épistémiques des propositions portant sur ce sujet. Un tel déplacement de la question elle-même vers les modalités de justification de telle ou telle réponse est une tendance largement répandue au XIVe siècle et procède du croisement de deux héritages. D'une part, à la suite de Scot, qui a présenté la thèse de l'immortalité comme une thèse non démontrable au sens strict, on trouve dans de nombreux textes théologiques (Auriole, Ockham[2], etc.) un déplacement vers une interrogation sur le caractère démontrable ou non de l'immortalité de l'âme, et sur le type de croyance engendré ; d'autre part les débats autour de thèse averroïste selon laquelle l'intellect n'est pas forme du corps sont également formulés en termes de démontrabilité notamment par Thomas Wylton dans sa longue question sur l'âme intellective, et cela marque tous les commentaires ultérieurs sur le traité *De l'âme*[3]. Nous retrouvons cette tendance exacerbée chez Blaise de Parme, à tel point que l'article commence par de très longues mises au point, présentées comme une « digression »[4], sur ce que veulent dire les qualificatifs « su », « cru » « opiné » (objet d'opinion), « douteux », sur le degré de certitude qu'on peut accorder à telle ou telle de ces propositions, sur l'autorité ou la raison comme motifs d'assentiment, sur l'impossibilité d'avoir des attitudes épistémiques de nature différente au sein d'un même système d'argumentations ou de croyances.

1. *QAn.*, I, qu 8, f° 128rb (n.n.) : « Et primo, ut fidelis loquar de proposito, secundo ut habituatus lumine solo naturali ».

2. En ce qui concerne Guillaume d'Ockham, voir *Quodlibeta septem*, I, qu. 10, OT IX, p. 62-65.

3. Thomas Wylton, *Quaestio de anima intellectiva*, éd. J.-B. Brenet dans *Les possibilités de jonction : Averroès – Thomas Wylton*, Berlin-New York, Walter de Gruyter, 2013, p. 202-317 : « Peut-il être prouvé par un argument rationnel et établi de manière évidente que l'âme intellective est la forme du corps humain ? »

4. Voir Blaise de Parme, *QAn.*, I, qu. 8, f° 128rb (n.n.) : « Nunc, facta digressione, condescendo ad principale quod fuit de anima intellectiva ». Cette digression va du f° 127rb au f° 128rb (n.n.).

La détermination de la question selon le point de vue du fidèle (*ut fidelis*) ou selon la foi (*secundum fidem*) est la plus simple[1]. Elle repose sur un système de croyances relevant pour partie de la philosophie, pour partie de la foi, énumérées sans longues justifications. D'une part toute chose dans le monde est nécessairement ordonnée à sa fin, qui pour elle est un bien, et ces fins s'ordonnent à un bien ultime. D'autre part toute volonté droite désire naturellement la plus grande félicité, donc vise l'objet qui lui convient le mieux. Ces principes relèvent de la philosophie naturelle et morale aristotélicienne. Mais les thèse suivantes relèvent de la foi. Il n'est rien en-deçà de Dieu par quoi la volonté droite puisse obtenir la plus grande félicité (*summe delectari*) et en quoi elle puisse trouver le repos. Surtout, on ne peut pas trouver une fin ultime dans notre état actuel (*in presenti statu*), et il faut assurer avec infaillibilité (*est infallibiliter asserenda*) qu'il y a une autre vie après celle-ci, car en elle seule notre âme pourra trouver le repos et la satisfaction ultime. C'est en ce point évidemment que la détermination présuppose la foi, d'autant que cette thèse est présentée comme une affirmation infaillible. Il en résulte d'autres thèses qui nous reconduisent au sujet principal : non seulement la possibilité de subsistance séparée, mais aussi : « après notre état présent, l'âme intellective a des opérations propres, telles qu'il ne peut y en avoir de plus parfaites »[2]. L'une de ces thèses est explicitement objet de croyance, il apparaît que plusieurs reposent sur la seule foi, et c'est ce que résume la dernière conclusion :

> aucune proposition n'affirmant que l'âme intellective est naturellement séparable du corps n'est sue, ni n'est à même d'être sue par l'homme. La conclusion s'explique parce que [...] rien n'est su si ce n'est en raison d'une certaines évidence que l'on possède, etc. Or que l'âme soit séparable du corps, c'est seulement cru en raison de l'espérance et de l'autorité qui l'énonce, à savoir l'Église[3].

Ensuite, Blaise de Parme va longuement développer l'autre détermination possible, qui avait été annoncée comme relevant de la seule lumière naturelle et qui est présentée ici comme conforme aux écoles des

1. Voir *ibid.*, f° 128rb-vb (n.n.).

2. *QAn.*, I, qu. 8, f° 128va (n.n.) : « Undecima conclusio : post praesentem statum habet anima intellectiva operationes proprias quibus perfectiores habere non contingit ».

3. *QAn.*, I, qu. 8, f° 128vb (n.n.) : « nulla propositio asserens animam intellectivam esse a corpore naturaliter separabilem est scita, nec talis ab hominem nata sciri. Declaratur conclusio quia [...] nihil scitur nisi propter evidentiam certam habitam etc. Sed quod anima sit separabilis a corpore, hoc solum creditur propter spem et auctoritate dicentis, scilicet Ecclesie ».

philosophes (*secundum scholas philosophorum*). Celle-ci est précédée de nouvelles considérations épistémiques, qui, entre autres précisions, excluent toute adhésion à des propositions qui ne seraient pas connues par soi ou déduites d'autres propositions connues par soi, ou bien à des propositions contingentes, non connues par soi mais évidentes sur la base de l'expérience.

Sur cette base, on peut énoncer une première série de conclusions. Un premier ensemble (conclusions 1, 2 et 3) souligne que la séparabilité de l'âme n'est pas connue par soi, ni objet d'expérience, ni conçue rationnellement, donc que cela ne peut pas être affirmé naturellement[1]. D'autres conclusions envisagent par contre la séparabilité du point de vue de la toute-puissance divine. En effet, tout le monde, philosophes ou autres, fidèles comme infidèles (*philosophi et alii, tam fideles qua infideles*), admet que Dieu peut faire tout ce qui n'implique pas contradiction. Il s'agit donc de s'appuyer sur un concept purement logique de Dieu, attestant la possibilité du non-contradictoire. De ce fait, on peut penser (*potest quilibet opinari*) que Dieu peut séparer l'âme intellective et la conserver sans le corps. Mais que ce soit pensable n'implique pas que ce soit le cas. Et surtout « l'école des philosophes ne doit pas l'admettre »[2]. Pour quelle raison ? Parce que, toujours d'un point de vue naturel, aucune raison contraignante, aucune évidence ne conduit à considérer comme séparable l'âme (disons la forme de vie) d'une bête ou d'une plante, et qu'on voit pas pourquoi ce serait différent pour l'homme – puisque l'on ne peut pas assigner une cause à une telle diversité. Aucune opinion sur la création de telle ou telle âme par Dieu n'est évidente[3], et il est plus probable que l'âme intellective doive périr, plutôt que subsister perpétuellement[4] – ce qui répond à la question initiale.

Puis une dernière série de conclusions revient sur la génération naturelle. L'une (la neuvième) reprend un thème bien connu, que nous avons déjà rencontré au chapitre précédent : celui de la génération spontanée, sous certaines conditions astrales, d'animaux tels que les grenouilles ; ce phénomène est présenté comme une connaissance expérimentale, et

1. Voir *QAn.*, I, qu. 8, f° 129ra-rb (n.n.) ; voir notamment concl. 3 : « nullus homo naturaliter habet dicere animam corpori affixa esse separabilem ».

2. *QAn.*, I, qu. 8, f° 129rb (n.n.) : « non habet scola philosophorum admittere ».

3. Voir *QAn.*, I, qu. 8, 6a concl., f° 129va (n.n.) : « quod anima intellectiva hominis sit a Deo creata est possibile sed non evidens » ; 7a concl., f° 129va (n.n.) : « quod anima asini sit a Deo creata et indivisibilis, tota in toto asino in qualibet eius parte, non est evidenter reprobatum ».

4. Concl. 8, f° 129va (n.n.) ; Blaise de Parme énumère quelques arguments qui pourraient aller dans le sens de la survie, mais tous sont récusés.

à ce titre naturellement évidente[1]. La suivante peut surprendre, en ce qu'elle contredit le principe aristotélicien de l'éternité des espèces. Pour cela, Blaise de Parme fait appel au déluge universel, présenté toutefois, là encore, comme un phénomène naturel puisqu'il déclare ne pas prêter attention aux paraboles (ou aux fables?) des femmes (« nec in hoc velis credere paraboles mulierum »[2]). Ce qu'il ne convient pas de croire, c'est que Noé aurait sauvé un individu de chaque espèce sur son arche; il avait mieux à faire, s'amuse Blaise, et de toute manières l'homme ne voisine pas volontiers avec le lion, ni l'agneau avec le loup[3]. Si donc le déluge eut vraiment lieu, ce qu'on peut admettre, alors toutes les espèces furent détruites, et il fut un temps où il n'y eut plus d'homme. Mais alors, si l'homme réapparut après le déluge, il faut supposer qu'il fut lui aussi, sous une certaine configuration astrale, engendré à partir de la putréfaction : « Il est évident que l'homme peut naturellement être engendré à partir de la putréfaction. Cette conclusion est évidente puisque jadis le monde fut rétabli de telle sorte que, après le temps du déluge, un homme est né de la putréfaction »[4]. On ne peut même exclure que cela se reproduise, soit par retour du déluge, soit même comme phénomène local dans ce monde si une certaine configuration astrale dispose convenablement la matière en tel ou tel lieu[5]. La dernière conclusion de ce développement conforte donc le statut de forme matérielle de l'âme intellective de l'homme : « que l'âme intellective de l'homme soit éduite de la puissance de la matière, engendrable et corruptible, n'importe qui doit clairement le concéder »[6]. Ce qui apparaissait en d'autres lieux textuels comme un exemple ou une hypothèse rapidement évoquée est donc ici longuement argumenté.

1. *QAn.*, I, qu. 8, f° 129vb (n.n.) : « Nona conclusio : in media regione, sepe vigore alicuius astri vel plurium, generata sunt animalia diversarum specierum ; visa a nobis, cadent deorsum, ut sunt rane, pisces, boves, etc. Ista conclusio nota est notitia experimentali et per consequens, evidentia naturali ».

2. *Ibid.*

3. Voir *ibid* : « In tanto enim et arduo casu putandum est quod Noe habuit aliam curam et sollicitudinem : non enim homo libenter cum leone tribudiat, nec agnus cum lupo »

4. *Ibid.* : « Undecima conclusio : evidens est ex putrefactione hominem naturaliter posse generari. Patet evidenter ista conclusio quia alias mundus fuit sic reparatus ut quod, post tempus diluvii, natus est homo ex putrefactione ».

5. Voir *ibid.* : « potest constellatio quantumlibet meliorari et materia quantumlibet melius et melius disponi. Nihil ergo prohibet quin materia illa sic praeparata ex puris naturalibus, non recipiat formam que habebit virtutem discernendi, sillogizandi etc., que a vulgaribus intellectiva nominatur ».

6. *Ibid.* : « quod anima intellectiva hominis sit educta de potentia materie, generabilis et corruptibilis, habet quilibet de plano concedere ».

Les doutes qui suivent cette détermination mettent en évidence l'enjeu pratique, moral et religieux de cette question. Le premier, pourquoi nous aurions intérêt à bien agir si l'âme est corruptible, insiste sur la bonne renommée qui nous valorise tant durant notre vie qu'après la mort. L'hypothèse d'une récompense *post mortem* dans l'hypothèse d'une incorruptibilité de l'âme n'est pas totalement exclue mais elle est renvoyée au statut de croyance, et même de mystère incompréhensible selon la raison naturelle, au même titre que l'assomption de la Vierge[1].

Le quatrième et le cinquième doutes abordent la dimension religieuse. Blaise de Parme reprend la théorie provenant d'Albumasar (abū Ma'šar, 787-886), dans son *Livre des conjonctions* : les religions se suivent selon de longues périodes caractérisées par la domination de telle ou telle planète[2]. Blaise évoquera à nouveau cette doctrine dans le livre III à propos de la liberté de la volonté. Sa présentation débouche sur un relativisme des religions, qui s'enchaînent de manière cyclique selon la conjonction de Jupiter avec Saturne, avec Mars, et ainsi de suite avec les autres planètes, donnant lieu à cinq ou six grandes « sectes ». Dans le cadre du présent examen, Blaise de Parme ne se prononce pas sur la primauté de telle ou telle religion[3]. Mais ce sont les conditions géographiques et temporelles de naissance des hommes que font que ceux-ci suivent telle ou telle religion.

Or chacune de ces religions induit des comportements et des mœurs différentes. La question qui se pose alors (et c'est le quatrième doute) est de savoir si quelqu'un qui suit la loi ou la religion sous laquelle il est né peut être sauvé et jouir de la béatitude éternelle. Blaise répond sans hésitation que oui ; cela ne peut certes pas faire l'objet d'une démonstration, mais d'une persuasion sur une base morale[4]. Il ne s'agit pas exactement d'admettre, selon un argument traditionnel, la possibilité d'une vie vertueuse pour les païens, notamment ceux qui ont vécu avant l'avènement du Christ. La

1. Voir *QAn.*, I, qu. 8, f° 130vb (n.n.) : « cum quis vitam duxerit honestam et deinde moritur in gratia, est credendum quod Deus transubstantiabit eius animam corruptibilem in eternam, sicut facit de corpore beate Marie virginis, quod in celo glorificatum, factum est eternum ».

2. Voir *Abū Ma'šar on Historical Astrology : The Book of Religions and Dynasties (On the Great Conjunctions)*, ed. and english transl. by Ch. Burnett and Keiji Yamamoto, 2 vol., Leiden, Brill, 2000. Le *Kitāb al-qirānāt* avait été traduit en latin sans doute par Jean de Séville. Voir aussi Albumasar (Abū Ma'shar al-Balkhī), *Liber introductorii maioris ad scientiam judiciorum astrorum*, éd. R. Lemay, 9 vol., Napoli, 1995-1996

3. *QAn.*, I, qu 8, f° 130va (n.n.) : « Que de predictis septis sit stabilior et magis Deo grata, nunc non dico ». Sur l'exposé résumé de la théorie d'Albumasar, voir le 3e doute, f° 130rb-va (n.n.).

4. Voir *QAn.*, I, qu 8, f° 130va (n.n.) : « Respondetur quod sic, et hoc moraliter persuadeo ».

question est élargie à toutes les principales religions, à savoir celle des Juifs, des Chaldéens, des Égyptiens, des Sarazins, des Chrétiens. Pour cela, on fait l'hypothèse d'un jeune homme qui n'aurait été instruit dans aucune religion. En premier lieu, pour mériter d'être sauvé il lui suffit de croire à l'existence d'un Dieu, de croire fermement qu'il vaut mieux agir selon le bien que commettre des méfaits, et se comporter en conséquence. Mais en second lieu, aucun raisonnement, aucune évidence ne pourrait convaincre ce bon sauvage (si on peut le nommer ainsi), confronté à un Chrétien et à un Musulman, par exemple, de suivre telle religion plutôt que telle autre – ni les combiner puisqu'elles sont incompatibles. Il pourrait réfuter les deux, choisir celle qui de fait est la pire, ou suivre une troisième ; « il peut donc être sauvé en suivant la foi juive ». En vérité il ne se déterminera pas sans quelque raison extérieure, et celle-ci ne peut être qu'une certaine influence astrale[1]. Pour bien souligner l'aspect *naturel* de ces déterminations, Blaise les compare au mouvement naturel du feu. Il en résulte qu'il n'est pas nécessairement agréable à Dieu que quelqu'un abandonne sa foi pour en suivre une autre, serait-ce la foi chrétienne, car on doit suivre la religion dans laquelle on est né :

> c'est à bon droit (*licite*) qu'un homme doit suivre la secte à laquelle il est naturellement incliné par la constellation qu'il a reçue, selon une certaine configuration, au temps de sa conception, constellation qui fut au bon vouloir de Dieu. Dieu a en effet disposé les astres dans le ciel pour qu'ils opèrent[2].

Montaigne dira qu'il est né catholique comme il est né périgourdin ; Blaise est chrétien parce qu'il est né en Italie à une certaine période de l'histoire des astres. Dans un passage des *Questions sur les Météorologiques*, Blaise affirme que l'action des comètes peut modifier les royaumes et les religions. À côté d'exemples historiques, il évoque (ce qui est rare à ma connaissance) la physiognomonie. Celle-ci nous apprend que « les âmes dépendent des corps » (*anime sequuntur corpora*, adage omniprésent dans cette discipline). C'est pourquoi les astres déterminant la complexion des corps, il peut s'ensuivre une modification des mœurs

1. Voir *QAn.*, I, qu 8, f° 130va (n.n.) : « Dico tamen quod, retento casu, talis non se determinabit ad aliquam nisi superveniat determinans, ut certa influentia alicuius coniunctionis vel aspectus, que in eius conceptione prevaluit in figura ».

2. *QAn.*, I, qu. 8, f° 130vb (n.n.) : « licite homo debet insequi sectam in qua naturaliter inclinatur, quia naturaliter inclinabitur a constellatione quam tempore sue conceptionis obtinuit in figura, que constellatio fuit beneplacito Dei. Deus enim posuit astra in celo ut operarentur ».

et des « lois », à tel point que des infidèles peuvent devenir fidèles ou inversement[1].

Assurément, Blaise de Parme s'inscrit dans une large tradition qui distingue point de vue de la philosophie et point de vue de la foi, et dans une certaine mesure il défend un certain matérialisme comme expression de la raison naturelle. À une lecture attentive cependant ce texte présente des aspects propres et originaux.

Alors que la topique buridanienne, avec sa tripartition des positions possibles, n'est évoquée que très succinctement dans le livre III, dans le livre I Blaise simplifie en opposant deux points de vue. Il ne s'agit pas d'opposer deux systèmes d'argumentation ayant chacun une forme de vérité, l'une absolue l'autre relative au système d'axiomes de départ, comme chez Boèce de Dacie ; il ne s'agit pas non plus d'opposer deux rationalismes régionaux comme lorsque Blaise lui-même distingue la vérité mathématique et la vérité physique ; il s'agit, de façon en apparence plus classique, d'opposer la foi au savoir. Mais chaque terme de cette alternative doit être soigneusement précisé.

Le premier système d'argumentation est clairement fondé sur la croyance, entendue au sens restreint d'un assentiment qui ne repose sur aucune évidence[2]. Mais ce qui la fonde n'est pas tant une variation de l'évidence ou de la certitude, qu'un appel à l'autorité :

> toute proposition à laquelle quelqu'un assentit fermement non pas en raison d'une évidence qu'il posséderait mais par la seule autorité de celui qui l'énonce est une proposition crue par lui. Et ainsi nous croyons par l'autorité de l'Église, qui s'exprime ainsi, que l'Antéchrist existera. Et

1. Voir *Questiones super Metaurorum*, I, qu. 9, éd. A. Panzica, « Les *Questions sur les Météorologiques* du manuscrit Vat. lat. 4082 : Blaise de Parme, Nicole Oresme et l'*Inter omnes impressiones* », *Bulletin de philosophie médiévale [SIEPM]* 2019, p. 153-182, ici p. 176 : « Octava conclusio : comete significant mutationem regum et sectarum [...] Sed causa et ratio horum effectuum scribitur iuxta principium *Phiosiognomie* Aristotelis. Anima enim insequitur complexiones corporis. Cum autem in tempore cometarum corpora humana mutantur de complexione flematica in colericam, et prius in sanguineam, et flematici sunt multum immobiles in suis operationibus, tunc propter huiusmodi permutationem complexionis immobilis ad complexionem mobilem, mutate sunt leges. Cum anima insequitur complexiones corporis, ut dictum est, infideles facti sunt fideles vel e contrario ».

2. Au début de l'article III, Blaise de Parme a opposé à cet égard ce qui est su et ce qui est cru : « omnis propositio cui sine formidine quis firmiter assentit propter evidentiam habitam, et ita est totaliter sicut illa propositio assentienti significat, est scita ab eo. [...] Dico, secundo, "propter evidentiam habitam " propter fidem nostram, unde credimus firmiter Antichristum fore et non propter evidentiam habitam » (*QAn.*, I, qu. 8, f° 127rb (n.n.)).

nous croyons encore que Dieu est un et trine par la seule autorité. C'est pourquoi il est écrit dans le Symbole « Je crois en un seul Dieu »[1].

C'est cette modalité d'assentiment qui convient à la détermination de la question selon le point du vue du fidèle, ainsi que nous l'avons vu plus haut. On pourrait penser qu'il ne s'agit dès lors que de faire allégeance, quelles qu'en soient les raisons, à l'autorité ecclésiale, et d'accepter les positions prescrites depuis le Concile de Vienne (1311-1312) selon lesquelles l'âme est par soi et directement forme essentielle du corps, ainsi que quelques-unes de leurs conséquences. Mais à l'opposé de toute tendance concordataire, il exacerbe la contradiction entre ce point de vue et celui de la raison.

Le second point de vue est en effet celui des « écoles des philosophes ». Blaise de Parme ne cherche pas, comme on peut le trouver aussi bien chez Buridan que chez Pomponazzi deux siècles plus tard, à opposer diverses interprétations (Aristote, Alexandre, Averroès...), il regroupe les philosophes sous une exigence commune, celle de n'admettre que ce qui est connu par soi, déduit de propositions connues par soi ou évidentes par expérience. Dans ce domaine, ce qui est contingent n'est pas démontrable (et cela inclut toute proposition dont le sujet se réfère à une chose sujette à la corruption); en revanche de nombreuses propositions peuvent être évidentes expérimentalement, y compris l'affirmation de sa propre existence[2]. C'est ce que Blaise résume, sans surprise, par l'adjectif « naturel », entendu d'un point de vue subjectif : on se demande si la séparabilité est contredite par la raison naturelle[3], on raisonne « pour autant que nous sommes disposés par la seule lumière naturelle »[4]. La séparabilité n'est établie par aucun de ces critères de la connaissance

1. *QAn.*, I, qu. 8, f° 127va (n.n.) : « omnis propositio cui quis firmiter assentit non propter evidentiam habitam sed sola auctoritate dicentis est propositio ab eo credita. Et sic credimus Antichristum fore auctoritate Ecclesie sic dicentis. Et credimus etiam Deum esse trinum et unum sola auctoritate. Et ideo scribitur in simbolo "credo in unum Deum" ».

2. *QAn.*, I, qu. 8, f° 129ra (n.n.) : « hoc enim est evidens mihi et vobis "ego sum Blasius" ».

3. *QAn.*, I, qu. 8, f° 125ra (n.n.) : « an fatendum sit animam post mortem a corpore separari, vel huic ratio naturalis, vel potius moralis, contradicat »

4. *QAn.*, I, qu. 8, f° 128rb (n.n.) : « ut habituatus lumine solo naturali ». Plus loin (f° 129ra, 129vb (n.n.)), Blaise parlera d'évidence naturelle, en l'opposant à l'évidence absolue ou suprême (*evidentia summa, evidentia naturali*), et en insistant alors sur la connaissance par expérience (celle du feu qui chauffe, ou... celle des animaux engendrés dans la région médiane du monde, du seul fait de l'influence astrale).

naturelle[1]. Ce qui importe le plus, c'est l'envers positif de cette négation, apparu lors des deux dernières conclusions : on ne peut pas exclure, selon la raison naturelle, l'engendrement de l'homme par éduction, dans une matière convenablement disposée, d'une forme qui ait la puissance de discourir et de raisonner, « celle qui est appelée par le vulgaire âme intellective »[2]. On retrouve alors les expressions qui étaient celles du matérialisme « alexandriste » dans les textes parisiens du milieu du siècle (« quod anima intellectiva hominis sit educta de potentia materie, generabilis et corruptibilis... »), mais combinées avec la théorie générale de l'influence astrale, seule à même de produire en la matière telle ou telle disposition.

La position philosophique débouche donc bien sur une doctrine mortaliste qui, du point de vue ontologique, rejoint le matérialisme original présenté dans certains passages de la physique. Cependant, c'est l'enjeu pratique qui est souligné. Blaise tient à rappeler que la thèse mortaliste ne débouche pas sur un immoralisme. La bonne renommée assure un équivalent de l'immortalité et justifie le bonne conduite. De ce fait, le système des croyances religieuses semble lui aussi reconduit à ce qui peut fonder la bonne conduite, et il semble que de ce point de vue toutes les religions se valent. La croyance n'est pas pour autant minorée, mais il semble que pour être vraiment ferme, elle doive s'ancrer dans une religion qui est déterminée par le lieu et le moment de naissance, sans privilège d'aucune.

Blaise de Parme n'insiste pas seulement sur l'incompatibilité des deux attitudes épistémiques (savoir, croire), mais sur l'opposition de tout le système d'attitudes intellectuelles, de motivations et de mode d'assentiment du philosophe et du fidèle :

> si tu entends suivre la foi, à laquelle il revient de croire, alors abandonne la disposition philosophique, à laquelle il revient de posséder une connaissance évidente. Et si tu fais le contraire, alors il te faut délaisser la foi du Christ[3].

1. *QAn.*, I, qu. 8, f° 129rb (n.n.) : « nullus homo naturaliter habet dicere animam corpori affixa esse separabilem » ; « Alia conclusio : an Deus alias animam intellectivam a corpore separaverit, et de cetero aliquam separabit et separatim conservabit, non habet schola philosophorum admittere ».

2. *QAn.*, I, qu. 8, f° 130ra (n.n.) : « [...] formamque [habentem] virtutem discernendi, sillogizandi etc., que a vulgaribus intellectiva nominatur ».

3. *QAn.*, I, qu. 8, f° 127vb (n.n.) : « ubi tu intendas fidem sustentare, cuius est credere, depone tunc habitum philosophicum, cuius est notitiam habere evidentem. Et ubi econverso, te fidem Christi oportet relinquere ».

Dans bien des développements ultérieurs, Blaise raisonne dans un cadre où l'âme est posée comme indivisible. Mais ce long exposé de la position philosophique, placée au seuil des analyses ultérieures sur le statut de l'âme et de l'intellect, jette une lumière nouvelle sur les alternatives qui suivront et donne un incontestable poids supplémentaire aux doctrines privilégiant (avec les limites assignées dans notre premier chapitre), l'unité et la matérialité.

Divisible ou indivisible : deux points de vue sur l'intellect

Blaise de Parme évoquera également l'âme intellective dans plusieurs passages qui ont trait à l'indivisible de manière plus générale. Dans la question 15 sur le livre I *De la génération et de la corruption*, le point peut être imaginé de deux manières : comme ayant une position dans le continu ou comme n'en ayant pas. Afin de faire comprendre cela, Blaise le compare avec l'âme intellective « qui est dans le corps bien qu'elle n'ait pas de position et de place (*situs*) dans le corps humain »[1]. De même, dans les *Questions sur le traité des rapports de Thomas Bradwardine*, donc dans un contexte mathématique, l'âme apparaît à nouveau à titre d'exemple, cette fois dans une argumentation visant à nier la comparabilité de deux rapports d'égalité – aucun rapport d'égalité n'est en effet plus grand qu'un autre. Le rapport de l'âme à elle-même est un rapport d'égalité (*proportio equalitatis*), c'est-à-dire un rapport entre deux termes égaux. Pourquoi ? Parce que si l'on pose l'âme comme indivisible, elle ne peut être mise en relation qu'avec elle-même ; ou encore, puisque d'un point de vue philosophique le rapport n'est pas autre chose que les termes mêmes du rapport, ce n'est autre que l'âme elle-même, égale à elle-même car non mesurable :

> L'antécédent est patent puisque de l'âme intellective à elle-même, il y a un rapport d'égalité, rapport qui n'est autre que cette âme intellective elle-même, que je pose pour l'instant comme indivisible[2].

De ce point de vue, l'intellect ou l'âme intellective n'est donc que l'un égal à lui-même[3]. En revanche, d'un point de vue naturel ou physique, comme on le lit dans les *Questions sur l'âme*, l'âme intellective n'est pas indivisible mais étendue :

1. *QGC*, I, qu 15, f° 23rb.

2. *QProp.*, qu. 5, 1er arg. *quod non*, éd. J. Biard et S. Rommevaux, Paris, Vrin, 2005, p. 87 : « Patet antecedens quia anime intellective ad se ipsam est proportio equalitatis, que proportio non est aliud quam ipsa anima intellectiva quam pro nunc pono indivisibilem ».

3. *Ibid.* : « Modo indivisibile non est equale nec inequale alicui rei ».

> Mais que l'âme intellective soit ou non divisible, cela a été dit dans la dernière question sur le livre premier. Cependant, si l'on parle naturellement, il faut dire qu'elle est étendue comme n'importe quelle autre âme[1].

Dans un passage des *Questions sur le traité du ciel*, Blaise de Parme évoque à nouveau un tel point de vue physique sur l'âme intellective :

> étant donné une chose quelconque, qui est une, elle est divisible puisqu'elle est une chose naturelle ; et qu'on n'y fasse pas objection avec l'âme intellective puisque, en parlant physiquement, celle-ci n'est pas indivisible[2]

Il apparaît donc que l'intellect en lui-même (rapporté seulement à lui-même) est indivisible, mais que « physiquement », c'est-à-dire lorsqu'on le considère dans son union avec le corps, comme âme intellective engagée dans le monde, il est divisible et par conséquent étendu, sans aucun doute parce que cette âme intellective peut être mesurée par le corps qu'elle anime. On retrouve ainsi l'approche « naturelle » du problème dans les *Questions sur l'âme*. Tout corps naturel est matériel et entendu, c'est pourquoi il est continu et divisible à l'infini. D'un point de vue naturel ou philosophique l'âme informant le corps est une forme matérielle, étendue et divisible comme le corps dont elle est la forme.

Graziella Federici Vescovini a à plusieurs reprises souligné légitimement l'importance fondamentale de cette distinction[3]. Plutôt que de « deux intellects » je préfère pour ma part parler de deux points de vues ou de deux modèles. L'un est le modèle mathématique, qui réduit l'intellect au rapport d'égalité de l'un avec lui-même, tel qu'on peut le penser (ou l'imaginer) indépendamment des opérations d'animation et de pensée au sens large ; l'autre est le modèle qu'on peut dire naturel, physique ou philosophique, celui de l'intellect comme *âme* intellective, mesurée par le corps qu'elle anime.

1. *QAn.*, II, qu 4, f° 145va (n.n.) : « Sed an anima intellectiva sit divisibilis an ne, dictum fuit de hoc in ultima questione primi. Naturaliter tamen loquendo, dicendum est quod est extensa sicut quelibet alia anima ».

2. *Questiones de celo*, I, 1, ms. Milan f° 23ra : « quacumque re data que est una, illa est divisibilis quia est naturalis res, nec fiat instantia de anima intellectiva quia, physice loquendo, ipsa non est indivisibilis ».

3. Voir Gr. Federici Vescovini, *Nicolas de Cues, L'homme atome spirituel*, Vrin, Paris, 2016, p. 27-41 ; « Blaise de Parme et l'intelligibilité mathématique », *in* J. Biard, A. Robert (éd.), *La Philosophie de Blaise de Parme. Physique, logique et mathématique*, p. 107-127, en part. p. 122-123.

CHAPITRE X

L'ÂME ET SES OPÉRATIONS

Nous n'allons pas dans cette étude analyser en détail la réélaboration de la psychologie des facultés à laquelle se livre Blaise de Parme, non plus que sa théorie de la connaissance. Il importe toutefois d'en indiquer quelques traits fondamentaux.

La cognition dans sa continuité

Nous avons vu que Blaise soutient la thèse de l'unité de l'âme humaine. L'âme rationnelle est le principe unique d'une pluralité d'opérations, de fonctions, qui vont de la simple sensation à l'intellection. On ne niera pas pour autant tout ordonnancement de ces opérations mais il convient de réfuter tout ce qui vise à les opposer. Ainsi, il est usuel de souligner que l'âme intellective se connaît soi-même, alors que ce n'est pas le cas de la vue ou de l'ouïe. Blaise de Parme juge bon de réinterpréter cette thèse aristotélicienne[1], à cause précisément de l'identité fondamentale de l'âme à travers ses différentes fonctions : « il n'y a pas de doute que l'âme intellective soit l'âme voyante (*visiva*), entendante (*auditiva*), nutritive et ainsi de suite »[2]. On doit donc dire que l'âme intellective ne se connaît pas à travers cet organe ou instrument qu'est par exemple l'œil, alors qu'elle se connaît à travers le cœur. La formulation ne fait pas appel à un principe immatériel transparent à soi, mais à la théorie cardiocentrique qui localise la pensée dans une partie du corps.

1. *QAn.*, I, qu. 8, f° 131rb (n.n.) : « cum dicitur quod potentia visiva non cognoscit suam operationem et anima intellectiva cognoscit se ipsam et suam operationem et multa talia, dico quod ista propositio est neganda vel saltim exponenda, quia est Aristotelis II° huius ».

2. *Ibid.* : « non est dubium quod anima intellectiva est anima visiva et auditiva et nutritiva et sic de aliis ».

Cette identité du principe à travers une multiplicité d'opérations impliquant une diversité d'organes, explique en premier lieu qu'il y ait une continuité entre sensation et intellection. Blaise de Parme s'inscrit ainsi, en la renforçant, dans une tendance que l'on trouvait déjà chez Buridan et qui consiste à accentuer la dimension empirique de la connaissance[1]. Certes, tous les commentateurs aristotéliciens refusent l'innéisme et affirment que l'intellect est d'abord comme une table rase. Mais cela n'empêche pas la plupart, surtout au XIIIe siècle, de considérer que l'intellect a un objet propre, à savoir la nature commune abstraite du singulier. Pour tous les réalismes, dont les variantes sont nombreuses, même si l'universel *in re* n'existe que dans le singulier, c'est l'*universel* pensé, *post rem*, actualisé par l'intellect agent à partir du fantasme, qui constitue l'objet spécifique de l'intellect. Blaise de Parme se situe dans une tout autre perspective, celle d'une activité continue de la connaissance à partir du sens qui exerce lui-même un certaine activité. C'est pourquoi c'est toujours du même objet que, en dernier ressort, on a divers types de connaissance qui sont autant de points de vue sur cette chose. C'est ce que soulignent les premières questions sur le livre I *De l'âme* : « d'une même chose on a ou on peut avoir une connaissance complexe et une connaissance incomplexe, propre et commune, sensitive et intellective, intuitive et abstractive, et de même vraie et fausse »[2]. Sensation et intellection, tout comme intuition et abstraction, peuvent être subsumées sous le même terme de *cognitio* qui est un processus complexe et graduel de saisie de la chose. C'est ainsi que dans les *Questions sur la Perspective*, la vision est traité comme « quedam cognitio »[3].

Les éléments fondateurs de la théorie de la connaissance reposent sur la distinction, d'origine scotiste mais devenue omniprésente au XIVe siècle, entre connaissance intuitive et connaissance abstractive[4]. Dans son sens originel, la connaissance intuitive est liée à la présence de la chose tandis

1. Sur la question de l'empirisme de Buridan, voir E. A. Moody, « Empiricism and Metaphysics in Medieval Philosophy », *The Philosophical Review* 67 (1958), p. 145-163 ; J. Zupko, *John Buridan*..., p 204-205 ; J. Biard, *Science et nature*..., p. 58-67.

2. *QAn.*, I, qu. 3, f° 115rb (n.n.) : « eiusdem rei habetur vel haberi potest cognitio complexa et incomplexa, propria et communis, sensitiva et intellectiva, intuitiva et abstractiva, et similiter vera et falsa ».

3. *Questiones super Perspectiva communi* [dorénavant *QPersp.*], I, qu. 1, p. 64.

4. Bien qu'elle ait une origine théologique, extérieure à la psychologie aristotélicienne, on la retrouve dans certains traités de l'âme comme celui de Pierre d'Ailly : voir *Tractatus de anima* c. 11, *in* O. Pluta, *Die philosophische Psychologie des Peter von Ailly*, t. II, Edition, *Petrus de Aillyaco : Tractatus de anima*, « Bochumer Studien sur Philosophie » 6, Amsterdam, Grüner, 1987, p. 70.

que la connaissance abstractive est l'appréhension d'une représentation de cette chose en son absence. Blaise de Parme reprend cette distinction dès le début de ses *Questions sur l'âme* à propos de la connaissance d'une chose sensible, donc d'un étant singulier tel qu'il se donne dans le monde naturel. En effet, Blaise de Parme présuppose constamment, sans même juger bon la plupart du temps de le rappeler, une ontologie singulariste (ou nominaliste) récusant toute forme d'être d'un universel réel, l'universel n'étant qu'un concept ou un mot. Ainsi, à l'occasion d'une objection qui évoque un homme universel ou une grenouille universelle, Blaise de Parme répond qu'un tel argument n'est même pas digne d'examen[1].

La connaissance intuitive est celle de la chose présente, au moyen d'une *species* qui est présente à l'âme :

> Première conclusion : une chose sensible peut être connue naturellement par l'âme intellective, d'une connaissance simple et intuitive. On prouve la conclusion parce que, du fait qu'on parle d'une chose sensible, celle-ci peut causer son image (*speciem*) dans l'âme, et alors l'âme, par la lumière naturelle, formera une connaissance simple de cette chose. Et cette connaissance sera dite « intuitive » parce qu'on appelle intuitive celle qui est connaissance d'une chose présente par son image propre[2].

Mais la connaissance abstractive, qui est due à l'activité de l'âme intellective, s'adresse elle aussi à la chose sensible, et non à un objet d'un autre type :

> Deuxième conclusion : une chose sensible peut être connue par l'âme intellective d'une connaissance simple et abstractive. Cette conclusion est patente parce que, au moyen de la puissance remémorative, l'image peut être conservée en l'absence de la chose sensible. Et cette image peut mouvoir l'intellect et causer une connaissance intellective. Et une telle connaissance est dite abstractive[3].

1. Voir *QPhys.*, 2ª red., I, qu. 3, f° 68rb : « Nunc ad argumentum probans quod universale extra animam existens est notius, et probans quod sit aliqua rana universalis, similiter in specie humana aliquis homo universalis, et sic de aliis, dico quod tale argumentum non est dignum solutione ».

2. *QAn.*, I, qu. 1, f° 112va (n.n.) : « Prima conclusio : res sensibilis cognosci potest naturaliter ab anima intellectiva cognitione simplici et intuitiva. Probatur conclusio quia, ex quo est sermo de re sensibili, ipsa potest causare suam speciem in anima, et tunc anima lumine naturali formabit cognitionem simplicem de ipsa re. Que cognitio dicetur « intuitiva », quia cognitio intuitiva dicitur esse illa que est rei presentis per eius propriam speciem ».

3. *Ibid.* : « Secunda conclusio : res sensibilis cognosci potest ab anima intellectiva cognitione simplici et abstractiva. Patet illa conclusio, quia mediante virtute memorativa

Ces deux types de connaissance sont en continuité. Dans une question de la *Physique*, s'interrogeant sur le rapport entre singulier et universel dans la connaissance naturelle, Blaise de Parme admet que dans le processus de reconnaissance d'une chose, selon un schéma dominant depuis le milieu du siècle et inspiré par l'expérience de la vision de loin (expérience décrite notamment par Avicenne), on saisit une chose par un concept commun et confus avant de le saisir de plus en plus distinctement[1]. Cependant cette expérience ne contredit nullement le fait qu'en droit tout concept confus a été acquis sur la base de connaissances intuitives singulières. Ainsi :

> l'intellect n'est pas mis en mouvement pour intelliger s'il n'a pas d'abord été mû par le sens intérieur, et le sens intérieur n'est pas mis en mouvement pour sentir s'il n'a pas d'abord été mû par l'extérieur, et le sens extérieur n'est pas mis en mouvement s'il n'a pas d'abord été mû par un objet sensible[2].

Il ne faudrait pas croire pour autant qu'un tel processus soit un enregistrement passif de données. Non seulement dans l'expérience de la reconnaissance, qui est la situation courante d'un intellect déjà équipé de concepts acquis, l'intellect applique des concepts plus ou moins distincts à la chose, mais dans la genèse même de la connaissance l'esprit et la chose concourent activement, et cela dès le niveau sensible.

Le sens actif

Le texte aristotélicien invitait à opposer le sens purement passif, qui s'actualise en présence de ce qui est senti, à l'intellect qui se dédouble en intellect agent et intellect patient, ou possible, pour produire en lui la forme intelligible. Or au XIVe siècle, l'idée d'un acte commun du sentant et du senti tend à laisser place à une relation de causalité efficiente entre

potest reservari species in absentia rei sensibilis. Que species potest movere intellectum et causare cognitionem intellectivam. Et talis cognitio dicitur abstractiva ».

1. *QPhys.*, 2a red., I, qu 3 ; voir notamment « de cognitione incomplexa », 1a concl., fo 67rb-va. Sur cette théorie de la perception, voir J. Biard, « Temporalité et petites perceptions au milieu du XIVe siècle », *à paraître* dans les Actes du colloque « Rationality in Perception », Helsinki, 12-14 décembre 2019.

2. *QPhys.*, 2a red., I, qu. 3, V1 fo 65rb : « intellectus non movetur ad intelligendum nisi prius moveatur a sensu interiori, nec sensus interior movetur ad sentiendum nisi prius moveatur ab exteriori, nec sensus exterior movetur nisi prius moveatur ab obiecto sensibili ». Il s'agit d'un argument allant dans un sens qui ne sera pas retenu dans cette question, mais il est conforme à la doctrine générale de Blaise.

la chose sentie et une modification de la puissance qui l'appréhende. Mais cette réceptivité, qui fonde la tendance empiriste indiquée plus haut, doit être combinée de façon nouvelle avec une activité de l'esprit dès le stade de la sensation. La question d'une activité propre du sens est venue au premier plan depuis le début du siècle avec le débat entre Barthélémy de Bruges et de Jean de Jandun. Ce dernier, reprenant certaines suggestions d'Albert le Grand et s'appuyant sur Averroès, a défendu l'idée d'un sens agent, analogue à l'intellect agent[1]. Quelques décennies plus tard, cette question est devenu un passage incontournable des textes de psychologie cognitive, comme en témoignent les *Questions sur l'âme* de Jean Buridan ; la question 9 sur le livre II (dans la dernière lecture) demande : « Est-il nécessaire pour sentir qu'il y ait un sens agent ? ». Alors que l'idée d'un sens agent, lorsqu'elle était formulée au XIIIe siècle, était immédiatement rejetée, Jean Buridan va défendre lui aussi l'idée d'un sens agent, mais en le concevant très différemment de Jean de Jandun. La thèse principale est que l'âme sensitive, tant en l'homme que dans les bêtes, agit pour produire la sensation, car la seule image sensible ne suffit pas pour cela ; et en ce sens l'âme qui sent doit être dite « sens agent ». Mais l'idée même de sens agent est considérablement transformée. Elle s'appuie sur une unité forte de l'âme, à l'opposé de la position jandunienne qui oppose l'intellect à l'âme organique. Pour Buridan, c'est la même âme qui agit dans l'intellection et dans la sensation. Et puisqu'elle a une dimension active et une dimension passive, le sens agent est en réalité identique au sens patient. Le cœur du problème est donc de combiner activité et passivité de l'âme elle-même dans la sensation[2].

Dans de nombreux textes du milieu du siècle on trouvait déjà, à propos du sens agent, le même dispositif de questions et les mêmes type de réponses : la *secunda lectura* de Buridan ou *Questions brèves*[3], les

1. A. Pattin, *Pour l'histoire du sens agent. La controverse entre Barthélémy de Bruges et Jean de Jandun, ses antécédents et son évolution*, Leuven, 1988 ; voir un résumé plus récent du problème dans J. Biard, « Le sens actif selon Jean Buridan », *in* Gr. Federici Vescovini, V. Sorge, C. Vinti (ed.), *Corpo e anima, sensi interni e intelletto dai secoli XIII-XIV ai post-cartesiani e spinoziani*, Tunrhut, Brepols, 2005, p. 227-247.

2. Voir J. Biard, « Le sens actif selon Jean Buridan », art. cit. ; « Introduction » à Jean Buridan, *Questions sur l'âme*, p. 19-21.

3. Le texte se trouvé édité d'après le manuscrit Vendôme 169 en annexe dans Benoît Patar, *Le Traité de l'âme de Jean Buridan [de prima lectura]*, Louvain-la-Neuve-Longueuil, Éditions de l'Institut supérieur de Philosophie-Éditions du Préambule, 1991 : voir p. 757-760.

Questions sur l'âme de Nicole Oresme[1], l'Anonyme de Patar[2], le texte anonyme d'un manuscrit de Turin[3], ou plus tard les questions attribuées à Marsile d'Inghen[4]. Blaise de Parme s'inscrit dans ce courant. Cet aspect de sa psychologie a souvent été étudié, c'est pourquoi je serai bref. Mais il ne faut pas minimiser les transformations que l'idée d'une activité propre du sens a subies dans cet ensemble de textes, en comparaison de la théorie averroïste, à tel point que Blaise évite l'expression littérale de « sens agent »[5].

Dans la question 13 sur le livre II, Blaise de Parme ne s'interroge plus sur l'existence d'un sens agent, mais se demande « si le sens est une vertu passive »[6]. Nous pouvons retenir deux aspects. En premier lieu, Blaise de Parme livre des précisions sur les différentes acceptions des termes « sens » et « sensation », qui reprennent ce que l'on trouve dans les *Questions* de Buridan[7]. En second lieu, s'il propose, selon sa démarche habituelle, une double détermination, il souligne qu'il ne considère pas la thèse de la passivité comme vraie, puis affirme qu'il soutient comme vraie la thèse opposée, donc celle de l'activité du sens[8]. On peut énumérer

1. Nicole Oresme, *Questiones de anima*, II, qu. 8 et 9, p. 173-189.

2. *Quaestiones de anima*, II, qu. 10, dans B. Patar, *Le Traité de l'âme de Jean Buridan [de prima lectura]*, « Philosophes médiévaux » 29, Leuven, Peeters, 1991, p. 308-315.

3. Ms. Torino Naz. H. III, 30, qui recoupe en partie (seulement) le ms. Bruges 477 édité par Patar. La question II, 10 sur le sens agent a été éditée par Graziella Federici Vescovini comme « seconde rédaction » du traité de Blaise de Parme ; voir *Le Quaestiones de anima di Biagio Pelacani da Parma*, Firenze, Olschki, 1974, p. 149-156. Mais Gr. Federici Vescovini est à juste titre revenue sur cette attribution : voir *Astrologia e scienza*, p. 422.

4. P. Marshall, « Parisian Psychology in the Mid-Fourteenth Century », *Archives d'histoire doctrinale et littéraire du Moyen Âge* 50 (1993), p. 101-193, ici p. 128-131.

5. La première à souligner l'importance de ce thème du sens « agent » chez Blaise de Parme fut Graziella Federici Vescovini dans *Astrologia e scienza*, p. 139-143 ; voir ensuite O. Rignani, « Biagio Pelacani e il senso agente », *in* Gr. Federici Vescovini, V. Sorge, C. Vinti (ed.), *Corpo e anima, sensi interni et intelletto dai secoli XIII-XIV ai post-cartesiani e spinoziani*, Turnhout, Brepols, 2005, p. 247-266 ; et récemment J. F. Silva, « Blasius of Parma on the Activity of Sense », *in* J. Biard, A. Robert (éd.), *La philosophie de Blaise de Parme. Physique, psychologie, éthique*, « Micrologus Library » 96, Firenze, 2019, p. 247-270. Sur le devenir averroïste de ce concept, voir V. Sorge, « Taddeo da Parma e la dottrina del senso agente », *in* Gr. Federici Vescovini, V. Sorge, C. Vinti (ed.), *Corpo e anima, sensi interni et intelletto dai secoli XIII-XIV ai post-cartesiani e spinoziani*, p. 211-226.

6. *QAn.*, II, 13, f° 170rb (n.n.).

7. Au cours de la question 9 sur le livre II, Buridan énumère les divers sens de « sensible », de « sensitif », de « sens » et de « sentir » : voir trad., p. 249-252.

8. *QAn.*, II, 13, f° 171rb (n.n) : « Quantum ad tertium articulum, determino questionem in hoc articulo pro parte negativa, *quam determinationem ex [tota] toto assero veram* » ; « Quantum ad quartum articulum determino questionem pro parte opposita, *quam determinationem non assero veram* » – je souligne – ; il est assez rare que Blaise tranche en termes de vérité et de fausseté, non simplement de force probante ou d'évidence relative.

les facteurs qui concourent à la sensation. En premier lieu, le sensible concourt activement à causer la sensation en produisant une image dans le milieu et dans l'organe. Précisons au passage que la position de Blaise sur l'image sensible (*species*) et assez subtile et requerrait à elle seule tout une étude qui à ma connaissance n'a jamais été faite en détail. Du point de vue mathématique, les *species* sont assimilées aux rayons visuels purement mathématiques. Du point de vue physique en revanche, les choses sont plus complexes. Les questions initiales sur le traité *De l'âme* (comme leur équivalent dans la *Physique*) font clairement appel aux *species* à propos de la connaissance intuitive. Dans la question 13, Blaise de Parme nie que la chose puisse transmettre une qualité dans le milieu ou dans l'organe parce qu'une qualité doit toujours être tirée (éduite) de la matière ; le modèle d'une diffusion matérielle, prise au sens littéral, semble donc récusé. Le vocabulaire de la *multiplicatio specierum* est néanmoins présent dans la première question sur la *Perspective*, qui demande s'il est besoin de poser des *species* pour expliquer la vision, et plus précisément dans la détermination qui opte pour une réponse affirmative à cette question. Mais, au cours de l'argumentation, Blaise insiste sur le fait que cette transmission (*multiplicatio*) est un véritable engendrement dans la matière (le milieu ou l'organe) et non le saut d'un sujet à un autre[1]. Dans le même sens, les *Questions sur l'âme* expliquent que le sensible produit ou suscite (*agit*) une image de lui dans le milieu et dans l'organe : « première conclusion : dans l'acte de sentir, le sensible concourt activement pour causer la sensation. C'est évident puisque le sensible produit (*agit*) son image dans le milieu et dans l'organe [...] en comprenant [...] que le sensible ne produit pas (*producit*) à partir de soi l'image dans le milieu puisque les formes ne sont pas conduites de l'extérieur dans ce qui pâtit »[2].

On peut dire par conséquent que le milieu concourt passivement à la sensation, tandis que les images sensibles elles-mêmes y concourent activement, quoique seulement à titre d'instrument[3]. Quant à l'âme sensitive, loin de recevoir passivement en elle ces images, elle y concourt

1. *QPersp.*, I, 1, p. 66 : « Multiplicantur igitur per veram generationem et non aliter. Et sic sunt fundate in materia prima, sicut quelibet alia forma et per hoc debent dici materiales sicut quelibet alia qualitas ». Cf. *QAn.*, II, qu. 13, f° 171b (n.n.)

2. *QAn.*, II, qu. 13, f° 171rb (n.n.) : « sensibile in actu sentiendi active concurrit ad sensationem causandam. Patet quia sensibile agit species eius in medio et in organo [...] intelligendo [...] quod sensibile non producit species a se in medium, quia forme non ducuntur ab extra in passum [...] ».

3. Voir *QAn.*, II, qu. 13, f° 171rb (n.n.), 2e et 3e conclusions.

aussi activement puisqu'elle doit s'appliquer à tel ou tel objet et discerner telle ou telle information[1].

Mais au delà d'une combinaison initiale d'activité et de passivité dans la sensation elle-même, l'unité de l'âme sensitive et de l'âme intellective est liée à l'imbrication des opérations de sensation et d'intellection. Si l'âme sensitive de l'homme et celle d'une bête ne sont pas de même nature, c'est parce que la sensation, telle qu'elle s'applique à des objets extérieurs, a déjà des aspects de conception et de rationalité. La théorie du sens actif doit être mise en relation avec la théorie de la perception développée dans les *Questions sur la Perspective*[2]. La seule actualisation d'une qualité par réceptivité ne suffit pas à expliquer notre perception des choses, telle que nous l'expérimentons, il faut de multiples opérations d'attention, de sélection des informations, d'unification des images visuelles dans le cristallin (ou *humor glacialis*), voire de calcul afin d'évaluer la distance[3], tout cela s'enchaînant de manière continue. La vision est une connaissance causée par la puissance visuelle, avec le concours de l'objet vu[4]. Il ne s'agit pas de nier l'efficace propre de l'objet perçu, mais la perception suppose de multiples opérations inconscientes. C'est pourquoi le terme « vision » peut être entendu en différentes acceptions qui recouvrent tout un spectre : la vision peut être entendue comme l'image de la chose visible ; comme la connaissance générale de l'objet, qui suppose déjà l'attention, la discrimination et la combinaison d'informations ; ou la connaissance distincte (*cognitio distincta*) par laquelle nous appréhendons la chose telle qu'elle est, notamment sa taille, ce qui suppose jugement et calcul[5].

1. *QAn.*, II, qu. 13, f° 171rb (n.n.) : « Quarta conclusio : anima sensitiva active concurrit ad sensationem » ; Blaise renvoie à toute la série d'arguments initiaux contre la passivité de l'âme dans la sensation.

2. Cette mise en relation était suggérée par Graziella Federici Vescovini dès son édition partielle des *Questiones de anima*, p. 123, n. 82. José Filipe Silva insiste à juste titre sur ce point : « What is more striking in Blasius'position is not the claim of ontological unity of the soul, whereby sensitive and intellective aspects are taken to be one and the same, but the use of that principle to make an epistemological claim concerning the active nature of perception » (art. cit., p. 248).

3. Voir J. F. Silva, « Blasius of Parma on the Activity of Sense » ; F. Seller, « La détermination des positions des astres dans l'optique de Blaise de Parme », *in* J. Biard, A. Robert (éd.), *La Philosophie de Blaise de Parme*, p. 219-231.

4. *QPersp.*, I, qu. 1, p. 71 : « visio est quedam cognitio causata potentia visiva in oculo, obiecto concurrente ».

5. Voir *QPersp.*, I, qu. 12, p. 178 : « Visio potest capi dupliciter : uno modo capitur visio ut sit idem quod apprehensio speciei diffuse ab obiecto ; secundo modo capitur visio pro actuali iudicio » ; *QPersp.*, I, qu. 14, p. 201 : « [...] aliquando capitur visio pro specie

Le sujet des dispositions psychiques

Si l'analyse psychologique doit traiter l'âme sensitive et intellective comme le sujet d'un certain nombre d'actes ou de dispositions, en vérité ces opérations doivent être rapportées à la matière première. Rappelons ce qui a été admis. L'individu humain est composé de matière et de forme, et cette forme est une âme intellective. Du point de vue du fidèle cette âme intellective est indivisible, et on peut croire qu'elle est séparable. Du point de vue des philosophes, il s'agit bien d'une forme mais d'une forme matérielle, étendue comme le corps qu'elle informe, et qui pourrait même être tirée (*educta*) de la matière convenablement disposée, sous couvert d'une influence astrale adéquate. D'un point de vue naturel, donc, l'âme engagée dans le corps, principe actif de la sensation et de l'intellection, est à considérer comme une telle forme matérielle.

C'est ce qu'expose en particulier une difficulté au sein de la question sur l'activité du sens. Blaise de Parme se demande si une forme peut être réceptrice d'une autre forme. Et il rappelle d'abord qu'aucune forme ne peut recevoir une autre forme substantielle[1]. Il adopte en effet une position extrême dans son refus de la pluralité des formes. Ainsi, toute forme, qu'il s'agisse d'une forme substantielle ou d'une forme accidentelle, informe directement la matière convenablement disposée[2]. Cette doctrine, qui a été exposée dans la *Physique* avec une portée générale, est appliquée maintenant à la science de l'âme : « Toutes les qualités, quelles qu'elles soient, sont éduites de la puissance de la matière, comme la chaleur et la froideur, *la science*, l'odeur, la lumière et ainsi de suite »[3]. Une question de la première rédaction de la *Physique* en conclut même que ces dispositions sont étendues[4].

rei visibilis impressa in oculo. Secundo modo capitur visio pro generali cognitione ipsius obiecti. Tertio modo capitur visio pro cognitione distincta, qua distinguimus totum a partibus, per quam visionem apprehendimus rem quanta sit » ; voir J. F. Silva, « Blasius of Parma on the Activity of Sense », art. cit., p. 266-267.

1. *QAn.*, II, 13, art. 2, 1a difficultas, concl. 1, f° 171ra (n.n.).

2. *Ibid.*, art. 2, concl. 4, p. 120, f° 171ra (n.n.) : « Cuiuslibet forma, tam substantialis quam accidentalis, materia est subiectum »

3. *QAn.*, II, 13, art. 2, concl. 5, f° 171rb (n.n.) : « Omnes qualitates, quecumque sint ille, educte sunt de potentia materie, scilicet caliditas et frigiditas, *scientia*, odor, lumen et huiusmodi » – je souligne (J. B.)

4. *QPhys.*, 1ª red., I, qu. 9, f° 242vb : « Extensio qua materia est extensa est mediante qua extensive materia prima recipit formas substantiales et accidentales ».

Ainsi, aucune science n'est à proprement parler *dans l'âme*[1]. La science est en effet une qualité, puisque ce n'est pas une substance et que l'ontologie de Blaise ne reconnaît que des substances et des qualités singulières. C'est d'ailleurs parce qu'elle est une qualité qu'elle est susceptible d'intensification et de diminution (*intensio et remissio*)[2]. Et puisque le principe général énoncé ci-dessus vaut pour ces qualités (forme accidentelles) que sont les dispositions psychiques, la science a pour sujet la matière première : « Toute science est une qualité existant subjectivement dans la matière première, éduite de sa puissance par un agent naturel »[3]. Le processus complexe d'interactions décrit plus haut aboutit donc à l'émergence d'une forme qualitative au sein même de la matière première. Ce principe vaut pour toute entité mentale : « aucun concept n'est dans l'âme, et aucune image de la pierre n'est dans l'âme lorsque l'on intellige une pierre »[4]. Dans une autre question, Blaise de Parme mentionne même les propositions[5].

Assurément, cette manière de s'exprimer n'est pas usuelle, le maître parmesan en a conscience. On dit pas habituellement « la matière (première) voit, sent, entend et intellige » ! Mais il en va ici comme de certaines manières de parler en physique[6]. Si d'habitude on ne s'exprime pas ainsi, c'est parce que le « vulgaire » ne connaît pas la matière première, qui n'est pas directement accessible aux sens, de sorte qu'il attribue les qualités au composé. En vérité, cela ne veut rien dire de plus que ceci : la sensation est dans la matière à titre de sujet-substrat. Cette thèse est totalement assumée par Blaise de Parme, qui l'évoque même parfois pour répondre à une objection[7].

1. *QAn.*, II, 13, concl. 4, f° 171ra (n.n.) : « Nulla scientia est in anima ; patet postquam omnis qualitas est <in> materia prima subiective ».

2. Voir *QAn.*, II, qu. 13, art. 5, 2a difficultas, f° 171rb. La théorie de l'intension des formes n'est pas étudiée dans le présent ouvrage. Voir Blaise de Parme, *Quaestio de intensione formarum*, éd. G. Federici Vescovini, *Physis* 31 (1994), p. 433-545 (texte p. 470-535) ; J. Biard, « Le calcul des variations de qualité et la physique aristotélicienne selon Blaise de Parme », *in* D. A. di Liscia (ed.), *Quantifying Aristotle. The Impact, Spread and Decline of the Calculatores Tradition*, actes du Colloque de Munich, 16-18 mai 2018, *à paraître*.

3. *QAn.*, I, 8, f° 126rb (n.n.) : « Omnis scientia est qualitas subiective existens in materia prima, educta per agens naturale de potentia ipsius ».

4. *QAn.*, II, qu. 13, art. 2, 2um corolarium, f° 171ra (n.n.) : « nullus conceptus est in anima nec species lapidis est in anima dum anima intelligit lapidem ».

5. *QAn.*, I, qu 8, f° 127ra (n.n.) : « omnis propositio est materialis postquam omnis propositio est subiective in materia, et educta de potentia eius ».

6. Voir *supra*, chapitre premier.

7. Voir *QGC*, II, qu. 4, f° 38 rb : « Et tunc ad probationem, quod non remanet quia tunc accidens transiret de subiecto in subiectum, negatur consequentia quia subiectum

Il ne serait donc pas inexact de dire, moyennant toutes ces précisons, que pour Blaise *dans la matière il y a de la pensée*. D'un côté, puisque la science est une qualité, et puisque la science humaine présuppose un continuum de la sensation à l'intellection, elle a en vérité pour sujet la matière. De l'autre, si l'on pose l'intellect comme indivisible il ne peut être le sujet-substrat d'aucune chose étendue, selon un argument que Blaise utilise pour refuser la présence de *species* dans cet intellect[1]. Mesinus de Codronchi, qui enseigne à Bologne et à Pavie entre le milieu des années 1380 et le début des années 1390, témoigne de l'importance de cette doctrine :

> quelqu'un dit que dans l'intellect il n'y a aucune qualité, puisque l'opinion, la science et ainsi de suite sont subjectivement dans la matière première et non dans l'intellect, comme le dit l'un de nos maîtres, Blaise de Parme[2].

Cette thèse matérialiste doit toutefois être conjuguée avec deux autres affirmations.

La première pourrait sembler au premier abord remettre en question ce qui vient d'être dit; si une disposition (telle qu'un concept) a pour sujet immédiat la matière, on peut dire que l'*acte* est subjectivement dans l'âme :

> Cinquième conclusion : même si toute science et n'importe quelle autre disposition, qu'elle soit intellectuelle ou morale, est subjectivement dans la matière et éduite de sa puissance, cependant l'intellection par laquelle l'âme intellige et considère actuellement est subjectivement dans l'âme elle-même[3].

En vérité, et même si Blaise de Parme emploie la même expression (être subjectivement, être dans *x* à titre de sujet), on constate un certain glissement dans l'idée de sujet. Dans tout ce que nous avons vu jusqu'à

cuiuscumque forme, tam substantialis quam accidentalis, non est ipsum compositum nisi sub denominationem vulgarium non cognoscentium materiam primam, sed est materia prima que remanet eadem numero in generato et corrupto, ut dictum est primo huis, in questione et textu Philosophi » – texte déjà cité dans le chapitre 1er.

1. *QPhys.*, 1a red., I, qu. 6, fo 236rb : « Quelibet res naturalis est extensa, de ratione cuius non est causare vel efficere aliquem effectum nisi extensum, modo nullum extensum potest poni in subiecto non extenso sicut est intellectus ».

2. « quis dicit quod in intellectu nulla est qualitas, quia opinio, scientia et huiusmodi sunt in materia prima subiective et non in intellectu, sicut dicit unus ex magistris nostris : Blasius de Parma » – cité par G. Federici Vescovini, *Astrologia e scienza...*, p. 149.

3. *QAn.*, I, qu. 8, fo 127va (n.n.) : « Quinta conclusio : licet omnis scientia et quilibet alius habitus, sive intellectualis sive moralis, sit subiective in materia et eductus de potentia ipsius, tamen intellectio qua anima actualiter intelligit et considerat est subiective in ipsa anima ».

présent, la matière première est non seulement sujet d'inhérence, mais encore sujet-substrat puisque l'inhérence, l'être-dans n'est pas ici principalement logique mais bien sujet réel. Il est alors difficile de penser qu'une certaine disposition soit dans l'intellect en ce sens puisque ce serait admettre un empilement de formes, seraient-elles accidentelles. En revanche, l'explication donnée nous oriente vers l'idée d'un agent auquel on peut imputer directement tel ou tel acte, en l'occurrence telle ou telle opération de la pensée :

> l'âme intellective, par la puissance de sa lumière et au moyen de la disposition scientifique informant la matière, peut causer en elle de nombreuses intellections et de nombreux concepts simples, et en raison de cette opération l'intellect est dit puissance abstractive[1].

Dans la question 6 du livre I, à propos du rapport entre appréhension de la chose dans sa singularité et formation d'un concept permettant d'appréhender cette chose sans détermination de temps et indépendamment de sa présence actuelle, on lit qu'il revient à la puissance de l'intellect (*virtus*), en présence de l'image (*species*) de la chose, de former un concept simple représentant cette substance, mais aussi le cas échéant un autre concept représentant la blancheur, etc.[2] Il s'agit bien de l'opération d'une puissance. Ainsi, alors que la matière première est le sujet de toutes les dispositions mentales (ou *habitus*) telles que la science, l'ignorance, la sensation, ou les concepts acquis, la faculté cognitive pourrait néanmoins être dite *sujet-agent* de divers actes ou opérations : connaissance intuitive ou abstractive, connaissance distincte ou confuse, singulière ou universelle, etc. L'âme intellective est le foyer des *actes* ou opérations qui produisent ou utilisent ces dispositions mentales au cours du processus complexe d'appréhension, sensitive et intellective, des choses dans le monde. C'est pourquoi on peut utiliser ces termes pour décrire le fonctionnement logique et cognitif de l'âme intellective, c'est-à-dire de la matière convenablement disposée. Il n'y a là rien de contradictoire, c'est pourquoi dans la question 8 sur le premier livre *De l'âme*, ces conclusions se trouvent au sein de la détermination qui localise les habitus dans la matière et en tire toutes les conséquences.

Le second point important est par conséquent que cette subjection des dispositions mentales dans la matière première n'empêche pas,

1. *QAn.*, I, qu. 8, f° 127va (n.n.) : « anima intellectiva, vigore sui luminis mediante habitu scientifico materiam informante, potest in se ipsa causare multas intellectiones et multos conceptus simplices, ratione cuius operationis dicitur intellectus virtus abstractiva ».

2. Voir *QAn.*, I, qu. 6, f° 120vb (n.n.).

bien au contraire, le déploiement d'analyses proprement logiques et sémiologiques, qui ne sauraient être expliquées par des déplacements de matière, mais qui ont leur propre topologie, sur la base d'une doctrine des concepts comme signes. Tout connaissance *signifie* naturellement ce dont elle est la similitude[1]. Dans les *Questions sur les traités logiques*, Blaise de Parme évoque un débat qui a agité les auteurs parisiens au milieu du siècle : savoir s'il peut y avoir un ordre entre les termes d'une proposition mentale, puisque les termes mentaux sont des qualités d'un sujet indivisible. Blaise de Parme examine l'objection selon laquelle on ne saurait assigner d'ordre dans un indivisible, comme l'intellect, ce qui revient à mettre en cause l'idée même de proposition mentale. Dans le cadre de sa logique, il ne discute pas la question de savoir si les concepts ont pour sujet l'intellect ou la matière, et il ne répond pas à l'objection en assignant aux concepts un autre lieu qui serait matériel ; il leur assigne un ordonnancement et une succession *sui generis* :

> À la preuve, « dans l'esprit les termes ne sont pas ordonnés puisque l'intellect est indivisible », je réponds qu'ils ne sont pas ordonnée selon un ordre local (*ordine situali*) car ils n'ont pas de lieu (*situs*), mais ils sont bien ordonnée selon un ordonnancement approprié (*ordinatione debita*)[2].

Logiquement parlant, les concepts n'ont pas de lieu, mais un ordonnancement qui a ses règles spécifiques, sorte de topologie immatérielle qui ne contredit pas l'ontologie matérialiste car elle ne se situe pas sur le même plan.

La liberté à l'épreuve de la causalité astrale

Les actes ayant l'âme rationnelle humaine pour agent ne sont pas seulement des actes de l'intellect mais aussi de la volonté. Avec la fonction des astres dans l'émergence de la forme, et la conjonction d'une causalité universelle avec les causes particulières, nous avons déjà rencontré la

1. Voir J. Biard, « Blaise de Parme et la théorie de la signification : "Doctor parisinus" ? », *in* G. Marchetti, O. Rignani, V. Sorge (eds.), *Ratio et Superstitio. Essays in Honour of Graziella Federici Vescovini*, Louvain-la-Neuve, FIDEM, 2003, p. 221-242. La sémantique de Blaise de Parme reprend certaines théories de Jean Buridan et de Pierre d'Ailly.

2. *Questiones super tractatus logice magistri Petri Hispani*, I, qu. 15, éd. J. Biard et Gr. Federici Vescovini, en collab. avec O. Rignani et V. Sorge, Paris, Vrin, 2001, p. 99 : « Ad probationem, "in mente termini non sunt ordinati, cum intellectus sit indivisibilis", dico quod non sunt ordinati ordine situali quia non habent situm, sed sunt ordinati ordinatione debita ».

question du nécessitarisme. Blaise de Parme semblait alors soucieux d'éviter le nécessitarisme.

Le problème est abordé de front dans la question 9 sur le livre III du traité *De l'âme*, qui pose la question de savoir si la volonté humaine peut librement choisir une chose ou son contraire[1]. Comme souvent, Blaise de Parme juxtapose deux déterminations possibles, l'une très brève qui soutient une réponse affirmative à la question de la liberté[2], l'autre plus détallée qui propose une détermination contre la liberté de choix.

Commençons par la seconde. Elle est centrée sur l'hypothèse d'une consécution nécessaire des causes. Du fait que rien ne se produit sans cause, il faut que des causes suffisantes précèdent l'effet : « Première conclusion : si un effet est produit maintenant, il est nécessaire que ses causes le précèdent, de toute la façon dont elles suffisent »[3]. Certes, des empêchements (*impedimenta*) peuvent se trouver du côté de l'agent ou du patient. Mais dans ce cas, on ne pourrait pas dire que les causes soient suffisantes *eo modo quo sufficiunt*. Par conséquent l'effet se produit nécessairement : « Deuxième conclusion : toutes les causes suffisantes étant posées, de la façon dont elles suffisent pour produire un effet, cet effet se produit nécessairement »[4]. Ces formulations sont proches de ce que l'on trouvait déjà chez Jean Buridan[5]. On peut tirer comme conclusion générale que « si quelque chose se produit, cela se produira nécessairement »[6].

Ces conclusions, et en particulier la dernière, seront nuancées voire remises en cause lorsque Blaise de Parme considérera la psychologie de la volonté. Mais pour l'instant, il semble que l'on puisse étendre ce principe à la volonté. Sur quoi reposerait cette extension ? D'abord sur la généralité

1. *QAn.*, III, qu. 9, f° 213rb : « Utrum voluntas humana in utramque <partem> contradictionis sit libera ».

2. La question 9 sur le livre II de la *Physique* développe longuement cette position.

3. *QAn.*, III, qu. 9, f° 214rb (n.n.) : « Prima conclusio : si aliquis effectus nunc producitur, necesse est causas eius precessisse omni modo quo sufficiunt ».

4. *QAn.*, III, qu. 9, f° 214rb (n.n.) : « Secunda conclusio : positis omnibus causis sufficientibus, eo modo quo sufficiunt ad aliquem effectum producendum, necessario producitur ille effectus ».

5. Voir Jean Buridan, *In Metaphysicen Aristotelis quaestiones argutissime*, VI, qu. 5, Parisiis, 1518, f°s XXXVIva-XXXVIIrb ; IX, q. 4, f°s LVIIvb-LVIIIrb ; *Questiones super octo Physicorum libros Aristotelis*, II, qu. 13, Parisiis, 1509, f° XXXIXra-XLvb ; *cf.* J. Biard, « Le système des causes dans la philosophie naturelle de Jean Buridan », *in* A. Hasnawi, A. Elamrani-Jamal, M. Aouad (éd.), *Perspectives médiévales (arabes, hébraïque, latines) sur la science et la philosophie grecques*, Leuven-Paris, Peeters-IMA, 1997, p. 491-504.

6. Blaise de Parme, *QAn.*, III, qu. 9, f° 221rb : « Tertia conclusio : si aliquid eveniet, necessario eveniet ».

de la conclusion précédente, qui semble autoriser la transposition : « tout ce que la volonté humaine veut, elle le veut inévitablement »; mais surtout sur la dépendance de ce monde ci envers le ciel et les astres (comme nous l'avons déjà vu dans le chapitre précédent), appuyée sur la référence à Ptolémée[1]. Cette référence à Ptolémée est redoublée de la référence canonique aux *Météorologiques*, et pour faire bonne mesure Blaise renvoie à nouveau à la théorie d'Albumasar sur la succession des religions dans son *Livre des conjonctions* – une doctrine qu'il a déjà évoquée dans la question 8 sur le livre I[2] :

> Cinquième conclusion : par différentes conjonctions des astres, différents peuples sont poussés à suivre différentes sectes. Pour expliquer cette conclusion, j'exposerai la théorie d'Albumasar dans *Les Grandes Conjonctions*[3].

La suite détaille alors comment, en fonction de la conjonction de Jupiter avec Saturne, avec Mars, etc. sont « induites » les six grandes « sectes », jusqu'à celle de « nous, les Chrétiens ». Ces phénomènes naturels expliquent la domination de telle ou telle grande religion à telle période de l'histoire du monde.

En dépit de cela, Blaise de Parme ne souscrit pas à un strict déterminisme, tel qu'il a pu s'exprimer dans certaines doctrines antiques. C'est peut-être ce qui explique quelques hésitations apparentes dans son appréciation de la théorie d'Albumasar. À notre connaissance il y a deux autres endroits (outre la question 8 sur le livre I, déjà mentionnée, et la présente question 9 sur le livre III) où Blaise s'y réfère. Il l'évoque dans les *Questions sur les Météorologiques*, à propos de l'influence générale du ciel sur les opinions, les langues et les religions. Aussitôt après il mentionne même l'horoscope de la naissance du Christ dû à Ali Abenragel. Mais il écarte prudemment ce dernier aspect comme « contraire à la foi »[4]. Puis dans la seconde rédaction des *Questions sur la physique*, au cours d'une

1. *QAn.*, III, qu. 9, f° 214rb (n.n.); voir *supra*, chap. v, p. 88.

2. *QAn.*, III, qu. 9, f° 214rb (n.n.).

3. *QAn.*, III, qu. 9, f° 214rb (n.n.) : « Quinta conclusio : per coniunctiones astrorum varias, diverse gentes compelluntur insequi diversas sectas. Pro ista conclusione declaranda narrabo sententiam Albumasaris in *De magnis coniunctionibus* ».

4. *QMeth.*, I, qu. 2, ms. Vat. lat. 2160, f° 66rb. Il est difficile de déterminer s'il prend seulement ses distances avec Abenragel ou également avec Albumasar : « Sed quia hec fiunt contra fidem hiis dictis non assentio ». D'autant qu'Albumasar exposait lui aussi l'horoscope du Christ.

question qui traite explicitement du nécessitarisme[1], il enrôle une stricte causalité astrale et plus précisément la théorie des conjonctions parmi les arguments en faveur du nécessitarisme. Cette doctrine, qui est référée au premier chef à Platon, conduit à dire que la pluralité des religions provient de ce que les peuples (*gentes*) sont contraints (*compelluntur*) à telle ou telle croyance par les conjonctions ; et il expose alors à nouveau en détail la théorie d'Albumasar[2]. Mais il refuse ensuite que tout ce qui se produit soit l'effet du ciel, car beaucoup d'événements impliquent des agents particuliers. À tel point que, même si Dieu pourrait faire autrement, il n'entend infuser une âme intellective que dans une matière convenablement disposée par un agent particulier[3]. C'est ce qui conduit Blaise à prendre ici ses distances avec la théorie des sept religions dues aux conjonctions[4]. En fin de compte, si les astres peuvent expliquer la succession historique des religions, les volontés ne sont pas forcées (*non compelluntur*) à adhérer à telle ou telle religion ; elles restent libres. Et Blaise évoque l'adage omniprésent dans la pensée médiévale, attribué à Ptolémée : « l'homme sage domine les astres »[5].

Mais est-ce très différent de ce que nous avons dans les *Questions sur le traité de l'âme*. Nous avons vu que Blaise accorde beaucoup à l'enchaînement nécessaire des causes et des effets. Mais d'abord, au sein même de cette détermination en faveur du nécessitarisme « platonicien », et comme dans la *Physique*, il laisse une place pour le hasard et la fortune. La fortune ne soulève pas de difficulté, car elle désigne ce qui nous arrive indépendamment de notre intention, et cela n'est pas jugé incompatible avec la nécessité[6]. De plus, la contingence est réinstallée, mais là encore de telle manière qu'elle ne soit pas incompatible avec

1. *QPhys.*, II, qu. 9 : « Utrum asserentes omnia de necessitate evenire et nihil a casu vel a fortuna possint eorum positionem substentare » (f° 100ra *sq.*). Blaise de Parme affirme clairement que la détermination selon laquelle tout n'arrive pas par nécessité doit être soutenue (*est tenenda*).

2. *QPhys.*, II, qu. 9, f°s 101vb-102ra.

3. *QPhys.*, II, qu. 9, f° 102va : « Unde Deus non intendit nec vult producere animam intellectivam in materia nisi illa sufficienter disponatur per agens particulare tamquam per hominem ».

4. Nous avons là, il faut le noter, un passage (rare de mon point de vue) qui pourrait aller dans le sens d'une évolution de Blaise, et d'une atténuation de ses théories les plus radicales après la condamnation de 1396, comme le soutient Gr. Federici Vescovini. Cependant, la position de fond est assez proche des questions sur l'âme.

5. *QPhys.*, II, qu. 9, f° 102va : « et insequamur cum hoc verbum Tholomei dicentis "Vir sapiens dominabitur astris" ». Rappelons que *dominor* est un verbe déponent.

6. *QAn.*, III, qu. 9, f° 214va (n.n.) : « Modo ista stant simul, quod omnia de necessitate evenient et quod multa eorum evenient preter nostram intentionem ».

la nécessité telle qu'elle a été définie, car la contingence caractérise simplement la déficience ontique de certains étants, voire de l'immense majorité d'entre eux, qui sont mais qui peuvent cesser d'être, et elle est conciliable avec l'enchaînement des causes et des effets[1]. Qu'en est-il dès lors de l'homme ? La nécessité du futur n'est pas incompatible avec la délibération, ni par conséquent avec le mérite ou le démérite[2]. Il n'y a donc rien de radicalement déterministe dans cette théorie, qui tend à un nécessitarisme tempéré par la contingence des étants et la délibération des sujets humains.

Qu'en est-il de l'autre détermination possible, en faveur de la liberté contre la nécessité ? Blaise de Parme a déjà indiqué, au cours des arguments initiaux, que la réponse positive à la question de savoir si la volonté est libre est celle de nombreux philosophes (*multi philosophi*) et de la foi (*fides nostra*). Il n'a donc pas l'intention, sur ce sujet, d'opposer la foi à la raison naturelle comme il l'avait fait pour la séparabilité de l'âme intellective. Cette solution repose sur des précisions préalables. Parmi celles-ci il y a la distinction entre la liberté de choisir entre des opposés qui présentent, eu égard à l'appétit sensible ou intellectuel, une différence (un choix est jugé meilleur que l'autre), et la liberté qu'on appellera, encore avec Descartes, liberté d'indifférence, où aucun motif ne semble incliner la volonté plus d'un côté que de l'autre. On peut énoncer sur cette base un certain nombre de conclusions.

En premier lieu, la volonté humaine ne peut pas être empêchée (*difficultari*) eu égard à son acte propre. Autrement dit, de même que le feu brûle par nature, la volonté humaine est par nature pouvoir de choisir entre des opposés, donc de vouloir ou de noloir (si nous nous permettons de reprendre ce vieux terme), *velle vel nolle*. C'est ce qui depuis Aristote la définit comme puissance rationnelle.

La thèse suivante suppose que l'on distingue parmi les objets opposés ceux dont aucun, par aucun aspect, n'est à rechercher ou à fuir, et ceux dont l'un présente une raison d'être choisi, une *ratio eligibilitatis*. Dans ce cas, aucun homme vertueux ou vicieux n'est libre au sens d'une liberté

1. *QAn.*, III, qu. 9, f° 214va (n.n.) : « Septima conclusio : cum necessitate futurorum stat multa contingentia esse et fieri. Patet quia aliqua esse contingentia est illa sic esse quod eis non repugnet non esse ». On trouve encore dans passages parallèles dans *QPhys.*, II, qu. 9.

2. *QAn.*, III, qu. 9, f° 214va (n.n.) : « Octava conclusio : cum necessitate futurorum stat consilium vel consiliari, et cum hoc mereri vel demereri vitam eternam vel ignem perpetuum ».

d'indifférence puisque la disposition qu'il a en lui explique son choix. On peut même penser que cela crée une sorte d'enchaînement nécessaire[1].

Suit une thèse essentielle pour la psychologie de la volonté : elle exprime une conception synchronique des possibles, telle qu'elle s'est imposée dans la théologie (mais aussi largement chez les artiens) : au moment même où la volonté veut, elle peut ne pas vouloir[2]. Mais si l'on revient au fonctionnement effectif, la volonté n'est pas désincarnée si bien qu'elle peut rencontrer des obstacles en d'autres puissances : en particulier, elle ne peut pas facilement ou immédiatement dominer toutes les passions. Blaise donne de ce processus une description très médicale, fondée sur le mouvement des esprits animaux, du sang, de la chaleur vitale, en se référant à Avicenne et à Galien.

Ces deux conceptions sont dans un premier temps juxtaposées, mais une série de difficultés vient ensuite trancher en faveur de la liberté de la volonté. La première montre que seule la volonté est libre, ce qui n'est le cas ni de l'intellect, qui se trouve contraint par le vrai et le bien lorsqu'il les appréhende, ni des puissances sensitives. La seconde difficulté quant à elle, vient mettre remettre en cause l'extension de la nécessité à l'acte de la volonté, telle que l'avait posée la première solution : « la volonté n'est forcée nécessairement à aucun acte »[3]. La raison en est que la volonté est mue par ce qui lui apparaît comme bon, le bien étant décrit en des termes aristotéliciens comme ce qui est honnête, délectable ou utile. Mais aucun objet ne peut lui apparaître comme infiniment bon, donc aucun ne peut la contraindre absolument.

La psychologie de la volonté vient donc remplir la faille précédemment ouverte dans le nécessitarisme. Comment cependant éviter une tension entre ces aspects ? Un texte des *Questions sur les Météorologiques* suggère une solution. La première question sur le livre I analysait déjà longuement la connexion du monde d'ici-bas avec le ciel. Cette dépendance concerne les corps élémentaires, mais aussi les corps mixtes et les êtres vivants. Suit une conclusion décisive, qui concerne la volonté humaine : « la volonté humaine est régulée par le ciel, selon une régulation par laquelle

1. C'est ainsi que je comprends la quatrième conclusion (*ibid.*) : « si voluntas humana nunc libere velit hoc vel illud immediate post hoc necessario velet illud. Patet quia si voluntas nunc velit hoc vel illud, tunc elicit actum certo conatu et sub certa intensione, et ista intensio vel iste conatus non potest subito deperdi, ergo etc. ».

2. *QAn.*, III, qu. 9, f° 214ra (n.n.) : « Quinta conclusio : quocumque tempore dato per quod voluntas vult, per idem tempus potest non velle. Patet quia quocumque tempore date per quod voluntas vult, libere vult ».

3. *QAn.*, III, qu. 9, f° 214va (n.n.) : « voluntas ad nullum actum necessario cogitur ».

la volonté elle-même est davantage inclinée à ceci qu'à cela »[1]. On parle ici de régulation et non de contrainte, néanmoins la dépendance est accentuée, si bien qu'une contradiction peut apparaître avec la foi, laquelle implique la responsabilité donc la liberté[2]. Mais l'explication qui suit est surprenante, et à certains égards à front renversé.

Blaise de Parme fait appel à l'expérience de l'âne (ou plutôt du chien) de Buridan[3]. Dans son *Exposition sur le traité du* ciel, Buridan évoque l'hypothèse d'un chien qui, placé à égale distance d'une nourriture et d'une boisson également désirables, mourrait de faim et de soif, parce que rien ne le déterminerait à aller d'un côté plutôt que de l'autre et qu'il ne disposerait d'aucun pouvoir de se déterminer par lui-même indépendamment de l'appétit et des affections sensibles[4]. Dans le cas de l'homme en revanche, comme l'a analysé en détail Christophe Grellard, le comportement repose toujours en dernière instance sur la faculté de choix[5]. Mais Blaise de Parme va modifier le schéma buridanien.

En premier lieu, il reproduit la situation d'un individu vivant placé à égale distance de deux nourritures également bonnes pour lui, et il se demande s'il se mouvrait ou non vers l'une d'entre elles. Mais il prend l'exemple d'un homme[6], et dans un premier temps, il applique à cet homme la même alternative que Buridan à son chien. Va-t-il mourir de faim et de soif? Non, car s'il ne bougeait pas et en mourait, cela contredirait la tendance universelle de tout étant à persévérer dans son être, un principe que Blaise invoque fréquemment alors qu'il n'était pas évoqué dans ce contexte par ses prédécesseurs. Pourtant, s'il se meut, cela devra être vers une nourriture et non pas vers l'autre, or on ne voit pas pour quelle

1. *QMeth.*, I, 1, ms. Vat. lat. 2160, f° 64rb : « voluntas humana regulatur a celo regulatione qua ipsa voluntas plus inclinatur ad hoc quam ad illud ».

2. *QMeth.*, I, 1, f° 64rb « Ista conclusio posset declarari licet forte esset contra fidem ».

3. On sait que si l'âne ne se trouve nulle part chez Buridan, l'anecdote et le schéma conceptuel qu'elle véhicule sont décrits avec un chien dans l'*Expositio in Aristotelis De caelo*, II, tr. 2, cap. 2, éd. B. Patar, Louvain-la-Neuve-Louvain-Paris, Éditions de l'Institut supérieur de Philosophie-Éditions Peeters, 1996, p. 150.

4. À la fin de ce passage, Buridan reconnaît le caractère absurde de l'anecdote; cependant, toute sa théorie de l'âme conforte une telle détermination de la conduite animale par l'appétit sensible, même s'il faut aussi prendre en compte les proto-jugements de l'estimative.

5. Voir Chr. Grellard, « L'âne et les petites vieilles. Psychologie de l'action et logique de l'assentiment chez Jean Buridan », *in* L. Jaffro (dir.), *Croit-on comme on veut? La controverse classique sur le rôle de la volonté dans l'assentiment,* Paris, Vrin, 2013, p. 79-101.

6. *QMeth.*, I, qu. 1, f° 64rb : « Quia sit hic homo appetens cibum, et sint in prospectu eius cibaria equalia in bonitate et equaliter distantia ab ipso appetente cibum, tunc quero : vel iste homo movebitur ad insequendum cibum vel non ».

raison il le fait[1]. Puisque rien dans l'objet ne déclenche une décision de la volonté, celle-ci ne peut alors être due qu'à un agent supérieur :

> on dit brièvement qu'il faut assigner un agent universel inclinant cette volonté humaine plus à ceci qu'à cela, et ce déterminant est un aspect céleste[2].

Il faut cependant être prudent, et la suite apporte une restriction subtile :

> Mais puisque cette détermination semble être contraire à la liberté de la volonté humaine, on dira que la volonté possède d'elle-même la faculté de se déterminer lorsque sont posés des facteurs purement égaux. [C'est pourquoi on parle dans la conclusion d'un chien ou d'un autre animal et non d'un homme][3].

La dernière phrase ne se trouve pas dans tous les manuscrits ; elle est absente du manuscrit Chigi. La réapparition du chien suggère que Blaise se réfère implicitement à Jean Buridan, le premier à notre connaissance à avoir mis en scène un chien, ou à un maître qui a suivi Buridan sur ce point. La conclusion n'en est pas moins nuancée : la détermination *semble* être (*videtur esse*) contraire à la liberté humaine ; c'est pourquoi *on dira que…* (*ideo dicatur…*). Cette ultime affirmation de la liberté d'indifférence ne s'appuie pas sur un rejet clair du raisonnement qui précède. S'agit-il d'une affirmation de principe ? Après tout, d'autres poseront le fait de la liberté comme premier principe de la raison pratique.

On pourrait proposer deux interprétations possibles de cette juxtaposition. La première subvertirait subtilement, voire ironiquement, le schéma buridanien : l'homme résiste à la pression des déterminations sensibles qui risqueraient de l'immobiliser, et il se décide sans motif apparent, alors que le chien, déterminé par le principe naturel de la conservation de soi, file immédiatement entre les jambes de tel ou tel côté. Mais donner à l'homme la totale capacité de s'auto-déterminer en ferait un empire dans un empire. L'autre solution, qui me plaît davantage, *magis grata*, va suturer le système par le concept clé d'inclination.

1. *QMeth.*, I, qu. 1, f° 64rb-va : « Si dicatur secundum, quero causa quare plus movetur ad istum quam ad illum cum ista cibaria equaliter moveant ipsum ».

2. *QMeth.*, I, 1, f° 64va : « breviter dicetur quod oportet assignare agens universale inclinans hanc voluntatem humanam plus ad istum quam ad illum et hoc determinans est celestis aspectus ».

3. *QMeth.*, I, 1, f° 64va : « Sed quia ista determinatio videtur esse contra libertatem voluntatis humane, ideo dicatur quod voluntas ex se habet quod positis puribus equalibus potest se determinare. Ideo pro conclusione dicatur de cane vel alio animali et non de homine ».

Si ce concept est omniprésent dans les discussions médiévales sur le rapport entre influence des astres et libre arbitre, sa plasticité impose de regarder avec précision comment il s'insère dans telle ou telle structure conceptuelle[1]. Au cours du XIIIe siècle, notamment avec Albert le Grand et Thomas d'Aquin, le concept d'*inclinatio* sert à légitimer un certain usage de l'astrologie[2]. Les astres déterminent les corps et les complexions corporelles, lesquelles peuvent favoriser ou empêcher tel ou tel acte et par là l'exercice ou non du libre arbitre. Il ne faudrait pourtant pas croire que l'astrologie implique d'elle-même un nécessitarisme. Si Augustin avait récusé l'astrologie au nom du libre arbitre, en réalité l'astronomie-astrologie arabe a toujours maintenu la liberté humaine. Pour Albumasar lui-même, quoique les vicissitudes de l'existence humaine comme celles de la vie sociale soient liées aux mouvements des cieux, l'âme rationnelle, sous l'influence des étoiles, garde la liberté d'agir ou non[3].

Si la nature et la portée de l'*inclinatio* sont ainsi objet de débats entre théologiens et astrologues ou médecins, le concept est également acclimaté au sein des œuvres de philosophie naturelle. Ainsi, dans ses *Questions sur la Physiognomonie* du pseudo-Aristote, chaque fois qu'il évoque le rapport entre astrologie et physiognomonie, Jean Buridan réinvestit le concept d'*inclinatio*[4]. Dans la question 15, il assume la doctrine des astrologues et des physiciens sur la régulation du monde terrestre par le monde céleste[5]. Il nie toute détermination nécessaire de la volonté humaine par les astres, mais ceux-ci n'en ont pas moins une influence parce qu'ils peuvent empêcher tel ou tel acte, ou *incliner* à tel ou

1. Il n'est pas question d'en retracer ici l'histoire. On trouvera des éléments fort utiles dans M. Sorikina (avec la collaboration de N. Weill-Parot), « Les dérives de l'*inclinatio* : l'utilisation astrologique d'une concession théologique (XIIIe-XVe siècle) », *in* K. Trego (éd.), *Libertés médiévales*, Paris, Vrin-Institut d'études médiévales, 2021, p. 105-128.

2. Voir Thomas d'Aquin, *De iudicis astrorum*, *Opera omnia,* Romae, ed. Leonina, 1903, t. XI, Pars tertia, qu. 1, 44, art. 2, p. 424 ; Gr. Federici Vescovini, *Astrologie et science au Moyen Âge. Une étude doxographique*, Paris, Vrin, 2021.

3. Voir Abū Ma'shar al-Balkhī, *Liber introductorii maioris ad scientiam judiciorum astrorum*, I, 4, éd. R. Lemay, p. 14-21 ; ce passage est résumé par Gr. Federici Vescovini dans *Le Moyen Âge magique*, Paris, Vrin, 2011, p. 244-247 ; voir aussi, *Astrologie et science au Moyen Âge*, p. 50-51.

4. Jean Buridan, *Questiones circa librum de physionomia*, éd. J. Biard et Chr. Grellard, *Archives d'histoire littéraire et doctrinale du Moyen Âge*, 2022.

5. *Ibid.* : « Concordantia est generaliter inter astrologos et physicos, quod ista inferiora reguntur a superioribus, et secundum dispositionem superiorum disponuntur ista inferiora. Et cum hiis concordat experientia ».

tel autre[1]. L'inclination n'est donc pas l'expression de la détermination, elle la dépasse.

Le point controversé n'est pas celui de l'influence des astres sur les âmes par la médiation des corps, mais celui d'une possible influence directe, qui est généralement niée. Or Blaise de Parme a clairement posé, dans la première question sur les *Météorologiques*, que les astres inclinent la volonté, donc l'âme rationnelle elle-même : « il faut assigner un agent universel inclinant cette volonté humaine ». Classiquement, une telle inclination de la volonté se faisait par la médiation de l'appétit sensible. Or dans l'anecdote présentée plus haut, l'appétit est impuissant à faire agir en tel ou tel sens, c'est pourquoi il faut supposer une inclination directe. On peut imaginer que dans les situations d'indifférence, lorsque le bien n'est pas évident ou pas suffisant, l'inclination des astres puisse faire la différence. Alors le ciel n'exerce pas seulement une influence matérielle sur les corps, qui eux-mêmes disposeraient les âmes à telle ou telle action; l'agent universel *incline* la volonté humaine à ceci ou à cela

Mais est-ce que cela annule la liberté? L'inclination, et c'est le second élément systémique posé par la subversion du dispositif buridanien, n'apparaît pas comme une détermination suscitant une action ou une réaction immédiate, comme celle du chien. C'est au contraire l'appétit sensible du chien qui fait que, comme le suggérait Thomas d'Aquin, il va étancher sa soif avant d'aller se nourrir. La liberté de choix au contraire implique de *retarder l'immédiateté* de la réponse. Et c'est dans un second temps que l'homme va pencher dans tel ou tel sens. Ce n'est pas sans raison que le terme d'inclination que l'on retrouve dans la situation d'indifférence (la liberté d'indifférence étant le plus bas degré de la liberté) est le même que celui qui était employé pour dire que dans la liberté de choix entre des objets de valeur différente la volonté était *inclinée* à l'un des opposés[2], ou plus généralement que l'homme vertueux est *incliné* à choisir le bien[3]. Loin d'abolir la liberté, cette in-clination, nouveau *clinamen* qui écarte à la fois du nécessitarisme et de l'impuissance, la constitue dans sa capacité à pencher dans tel ou tel sens.

1. Jean Buridan, *Questiones circa librum de physionomia* : « Tamen sciendum est quod quamvis non potest necessitari, potest tamen difficultari et magis ad unum quam ad aliud inclinari ».

2. Blaise de Parme, *QAn.*, III, qu. 9, f° 213vb (n.n.) : « Libertas libertate differenter est libertas qua, non obstante quod possit in utramque partem contradictionis, tamen magis inclinatur in unam partem contradictionis quam in opposita ».

3. Blaise de Parme, *QAn.*, III, qu. 9, f° 214ra (n.n.) : « virtuosus habet in se habitum inclinantem ad eligendum partem contradictionis que habet rationem eligibilitatis, et vitiosus habet in se habitum inclinantem ad partem contradictionis que est de genere malorum vel vituperabilium ».

CONCLUSION

L'UNITÉ, LA DUALITÉ ET L'HYPOTHÈSE MATÉRIALISTE

J'ai été conduit à souligner à plusieurs reprises qu'au cours de ses questions de philosophie naturelle, Blaise de Parme expose souvent une pluralité des points de vue. Cette pluralité se redouble d'une caractérisation systématique de la nature discursive des raisonnements exposés et examinés, ainsi que d'une évaluation de leur force démonstrative ou persuasive. Cela concerne tantôt différentes sciences qui convergent dans l'étude d'un même objet (telles que les mathématiques ou la physique), tantôt la confrontation de ce qui est démontrable naturellement et de ce qui est objet de foi ou de croyance, tantôt deux théories philosophiques possibles, défendables l'une et l'autre et ainsi mises en regard. C'est dans le cadre d'une telle démarche que se fait l'évaluation des thèses héritées de l'alexandrisme médiéval ou de la physique antique.

La démarche de Blaise de Parme s'inscrit dans une tendance qui prend de plus en plus d'importance au Moyen Âge tardif : expliquer le maximum de phénomènes par des causes purement naturelles. Cela implique de bannir les explications proprement théologiques, surnaturelles ou miraculeuses, ou de les limiter autant que possible quand il faut faire des mises au point sur l'idée de création *ex nihilo* ou sur le statut des accidents. Mais la mise à l'écart des considérations surnaturelles au bénéfice du raisonnement naturel (raisonner *naturaliter* étant souvent assimilé à *physice* ou *philosophice*) prend bien des formes. Alors que Buridan n'hésite pas à rappeler que les statuts édictés à l'université de Paris au siècle précédent lui interdisent de s'aventurer sur le terrain théologique tout en revendiquant l'autonomie méthodologique des artiens, alors que deux siècles plus tard les décrets du Concile de Latran interdiront aux professeurs des universités d'enseigner certaines doctrines et leur enjoindront de défendre certaines positions, Blaise de Parme, même s'il a dû se soumettre à la juridiction de l'évêque de Pavie en 1396, n'a pas affaire à une présence aussi pesante de la théologie au sein des universités. Si pour lui la théologie rationnelle semble se résoudre dans une théorie du premier moteur, du ciel et des astres, le partage passe surtout entre la foi et la philosophie. L'objet premier est bien d'évaluer la nature épistémique de telle ou telle positions et de l'argumentation qui la soutient : croyance, démonstration, probabilité relative…

Blaise de Parme travaille dans le cadre de la philosophie naturelle péripatéticienne, même s'il n'hésite pas à la mettre en balance avec les théories des physiologues préplatoniciens et plus encore avec des élaborations originales, présentées parfois comme des « fantaisies ». Il ne fait pas des anciens physiciens un recours contre l'aristotélisme, comme sera tenté de le faire un siècle plus tard Giordano Bruno ; il s'en sert comme révélateur de certaines difficultés, comme indicateur de certaines limites, et surtout comme moyen d'approfondir certaines questions cruciales. On n'expliquera pas principalement l'adoption paradigmatique d'un cadre péripatéticien par les exigences du métier de professeur exercé par Blaise. Les maîtres jouissaient d'une certaine liberté académique ; la condamnation de Blaise par l'évêque de Pavie ne fut pas bien lourde, et il y a en fin de compte peu d'évolutions significatives entre les deux rédactions de sa physique. Je préfère donc essayer de mettre en valeur le sens de certains choix théoriques qui se jouent dans ces discussions, dans l'infléchissement de telle ou telle doctrine examinée, dans la subtile modification des équilibres. Car dans le cadre même du péripatétisme ainsi infléchi, on assiste à certaines transformations profondes. Et la plupart se jouent autour du statut de la matière.

À propos de la matière, de son statut et de sa fonction, il faut d'abord écarter une lecture qui serait erronée. La matière ne dispose pas d'une dynamique propre, à la manière de la doctrine attribuée à Avicébron (ou Ibn Gabirol, auteur juif espagnol du XIe siècle), dont le *Fons vitae* est devenu une référence pour les Latins depuis Albert le Grand et Thomas d'Aquin. Avicébron n'est certes pas matérialiste et il professe une théorie néoplatonicienne de l'émanation ; pour lui la matière universelle et la forme universelle sont créées par Dieu (ou émanent du premier principe), mais les choses apparaissent et disparaissent sur le fond de l'union de la matière universelle avec la forme universelle. La matière, lieu de toutes les choses, jouit de fait d'une certaine préséance, et se transforme continuellement[1]. Cette vision, sans aucun doute simplifiée, de la philosophie d'Avicébron implique non seulement la permanence mais encore une certaine dynamique de la matière universelle qui se transforme au gré de ses différentes déterminations. C'est cette vision que l'on retrouvera chez Giordano Bruno, qui attribue à Avicébron la thèse selon laquelle les choses seraient les accidents de la matière : « il s'est trouvé des philosophes qui, ayant bien examiné l'essence des formes naturelles telles qu'on peut la tirer d'Aristote et de ses pareils, ont fini par conclure qu'elles ne sont que *des accidents et des particularités de la matière* [...] qui est pour eux un principe nécessaire, éternel et divin, par exemple pour le Maure Avicébron qui l'appelle "Dieu en toutes choses" »[2]. Or, nous l'avons montré à plusieurs reprises, pour Blaise de Parme non seulement la matière n'a pas d'être universel indépendant de toute forme, mais surtout la matière comme telle est purement passive. C'est pourquoi il faut toujours lui adjoindre un second principe, qui sera soit la forme, dont l'origine est à préciser, soit les qualités.

Toute dynamique de la nature implique deux principes : un principe d'unité et un principe de différenciation. C'est pourquoi le monisme ne peut être le dernier mot de la physiologie. Un se divise en deux ; deux fusionnent en un. Il y a là la matrice de toute dialectique (c'est-à-dire de tout mouvement) de la nature.

À la passivité de la matière, Blaise de Parme adjoint donc un principe de différenciation et d'activité. Selon les différentes hypothèses posées, on dira que ce second principe est la forme ou que c'est une certaine complexion de qualités. Est-ce à dire que la forme n'est rien d'autre qu'un certain rapport ou une certaine proportion, entre qualités élémentaires ? On peut parfois avoir cette impression, mais la plupart du temps les qualités apparaissent plutôt comme condition d'émergence de la forme

1. Salomon ibn Gabirol, *Livre de la Source de vie (Liber fontis vitae)*, édition bilingue, trad., introd. et notes par J. Schlanger, rééd., Paris, Hermann, 2015 ; voir F. Brunner, « La doctrine de la matière chez Avicébron », *Revue de théologie et de philosophie* 6 (1956), p. 261-279 ; J. Schlanger, *La Philosophie de Salomon ibn Gabirol*, Leiden, Brill, 1968, rééd., Paris, Hermann, 2015.

2. Giordano Bruno, *De la cause, du principe et de l'un*, texte établi par G. Aquilecchia, trad. L. Hersant, *Œuvres complètes*, t. III, Paris, Les Belles Lettres, 1996, 3e dialogue, p. 190 ; voir aussi p. 168 : « Donc, Démocrite et les Épicuriens prétendent que ce qui n'est pas corps n'est rien, et, par conséquent, *la matière seule est la substance des choses et qu'elle est la nature divine, comme l'a dit un arabe nommé Avicébron*, dans un livre intitulé *Source de vie*. Ceux-là, ensemble avec les Cyrénaïques, les Cyniques et les Stoïciens, veulent que les formes ne soient que d'accidentelles dispositions de la matière. Et moi-même, pendant bien longtemps, j'ai adhéré à cette opinion, pour cela seul qu'elle a des fondements qui correspondent plus à la nature que ceux d'Aristote » – je souligne.

substantielle, qui définit ce qu'est tel ou tel corps, simple ou mixte. En simplifiant (mais les exposés de Blaise ne sont pas toujours si simples) on pourrait dire que le point de vue de la constitution (statique) privilégie le couple de la matière et de la forme ; celui de la génération (dynamique) met en avant la dualité de la matière et des qualités qui conditionnent tout changement, y compris substantiel.

La question est de savoir si ces conditions, à savoir ces dispositions qualitatives et aussi quantitatives, sont conditions *suffisantes* d'émergence de la forme substantielle. On retrouve ainsi un débat qui fut vif au début du XIVe siècle autour de Pierre de Padoue (Pietro d'Abano). Dans un article qui fait le point sur le rapport de Pierre de Padoue avec les tendances matérialistes médiévales, Aurélien Robert a étudié en détail la position de cet auteur, médecin-philosophe, sur la question du rôle des qualités dans la transformation des substances naturelles. Pour le dire rapidement, Pierre refuse de réduire tout changement substantiel à l'action des qualités élémentaires et récuse un tel réductionnisme qu'il attribue à Alexandre d'Aphrodise, car pour lui ce sont les formes qui conditionnent les mutations qualitatives dans la matière[1].

Blaise de Parme récuse à la fois le donateur de formes à la manière avicennienne, qu'il s'agisse d'une première intelligence ou de Dieu, et les raisons séminales qui seraient présentes au sein de la matière. Si l'on met de côté le cas de l'âme humaine considérée du point de vue de la foi, il y a une continuité, par complexification croissante mais sans rupture, entre les corps élémentaires et les vivants. Dans ses exemples, Blaise de Parme mêle constamment ces différents domaines de la nature. En vérité, les difficultés, voire les apories que nous croyions repérer se résolvent lorsque l'on conjugue causalité particulière et causalité universelle. Car une cause universelle, qu'il s'agisse de Dieu ou du ciel, ne suffit pas, du moins selon le cours normal de la nature, à expliquer les effets particuliers. Mais aucune cause particulière n'est efficace sans la causalité universelle. Cela ne signifie pas simplement qu'il y a un premier principe qui soutient dans l'être les choses de ce monde – à la manière dont la lumière et la chaleur du soleil seules peuvent entretenir la vie, si bien que la dynamique de la nature est toujours une thermo-dynamique. Cela veut dire qu'une

1. A. Robert, « Pietro d'Abano et le matérialisme », *in* T. Suarez-Nani, A. Paravicini Bagliani (ed.), *Materia. Nouvelles perspectives de recherche dans la pensée et la culture médiévales (XIIe-XVIe siècles)*, Firenze, SISMEL-Edizioni del Galluzzo, 2017, p. 217-250. Pour une vue d'ensemble, voir J.-P. Boudet, Fr. Collard, N. Weill-Parot (éd.), *Médecine, astrologie et magie entre Moyen Âge et Renaissance : autour de Pietro d'Abano*, Firenze, SISMEL-Edizioni del Galluzzo, 2013.

causalité universelle concourt, totalement, à l'exercice de la causalité particulière, si bien qu'aucune forme n'est transmise sans l'influence astrale. Dans le cours normal, cela ne fait que permettre l'exercice de cette action efficace : c'est un homme qui engendre un homme, quoique avec le Soleil. La semence transmet la forme qui va émerger de la matière convenablement disposée, qualitativement et quantitativement. Mais de nombreux phénomènes dits de « génération équivoque », témoignent du fait que des choses, notamment des vivants, peuvent apparaître spontanément, comme les grenouilles dans le ciel. Cela vaut même pour l'homme, comme en témoigne la régénération du genre humain après le déluge universel. Alors c'est la causalité astrale seule qui explique la génération. C'est le Ciel (à entendre comme composé d'un corps céleste et d'une intelligence motrice) qui est cause universelle, une sorte de vicaire de Dieu dans la nature. C'est pourquoi Blaise de Parme rapproche, jusqu'à parfois les assimiler, théologie et astrologie[1].

Si donc matérialisme il y a, à la réserve près des nuances introduites plus haut au sujet de l'irréductible hylémorphisme et de la dualité de principes toujours requise, ce n'est pas en préfigurant le matérialisme du XVIIIe siècle. Ce n'est pas non plus seulement, même si cela en fait partie et en est même une composante essentielle, par la seule reprise de schèmes de pensée « alexandristes », notamment au sujet de l'âme intellective comme forme éduite de la matière, mais c'est plus fondamentalement dans la lignée de ce qui a pu être désigné comme « matérialisme astrologique ». Cette idée a été formulée au sujet de Pierre de Padoue[2]. Même si cette notion demande à être nuancée dans la mesure où Pierre s'oppose à une conception qui réduirait la forme des éléments au mélange des qualités, celui-ci insiste bien comme le fera Blaise de Parme sur le rôle des corps célestes dans l'introduction de nouvelles formes substantielles. Mais en dépit de certaines ressemblances, nos deux auteurs ne défendent pas la même doctrine. Pietro d'Abano récuse l'exemple-limite (doctrine qu'il attribue à Alexandre[3]), de l'engendrement possible d'une âme intellective

1. On en trouve une indication dans les *Questions sur les Traités logiques* : voir *Questiones super Tractatus logice magistri Petri Hispani*, I, qu. 2, éd. critique par J. Biard, Gr. Federici Vescovini, O. Rignani, V. Sorge, Paris, Vrin, 2001, p. 43, p. 47.

2. Voir D. Jacquart, « L'influence des astres sur le corps humain chez Pietro d'Abano », *in* B. Ribémont (éd.), *Le Corps et ses énigmes au Moyen Âge*, Caen, Paradigme, 1993, p. 73-86.

3. Voir Pietro d'Abano, *Conciliator*, diff. LX, f° 89 E-F (cité par A. Robert, « Pietro d'Abano et le matérialisme », art. cit., p. 228) : « Alexander […] volens formas omnes ex elementorum mistione cum qualitatibus suscitari. Cui equidem positioni tantum innititur, quod et intellectum possibilem voluit de potentia materiae per actionem qualitatum educi ».

par la seule disposition qualitative de la matière, alors que Blaise l'admet comme concevable selon un raisonnement purement naturel, couplant directement l'influence astrale avec l'éduction des formes.

C'est ce qui conduit Blaise, lorsqu'il expose les théories les plus originales qu'il présente comme probables, à reprendre le vocabulaire alexandriste, comme dans la question sur la séparabilité de l'âme intellective. Il refuse lui aussi l'équivalence entre qualités et forme des éléments, même si cette doctrine pourrait à la rigueur être soutenue contre les objections, parce que, comme nous l'avons vu, c'est d'elle-même que l'eau qui était chaude redevient froide. On peut se demander si l'astrologisation de la génération ne risquerait pas de faire du Ciel le nouveau donateur des formes. Pour Blaise, c'est là un danger à éviter : la cause universelle n'agit jamais seule et de manière purement universelle, car ses effets ne pourraient être différenciés. La génération équivoque peut bien mettre en scène l'influence astrale, pointer un phénomène de rupture dans la transmission normale de la forme d'un vivant à un autre de même espèce, elle va toujours en dernière instance renvoyer à une émergence *dans la matière*, à une éduction de la forme à partir de la puissance de la matière. Quelque chose est venu modifier le dispositif : c'est le statut de la matière première comme sujet des qualités, une thèse qui se retrouve de façon récurrente dans plusieurs textes de Blaise de Parme. Certes, la forme reste l'agent, mais les qualités (jusqu'aux qualités psychiques) ont pour sujet-substrat la matière. C'est ce qui permet aux qualités d'agir le cas échéant sans dépendre à titre de sujet d'une substance déterminée.

C'est en mettant en avant le statut et la fonction de la matière ainsi conçue comme sujet de toutes les formes, tant substantielles qu'accidentelles, que Blaise de Parme est conduit à proposer des analyses originales concernant la transformation des éléments, la génération des corps et particulièrement des vivants, l'intensification et la diminution des qualités, le statut de l'âme rationnelle, et même la connaissance et la volonté libre. Si son matérialisme n'a peut-être pas les caractères qu'on lui a prêtés pour en faire le précurseur de certaines théories du XVIIe siècle, il exploite à fond le filon naturaliste du péripatétisme, revisite les enseignements des physiologues pré-platoniciens, fait fructifier certaines théories d'origine médicales (par usage étendu sinon généralisé des notions de complexion et de proportion) et astrologique (par l'importance décisive de la dépendance du monde terrestre envers le monde des astres), le tout dans une unité systématique de la nature. C'est cette exploitation systématique qui fait sa radicalité.

Blaise de Parme n'assimile pas la rationalité philosophique à la défense de l'alexandrisme. En revanche, il reprend à son compte certains schémas de pensée assimilés traditionnellement au « matérialisme alexandriste », notamment pour ce qui est du statut de l'âme intellective : philosophiquement parlant, c'est une forme tirée de la puissance de la matière, étendue au titre du corps qu'elle informe, et périssable. Mais son propos ne consiste pas à comparer Alexandre, Averroès et Thomas d'Aquin. Il élabore un dispositif philosophique original. Dans ce dispositif, tout en posant comme limite négative certaines positions relevant de la foi chrétienne qui doivent être admises à titre de croyances, il expose une palette de déterminations qui peuvent être soutenues rationnellement, entre certaines réinterprétations du péripatétisme et des hypothèses originales. C'est en poussant à l'extrême les conséquences de son hypothèse matérialiste, dans les passages les plus originaux présentés comme « fantaisies utiles », c'est-à-dire éclairantes pour comprendre la nature même si elles sont parfois contraires à la foi, qu'il est conduit à soutenir comme plausibles, sans s'interdire aucune provocation, des thèses qui peuvent être scandaleuses (comme la génération spontanée de l'âme humaine), ou à valider des théories pouvant conduire à l'hérésie (lorsqu'il valide largement la théorie cyclique des religions d'Albumasar, même si le sage peut s'en excepter).

Il en résulte un peinture profondément originale, à la fois radicale et subtile (moins par dissimulation que par souci d'évaluer la teneur et la portée de chaque thèse), du monde naturel, des éléments jusqu'aux astres en passant par le vivant et l'homme. C'est pourquoi on peut dire qu'il propose des *hypothèses*, non pas assurément au sens où ce serait de simples conjectures, mais au sens où les raisonnements s'appuient sur des thèses posées préalablement et en tirent les toutes conséquences. *Si l'un est... Si l'un n'est pas...* En parlant d'hypothèse matérialiste, je ne vise donc pas à atténuer cette radicalité, mais à mettre en valeur un mode de pensée qui, bien au delà de pratique usuelle de l'argumentation pour et contre précédant une détermination, explore la structure et les conséquences de plusieurs doctrines possibles, les confronte, les pousse à l'extrême jusqu'à exhiber leurs limites ; c'est dans ce cadre qu'il déploie des théories reposant sur des thèses telles que l'unité de toutes choses, l'unicité du principe, ou la primauté de la matière qui se différencie selon des complexions de qualités.

L'hypothèse matérialiste développée et soutenue par Blaise se révèle ainsi profondément originale. Si elle réinvestit des schèmes alexandristes, elle ne s'y réduit pas. Si elle reprend le matérialisme astrologique, elle le transforme en refusant de faire de la génération univoque le modèle et en tirant les enseignements des cas, seraient-ils rares, de génération équivoque. Elle met surtout en place un système où la matière est résolument le sujet immédiat de toutes les formes accidentelles. Matière d'une part, qualités altératives et motrices de l'autre, sont les deux principes, passif et actif, de la dynamique de la nature. Mais le système ne tient que par l'action verticale du ciel, lui-même duel (corps et intelligence motrice). Ainsi se boucle le système de la nature, de la vie et de la pensée.

BIBLIOGRAPHIE

Auteurs anciens

Abū Ma'shar al-Balkhī, *Liber introductorii maioris ad scientiam judiciorum astrorum*, éd. R. Lemay, 9 vol., Napoli, 1995-1996.

Abū Ma'šar *on Historical Astrology : The Book of Religions and Dynasties (On the Great Conjunctions)*, ed. and english transl. by Ch. Burnett and Keiji Yamamoto, 2 vol., Leiden, Brill, 2000.

Albert de Saxe, *Questiones de generatione et corruptione*, in *Quaestiones et decisiones physicales insignum virorum*, [Parisiis] 1516.

– *Questiones de generatione et corruptione*, in Egidius cum Marsilio et Alberto *De generatione*, [Venetiis] 1518, f°s 132 *sq.*

– *Questiones in Aristotelis Physicam*, dans *Expositio et quœstiones in Aristoteles Physicam ad Albertum de Saxonia attributœ*, éd. B. Patar, 3 vol, « Philosophes médiévaux » 40, Louvain-la-Neuve-Louvain-Paris, Éditions de l'Institut supérieur de philosophie-Éditions Peeters, 1999.

Albert le Grand, *Liber primus de generatione et corruptione*, éd. P. Hossfeld, *Alberti magni Opera omnia*, t. V, pars II, Monasterii Westfalorum in aedibus Aschendorff, 1980.

– *Summa theologiae*, éd. Borgnet, *Alberti magni Opera omnia*, vol. XXXII, Parisiis, MDCCCXCV.

Aristote, *De l'âme*, trad. R Bodeüs, Paris, GF-Flammarion, 1993.

– *De l'âme*, trad. J. Tricot, Paris, Vrin, 1995.

– *Physique*, trad. P. Pellegrin, Paris, GF-Flammarion, 2000.

– *Traité du ciel*, trad. C Dalimier et P. Pellegrin, Paris, GF-Flammarion, 2004.

– *De la génération et de la corruption*, trad. M. Rashed, Paris, Les Belles Lettres, 2005.

– *Catégories*, *Sur l'interprétation*, Organon I-II, trad. P. Pellegrin et M. Crubellier, trad. C. Dalimier, Paris, GF-Flammarion, 2007.

– *Métaphysique*, trad. A. Jaulin, Paris, GF-Flammarion, 2008.

Aristoteles latinus, I, 1-5, *Categoriae vel Praedicamenta*, translatio Boethii ; editio composita transl. Guillelmi de Moerbeka ; Lemmata e Simplici commentario decerpta ; pseudo-Augustini Paraphrasis Themistiana, ed. L. Minio-Paluello, Bruges-Paris, Desclées de Brouwer, 1961.

Aristoteles latinus, VIII, 2 *De cœlo et mundo*, Guillelmus de Morbeka transl. Aristotelis, Brepolis online.

Aristoteles latinus, IX, 2, *De generatione et corruptione*, Burgundii transl. recensio, rev. Guillelmus de Morbeka (translatio nova), Brepolis online.

Aristoteles latinus, XII, 2, *De anima*, Guillelmus de Morbeka revisor translationis Aristotelis secundum Aquinitatis librum (translatio nova, Iacobi Venetici translationisi recensio), Brepolis online.

Aristoteles latinus, XXV, 3, *Metaphysica*, recensio et translatio Guillelmi de Moerbecka, ed. G. Vuillemin-Diem, 2 vol., Leiden-New York-Köln, Brill, 1995.

Auctoritates Aristotelis, éd. J. Hamesse, *Les Auctoritates Aristotelis, un florilège médiéval*, étude historique et éd. critique, Louvain-Paris, Publications universitaires-Béatrice-Nauwelaerts, 1974.

AUGUSTIN, *De immortalitate animae*, intr. et notes par P. de Labriolle, « Bibliothèque augustinienne » 5, Paris, Desclées de Brouwer, 1939.

AVERROÈS [Averrois Cordubiensis], *Commentarium magnum in Aristotelis de anima libros*, éd. F. S. Crawford, Cambridge Mass., The Medieval Academy of America, 1953.

– [Averrois Cordubiensis] *Commentum magnum super libro De celo et mundo Aristotelis*, ex rec. Fr. J. Carmody †, éd. R. Arnzen, Leuven, Peeters, 2 vol., 2003.

AVICENNE, *De diluviis*, éd. M. Alonso Alonso, « Homenaje a Avicena en su milenario. Las traducciones de Juan Gonzáles de Burgos y Salomon », *Al-Andalus* 14 [1949], p. 291-319, texte p. 306-308

BLAISE DE PARME, *Questio de intensione et remissione formarum*, éd. G. Federici Vescovini, « La *Quaestio de intensione et remissione formarum* di Biagio Pelacani da Parma », *Physis*, XXXI (1994), p. 433-535, texte p. 470-535.

– *Questiones super tractatus logice magistri Petri Hispani*, éd. J. Biard et Gr. Federici Vescovini, en collab. avec O. Rignani et V. Sorge, « Textes philosophiques du Moyen Âge » 20, Paris, Vrin, 2001.

– *Questiones circa tractatum proportionum magistri Thome Braduardini*, éd. J. Biard et S. Rommevaux, « Textes philosophiques du Moyen Âge » 22, Paris, Vrin, 2005.

– *Questiones super perspectiva communi*, éd. Gr. Federici Vescovini et J. Biard, avec la collaboration de O. Rignani et V. Sorge, et R. Bellé pour les figures, « Textes philosophiques du Moyen Âge » 23, Paris, Vrin, 2009.

– *Questiones super Metaurorum*, I, qu. 8 et qu. 9, éd. A. Panzica, « Les *Questions sur les Météorologiques* du manuscrit Vat. lat. 4082 : Blaise de Parme, Nicole Oresme et l'*Inter omnes impressiones* », *Bulletin de philosophie médiévale [SIEPM]* 2019, p. 153-182.

Chartularium universitatis parisiensis, éd. H. Denifle et Æ. Châtelain, t. I, Parisiis, MDCCCLXXXIX.

Conciles œcuméniques (Les –), 2. Les décrets, t. II-1, De Nicée à Latran V, sous la direction de G. Alberigo, Paris, Éditions du Cerf, 1994.

Constitutio « Fidei catolicae », éd. H. Denziger et A. Schönmetzer dans *Enchiridion symbolorum definitionum et declarationum de rebus fidei et morum*, Freiburg-Bâle-Rome-Vienne, 1997 (1re éd. 1854).

Corpus Iuris canonici, éd. Æmilius Ludovicus Richter et Æmilius Friedberg, vol. II, Lipsiae, 1879, réimp. Graz, 1959.

DAVID DE DINANT, *Quaternulorum fragmenta*, éd. M. Kurdzialek, « Polska Akademia Nauk, Studia Mediewistyczne » 3, Varsovie, Panstwowe wydawnictwo naukowe, 1963.

GILLES DE ROME, *Questiones de generatione et corruptione* dans Egidius cum Marsilio et Alberto *de generatione*, Venetiis, 1518.

GIORDANO BRUNO, *De la cause, du principe et de l'un*, texte établi par G. Aquilecchia, trad. L. Hersant, *Œuvres complètes* III, Paris, Les Belles Lettres, 1996.

GIOVANNI GHERARDI DA PRATO, *Il paradiso degli Alberti*, éd. A. Lanza, Roma, 1975.

JEAN BURIDAN [Johannis Buridani], *Questiones super octo Physicorum libros Aristotelis*, Parisiis, 1509.

– [Johannis Buridani], *In Metaphysicen Aristotelis quaestiones argutissime*, Parisiis, 1518.

– [Ioannis Buridani], *Expositio et quæstiones in Aristotelis De cælo*, éd. B. Patar, « Philosophes médiévaux » 33, Louvain-la-Neuve-Louvain-Paris, Éditions de l'Institut supérieur de Philosophie-Éditions Peeters, 1996.

– [John Buridan], *Quaestiones super libros De generatione et corruptione Aristotelis*, éd. M. Streijger, P. J. J. M. Bakker, J. M. M. H. Thijssen, « Medieval and Early Modern Philosophy and Science » 14, Leiden-Boston, Brill, 2010.

– [John Buridan], *Quaestiones super octo libros Physicorum Aristotelis*, vol. I : libri I-II, et vol. II : libri III-IV, éd. M. Streijger et P. J. J. M. Bakker, « Medieval and Early Modern Philosophy and Science » 25 et 27, Leiden-Boston, Brill, 2015 et 2016.

– *Questions sur le traité De l'âme d'Aristote*, trad. J. Biard, Paris, Vrin, 2019.

– *Questiones in Aristotelis De anima secundum tertiam sive ultimam lecturam*, dans John Buridan, *Questions on Aristotle's "De anima" (third and final redaction)*, Latin text and English translation, ed. by G. Klima (general editor), Book I ed. and transl. by P. Hartman, Book II ed. by P. G. Sobol and transl. by G. Klima, Book III ed. and transl. by J Zupko, Cham, Switzerland, 2022.

MARSILE D'INGHEN [Marsilii], *Questiones in libros Aristotelis De generatione et corruptione*, I, qu. 6, Civitas Argentini, 1501.

– [Marsilius Inguen], *Questiones super libris De generatione et corruptione*, in Egidius cum Marsilio et Alberto *De generatione et corruptione*, Venetiis, 1518, f°s 65 *sq*.

NICOLE ORESME [Nicolai Oresme], *Expositio et quæstiones in Aristotelis de anima*, éd. B. Patar, « Philosophes médiévaux » 32, Louvain-la-Neuve-Louvain-Paris, Éditions de l'Institut supérieur de Philosophie-Éditions Peeters, 1995.

– *Quaestiones super de generatione et corruptione*, éd. St. Caroti, München, Verlag der bayerischen Akademie der Wissenschaten, 1996.

– *Questiones super Physicam*, ed. St. Caroti, J. Celeyrette, St. Kirchner, E. Mazet, « Studien und Texte zur Geistesgeschichte des Mittelalters » 112, Leiden-Boston, Brill, 2013.

PIERRE D'AILLY, *Tractatus de anima*, dans O. Pluta, *Die philosophische Psychologie des Peter von Ailly*, t. II, Édition, *Petrus de Aillyaco : Tractatus de anima*, « Bochumer Studien zur Philosophie » 6, Amsterdam, Grüner, 1987.

PLATON, *Timée, Critias*, trad. L. Brisson, Paris, GF-Flammarion, 1992.

RAOUL LE BRETON [Radulphus Brito], *Quaestiones in Aristotelis librum tertium de anima*, ed. W. Fauser, « Beiträge zur Geschichte der Philosophie und Theologie des Mittelalters, Neue Folge » 12, Münster i. W., Aschendorff, 1974.

– *Questiones de anima*, éd. S. W. De Boer, « Radulphus Brito's Commentary on Aristotle's *De anima*, *Vivarium* 5 (2012), p. 245-353.

SALOMON IBN GABIROL, *Livre de la Source de vie (Liber fontis vitae)*, édition bilingue, traduction, introduction et notes par J. Schlanger, rééd. Paris, Hermann, 2015.

THOMAS D'AQUIN, *Summa theologiae* pars prima, Sancti Thomae Aquinitatis doctoris angelici *Opera omnia* iussu impensaque Leonis XIII P. M. edita, t. V, Roma, MDCCCLXXXIX.

– *Summa contra gentiles*, Sancti Thomae Aquinitatis *Opera omnia*, iussu edita Leonis XIII P. M., t. XIII, Romae, typis Riccardi Garroni, MCMXVIII.

– *Sentencia libri De anima*, Sancti Thomae de Aquino *Opera omnia* iussu Leonis XIII P. M. edita, t. XLV-1, Roma-Paris, Commissio Leonina-Vrin, 1984.

– *Questiones disputatae de anima*, *Opera omnia* iussu Leonis XIII P. M. edita, t. XXIV-1, Roma-Paris, Commissio leonina-Éditions du Cerf, 1996.

– Thomas d'Aquin, *Somme contre les Gentils*, vol. II, trad. C. Michon, Paris, GF-Flammarion, 1999.

– *L'Âme et le Corps* (*Somme de théologie*, 1re partie, qu. 75 et 76), texte, trad. J.-B. Brenet, introduction par B. Bazán, Paris, Vrin, 2016.

THOMAS WYLTON, *Quaestio de anima intellectiva*, éd. J.-B. Brenet dans *Les possibilités de jonction : Averroès-Thomas Wylton*, Berlin-New York, Walter de Gruyter, 2013.

Auteurs contemporains

Bazan B., « The Human Soul : Form and Substance ? Thomas Aquinas'Critique of Eclectic Aristotelianism », *Archives d'histoire doctrinale et littéraire du Moyen Âge* 64 (1997), p. 95-126

Biard J., « Le système des causes dans la philosophie naturelle de Jean Buridan », *in* A. Hasnawi, A. Elamrani-Jamal, M. Aouad (éd.), *Perspectives médiévales (arabes, hébraïque, latines) sur la science et la philosophie grecques*, Leuven-Paris, Peeters-IMA, 1997, p. 491-504.

– « Blaise de Parme et la théorie de la signification : "Doctor parisinus" ? », *in* G. Marchetti, O. Rignani, V. Sorge (eds.), *Ratio et Superstitio. Essays in Honour of Graziella Federici Vescovini*, Louvain-la-Neuve, FIDEM, 2003, p. 221-242.

– « Le sens actif selon Jean Buridan », *in* Gr. Federici Vescovini, V. Sorge e C. Vinti (eds.), *Corpo e anima, sensi interni e intelletto dai secoli XIII-XIV ai post-cartesiani e spinoziani*, Turnhout, Brepols, 2005, p. 227-247.

– « La *Question du rapport entre les mouvements* d'Alexandre Achillini », *in* J. Biard et S. Rommevaux (éd.), *Mathématiques et théorie du mouvement (XIVe-XVIe siècles)*, Lille, Presses universitaires du Septentrion, 2008, p. 59-80.

– « Diversité des fonctions et unité de l'âme dans la psychologie aristotélicienne (XIVe-XVIe siècles) », *Vivarium* 46 (2009), p. 342-376.

– « Blasius of Parma Facing Atomist Assumptions », *in* Chr. Grellard et A. Robert (ed.), *Atomism in Late Medieval Philosophy and Theology*, Leiden-Boston, Brill, 2009, p. 221-234.

– « Matière, forme, qualité. Blaise de Parme et le statut de la matière », *in* T. Suarez-Nani, A. Paravicini Bagliani (éd.), *Materia. Nouvelles perspectives de recherche dans la pensée et la culture médiévales (XIIe-XVIe siècles)*, « Micrologus Library » 83, SISMEL-Edizioni del Galluzzo, Firenze, 2017, p. 191-215.

– « Rationalismes régionaux dans la philosophie médiévale tardive. Le cas de Blaise de Parme », *in* J. Biard et A. Robert (éd.), *La Philosophie de Blaise de Parme. Physique, Psychologie, Éthique*, « Micrologus Library » 96, Firenze, SISMEL-Edizioni del Galluzzo, 2019 p. 83-106.

– « L'alexandrisme comme rationalité philosophique », *in* P. B. Rossi, M. Di Giovanni, A. A. Roboglio (ed.), *Alexander of Aphrodisias in the Middle Ages and the Renaissance*, « Studia artistarum » 45, Turnhout, Brepols, 2021, p. 77-93.

– « La matière est-elle le sujet des accidents ? Un débat au XIVe siècle », *Acta philosophica* 31 (2022), p. 15-31.

– « Le calcul des variations de qualités et la physique aristotélicienne selon Blaise de Parme », *in* Daniel A. Di Liscia, Edith O. Sylla (ed.), with the collaboration of P. J. J. M. Bakker, *Quantifying Aristotle. The Impact, Spread and Decline of the Calculatores Tradition*, Leiden-Boston, Brill, 2022, p. 232-254.

– « Temporalité et petites perceptions au milieu du XIVe siècle », à paraître dans les Actes du colloque « Rationality in Perception » (Helsinki, 12-14 décembre 2019).

BIARD J. et ROBERT A., (éd.), *La Philosophie de Blaise de Parme. Physique, Psychologie, Éthique*, « Micrologus Library » 96, Firenze, SISMEL-Edizioni del Galluzzo, 2019.

BOUDET J.-P., COLLARD Fr. et WEILL-PAROT N. (éd.), *Médecine, astrologie et magie entre Moyen Âge et Renaissance : autour de Pietro d'Abano*, « Micrologus Library » 50, SISMEL-Edizioni del Galluzzo, Firenze, 2013.

BRENET J.-B., « Corps-sujet, corps-objet. Notes sur Averroès et Thomas d'Aquin dans le *De immortalitate animae* de Pomponazzi », *in* J. Biard et T. Gontier (éd.), *Pietro Pomponazzi entre tradition et innovation*, Amsterdam-Philadelphia, B. R. Grüner Publishing Company, 2009, p. 11-28.

– *Les possibilités de jonction : Averroès – Thomas Wylton*, Berlin-New York, Walter de Gruyter, 2013.

– « Alexandre d'Aphrodise ou le matérialiste malgré lui : la question de l'engendrement de l'intellect revue et corrigée par Averroès », *in* Paul J. J. M. Bakker (ed.), *Averroes'Natural Philosophy and its Reception in the Latin West*, Leuven, Leuven University Press, 2015, p. 37-67.

BRUNNER F., « La doctrine de la matière chez Avicébron », *Revue de théologie et de philosophie* 6 (1956), p. 261-279.

CALLUS D., « The Origin of the Problem of the Unity of Form », *The Thomist* 24 (1961), p. 257-258.

DE BOER S. W., « Radulphus Brito's Commentary on Aristotle's *De* anima », *Vivarium* 50 (2012), p. 330-340.

– *The Science of the Soul*, The Commentary Tradition on Aristotle's *De anima* (c. 1260-c. 1360), Leuven, University Press, 2013.

Dizionario biografico dei Friulani. https://www.dizionariobiograficodeifriulani.it/

DRAELANTS I., « Le *De generatione et corruptione* au siècle d'or des encyclopédies médiévale », *in* J. Ducos et V. Giacomoto-Charra (éd.), *Lire Aristote au Moyen Âge. Réception du traité Sur la génération et la corruption*, Paris, Champion, 2011, p. 135-173.

DUBA W., « The Souls after Vienne : Franciscan Theologians's Views on the Plurality of Forms and the Plurality of Souls, ca. 1315-30 », *in* P. J. J. M. Bakker, S. W. De Boer and C Leijenhorst (eds), *Psychology and the Other Disciplines.* A case of Cross-disciplinary Interactions, « Medieval and Early Modern Philosophy of Science » 19, Leiden, Brill, 2012, p. 171-272.

FEDERICI VESCOVINI, Gr., *Le Quaestiones de anima di Biagio Pelacani da Parma*, Firenze, Olschki, 1974.

– *Astrologia e scienza. La crisi dell'aristotelismo sul cadere del Trecento e Biagio Pelacani da Parma*, Firenze, Nuovedizioni Enrico Valecchi, 1979.

– "*Arti" e filosofia, Studi sulla tradizione aristotelica* e i "*moderni"*, Firenze, Nuove Edizioni Vallecchi, 1983.

– « Biagio Pelacani, una storia astrologica », *Abstracta* 47 (1990), p. 71-77.
– « La *Quaestio de intensione et remissione formarum* di Biagio Pelacani da Parma », *Physis* XXXI (1994), p. 433-535 (texte p. 470-535).
– *Le Moyen Âge magique*, « Études de philosophie médiévale » 97, Paris, Vrin, 2011.
– « La controversia tra Biagio_Pelacani da Parma e Luigi Marsili sul bene e la felicità nel 'Paradiso degli Alberti' di Giovanni di Gherardo da Prato », in *Studi in omaggio di M. Regoliosi*, Firenze, 2013, p. 503-524.
– « Portrait de Blaise de Parme 'doctor diabolicus'», *in* Cl. Angotti, M. Brinzei et M. Teeuwen (ed.), *Portraits de maîtres, Études en hommage à Olga Weijers*, « Textes et études du Moyen Âge » 65, FIDEM, Porto, 2014, p. 510-524.
– « Pelacani, Biagio (Blasius de Pelacanis de Parma) », *Dizionario biografico degli italiani*, vol. 82 (2015), p. 95-100.
– *Nicolas de Cues, L'homme atome spirituel*, Paris, Vrin, 2016.
– « Blaise de Parme et l'intelligibilité mathématique », *in* J. Biard et A. Robert (éd.), *La Philosophie de Blaise de Parme. Physique, Psychologie, Éthique*, « Micrologus Library » 96, Firenze, SISMEL-Edizioni del Galluzzo, 2019, p. 108-127.
– *Astologie et science au Moyen Âge. Une étude doxographique*, « Études de philosophie médiévale », Paris, Vrin, 2021.
GRELLARD Chr., *Croire et savoir. Les principes de la connaissance selon Nicolas d'Autrécourt*, « Études de philosophie médiévale » 88, Paris, Vrin, 2005.
– « L'âne et les petites vieilles. Psychologie de l'action et logique de l'assentiment chez Jean Buridan », *in* L. Jaffro (dir.), *Croit-on comme on veut? La controverse classique sur le rôle de la volonté dans l'assentiment*, Paris, Vrin, 2013, p. 79-101.
GRELLARD Chr. et ROBERT A. (eds.), *Atomism in Late Medieval Philosophy and Theology*, « Medieval and Early Modern Philosophy and Science » 9, Brill, Leiden-Boston, 2009.
JACQUART D., « L'influence des astres sur le corps humain chez Pietro d'Abano », *in* B. Ribémont (éd.), *Le Corps et ses énigmes au Moyen Âge*, Caen, Paradigme, 1993, p. 73-86.
LIBERA A. de, « Épicurisme, stoïcisme, péripatétisme. L'histoire de la philosophie vue par les Latins (XIIe-XIIIe siècles) », *in* A. Hasnawi, A. Elamrani-Jamal, et M. Aouad (éd.), *Perspectives arabes et médiévales sur la tradition scientifique et philosophique grecque*, Paris-Leuven, Institut du monde arabe-Peeters, 1997, p. 343-364.
– *Métaphysique et noétique. Albert le Grand*, Paris, Vrin, 2005.
– *Archéologie du sujet*, vol. II : *La Quête de l'identité*, Paris, Vrin, 2008
– « Formes assistantes et formes inhérentes, sur l'union de l'âme et du corps, du Moyen Âge à l'Âge classique », *Archives d'histoire doctrinale et littéraire du Moyen Âge* 81 (2014), p. 197-248.
MARSHALL P., « Parisian Psychology in the Mid-Fourteenth Century », *Archives d'histoire doctrinale et littéraire du Moyen Âge* 50 (1993), p. 101-193.

MAZARELLA P., *Controversie medievali. Unità et pluralità delle forme*, Napoli, 1978.

MOODY E. A., « Empiricism and Metaphysics in Medieval Philosophy », *The Philosophical Review* 67 (1958), p. 145-163.

NARDI Br., « La teoria dell'anima e la generazione delle forme secondo Pietro d'Abano », in *Saggi sull'aristotelismo padovano del secolo XIV al XVI*, Firenze, Sansone, 1958.

PANZICA A., « Les *Questions sur les Météorologiques* du manuscrit Vat. lat. 4082 : Blaise de Parme, Nicole Oresme et l'*Inter omnes impressiones* », *Bulletin de philosophie médiévale [SIEPM]* 2019, p. 153-182.

PATTIN A., *Pour l'histoire du sens agent. La controverse entre Barthélémy de Bruges et Jean de Jandun, ses antécédents et son évolution*, Leuven, 1988.

PICHÉ D., *La Condamnation parisienne de 1277*, Paris, Vrin, 1999.

RIGNANI O., « Biagio Pelacani e il senso agente », *in* Gr. Federici Vescovini, V. Sorge e C. Vinti (eds.), *Corpo e anima, sensi interni et intelletto dai secoli XIII-XIV ai post-cartesiani e spinoziani*, « Textes et études du Moyen Âge » 30, Turnhout, Brepols, 2005, p. 247-266.

ROBERT A., « Pietro d'Abano et le matérialisme », *in* A. Paravicini Bagliani et T. Suarez-Nani (éd.), *Materia. Nouvelles perspectives de recherche dans la pensée et la culture médiévales (XIIe-XVIe siècles)*, « Micrologus Library » 83, SISMEL-Edizioni del Galuzzo, 2017, p. 217-250.

– « L'éthique de Blaise de Parme dans ses *Questions sur la Physique* », *in* J. Biard et A. Robert (éd.), *La Philosophie de Blaise de Parme. Physique, Psychologie, Éthique*, « Micrologus Library » 96, Firenze, SISMEL-Edizioni del Galluzzo, 2019, p. 33-58.

ROBIGLIO A., « Le philosophe comme personnage littéraire : Blaise Pelacani de Parme dans le *Paradiso degli Alberti* », *in* J. Biard et A. Robert (éd.), *La Philosophie de Blaise de Parme. Physique, psychologie, éthique*, « Micrologus Library » 96, Firenze, SISMEL-Edizioni del Galluzzo, 2019, p. 13-3.

SCHLANGER J., *La Philosophie de Salomon ibn Gabirol*, Leiden, Brill, 1968, rééd. Paris, Hermann, 2015.

SILVA J. F., « Blasius of Parma on the Activity of Sense », *in* J. Biard et A. Robert (éd.), *La philosophie de Blaise de Parme. Physique, psychologie, éthique*, « Micrologus Library » 96, Firenze, 2019, p. 247-270.

SOLÈRE J.-L., « Plus ou moins : le vocabulaire de la latitude des formes » *in* J. Hamesse et C. Steel, *L'Élaboration du vocabulaire philosophique du Moyen Âge*, Turnhout, Brepols, 2000, p. 437-488.

SORGE V., « Taddeo da Parma e la dottrina del senso agente », *in* Gr. Federici Vescovini, V. Sorge et C. Vinti (ed.), *Corpo e anima, sensi interni et intelletto dai secoli XIII-XIV ai post-cartesiani e spinoziani*, « Textes et études du Moyen Âge » 30, Turnhout, Brepols, 2005, p. 211-226.

SORIKINA M. (avec la collaboration de N. Weill-Parot), « Les dérives de l'*inclinatio* : l'utilisation astrologique d'une concession théologique

(XIIIe-XVe siècle) », *in* K. Trego (éd.), *Libertés médiévales*, Paris, Vrin-Institut d'études médiévales, 2021, p. 105-128.

SYLLA E., « Medieval concepts of the latitude of forms. The Oxford calculators », *Archives doctrinales et littéraire du Moyen Age* 40 (1973), p. 223-283.

THÉRY G. *Autour du décret de 1210 : I. – David de Dinant. Étude de son panthéisme*, « Bibliothèque thomiste » VI-VII, Kain, Le Saulchoir, 1925.

VAN DER LUGT M., *Le Ver, le Démon et la Vierge. Les théories médiévales de la génération exraordinaire*, « L'âne d'or » 20, Paris, Les Belles Lettres, 2004.

VAN RIET S., « Le *De generatione et corruptione* d'Avicenne dans la tradition latine », *in* J. Thijssen et H. A. G. Braakhuis, *The Commentary Tradition on Aristotle's* De generatione et corruptione. *Ancient, Medieval and Early Modern*, « Studia Artistarum » 7, Turhnout, Brepols, 1999, p. 69-77.

ZAVALLONI R., *Richard de Mediavilla et la controverse sur la pluralité des formes*, textes inédits et étude critique, « Philosophes médiévaux » 2, Louvain, Éditions de l'Institut supérieur de Philosophie, 1951.

ZUPKO J., *John Buridan. Portrait of a Fourteenth-Century Arts Master*, Notre Dame, Indiana, University of Notre Dame Press, 2003.

TABLE DES MATIÈRES

IMPRIMERIE F. PAILLART, B.P. 30324, 80103 ABBEVILLE – (17060)
DÉPÔT LÉGAL : 3e TRIMESTRE 2022